現象学と形而上学

現象学と形而上学

——フッサール・フィンク・ハイデガー——

武内　大著

知泉書館

凡　例

一、フィンク、フッサール、ハイデガーからの引用指示のみ本文中に記した。以下の引用文献表の略号を用い、ページ数はアラビア数字で示した。フィンクの全集は、*Eugen Fink Gesamtausgabe*, Verlag Karl Alber Freiburg/München を使用し、略号は EFG.、巻数はアラビア数字で示した。フッサールの全集は、*Husserliana*, Den Haag, Kluwer Academic Publishers を使用し、略号は Hua.、巻数はローマ数字で示した。ハイデガーの全集は、*Heidegger Gesamtausgabe*, Vittorio Klostermann Frankfurt am Main を使用し、略号は HGA.、巻数はアラビア数字で示した。

一、傍点による強調は、とくに断りがない場合、全て筆者によるものである。

一、〈 〉は語の区切りを明確にするために筆者が補足したものである。

一、「同書」を表す略号は ebd. を、他の注を隔てた場合は、著者名を付して a. a. O. を用いた。

一、「参照」を表す略号は vgl. を用いた。

一、フィンクの草稿は Z.、フッサールの草稿は Ms.という略号を用いた。

略 号 表

Fink, Eugen

RZB: *Zur ontologischen Frühgeschichte von Raum-Zeit Bewegung.* Den Haag: Nijhoff, 1957.

SWW: *Sein, Wahrheit, Welt: Vorfragen zum Problem des Phänomenbegriffs.* Den Haag: Nijhoff, 1958 (Phaenomenologica; 1).

AN: *Alles und Nichts: Ein Umweg zur Philosophie.* Den Haag: Nijhoff, 1959.

SW: *Spiel als Weltsymbol*; Stuttgart: W. Kohlhammer, 1960.

NP: *Nietzsches Philosophie.* Stuttgart: Kohlhammer, 1960.

MT: *Metaphysik und Tod.* Stuttgart: Kohlhammer, 1969.

ED: *Epiloge zur Dichtung.* Frankfurt/Main: Klostermann, 1971. -Enthält: Maske und Kothurn. 1969; Bruderzwist im Grund der Dinge. 1970.

ME: *Metaphysik der Erziehung im Weltverständnis von Plato und Aristoteles.* Frankfurt/Main: Klostermann, 1970.

ND: *Nähe und Distanz: Phänomenologische Vorträge und Aufsätze,* Hrsg. von Franz-Anton Schwarz. Freiburg: Alber, 1976.

EW: Die Exposition des Weltproblems bei Giordano Bruno. in: *Der Idealismus und seine Gegenwart: Festschrift für W. Marx zum 65. Geburtstag.* Hamburg: Meiner, 1976, S. 127-132.

H: *Hegel: Phänomenologische Interpretationen der "Phänomenologie des Geistes,"* Hrsg. u. mit e. Nachw. vers. von Jann Holl, Klostermann, 1977.

GSP: *Grundfragen der systematischen Pädagogik,* Freiburg: Rombach, 1978.

SM: *Sein und Mensch* : vom Wesen der ontologischen Erfahrung, herausgegeben von Egon Schütz und Franz-Anton Schwarz. Freiburg: Alber, 1977.

GD: *Grundphänomene des menschlichen Daseins,* Hrsg. von Egon Schütz und Franz-Anton Schwarz. Freiburg: Alber, 1979.

GAP: *Grundfragen der antiken Philosophie,* Hrsg. von Franz-Anton Schwarz. Würzburg: Königshausen + Neumann, 1985. 1947/48.

EP: *Einleitung in die Philosophie,* Hrsg. von Franz-Anton Schwarz. Würzburg: Königshausen + Neumann, 1985.

OG: *Oase des Glücks: Gedanken zu einer Ontologie des Spiels.* Freiburg: Alber, 1957.

EC: *Existenz und Coexistenz: Grundprobleme der menschlichen Gemeinschaft*; herausgegeben von Franz-A. Schwarz. Würzburg: Königshausen + Neumann, 1987.

WE: *Welt und Endlichkeit,* herausgegeben von Franz-A. Schwarz. Würzburg: Königshausen & Neumann, 1990.

NFW: *Natur, Freiheit, Welt,* Philosophie der Erziehung; herausgegeben von Franz-A.

Schwarz. Würzburg: Königshausen & Neumann, 1992.

PG: *Philosophie des Geistes*, Hrsg. von Franz-Anton Schwarz. Würzburg: Königshausen + Neumann, 1994.

PK: *Pädagogische Kategorienlehre*, Hrsg. von Franz-Anton Schwarz. Würzburg: Königshausen + Neumann, 1995.

Husserl, Edmund

Hua. I: *Cartesianische Meditationen und Pariser Vorträge*. Edited by S. Strasser. The Hague, Netherlands: Martinus Nijhoff, 1973.

Hua. III: *Ideen zu einer reinen Phänomenlogie und phänomenlogischen Philosophie. Erstes Buch: Allgemeine Einführung in die reine Phänomenologie*. Edited by Walter Biemel. The Hague, Netherlands: Martinus Nijhoff Publishers, 1950.

Hua. IV: *Ideen zur einer reinen Phänomenologie und phänomenologischen Philosophie. Zweites Buch: Phänomenologische Untersuchungen zur Konstitution*. Edited by Marly Biemel. The Hague, Netherlands: Martinus Nijhoff, 1952.

Hua. VI: *Die Krisis der europäischen Wissenschaften und die transzendentale Phänomenologie. Eine Einleitung in die phänomenologische Philosophie*. Edited by Walter Biemel. The Hague, Netherlands: Martinus Nijhoff, 1976.

Hua. VIII: *Erste Philosophie (1923/4). Zweiter Teil: Theorie der phänomenologischen Reduktion*. Edited by Rudolf Boehm. The Hague, Netherlands: Martinus Nijhoff, 1959.

Hua. IX: *Phänomenologische Psychologie. Vorlesungen Sommersemester. 1925*. Edited by Walter Biemel. The Hague, Netherlands: Martinus Nijhoff, 1968.

Hua. X: *Zur Phänomenologie des inneren Zeitbewusstesens (1893-1917)*. Edited by Rudolf Boehm. The Hague, Netherlands: Martinus Nijhoff, 1969.

Hua. XI: *Analysen zur passiven Synthesis. Aus Vorlesungs-und Forschungsmanuskripten, 1918-1926*. Edited by Margot Fleischer. The Hague, Netherlands: Martinus Nijhoff, 1966.

Hua. XIII: *Zur Phänomenologie der Intersubjektivität. Texte aus dem Nachlass. Erster Teil. 1905-1920*. Edited by Iso Kern. The Hague, Netherlands: Martinus Nijhoff, 1973.

Hua. XIV: *Zur Phänomenologie der Intersubjektivität. Texte aus dem Nachlass. Zweiter Teil. 1921-28*. Edited by Iso Kern. The Hague, Netherlands: Martinus Nijhoff, 1973.

Hua. XV: *Zur Phänomenologie der Intersubjektivität. Texte aus dem Nachlass. Dritter Teil. 1929-35*. Edited by Iso Kern. The Hague, Netherlands: Martinus Nijhoff, 1973.

Hua. XVI: *Ding und Raum. Vorlesungen 1907*. Edited by Ulrich Claesges. The Hague, Netherlands: Martinus Nijhoff, 1973.

Hua. XVIII: *Logische Untersuchungen. Erster Teil. Prolegomena zur reinen Logik*. Text der 1. und der 2. Auflage. Halle: 1900, rev. ed. 1913. Edited by Elmar Holenstein. The Hague, Netherlands: Martinus Nijhoff, 1975.

Hua. XIX: *Logische Untersuchungen. Zweiter Teil. Untersuchungen zur Phänomenologie und Theorie der Erkenntnis. In zwei Bänden.* Edited by Ursula Panzer. Halle: 1901; rev. ed. 1922. The Hague, Netherlands: Martinus Nijhoff, 1984.

Hua. XXIII: *Phäntasie, Bildbewusstsein, Erinnerung. Zur Phänomenologie der anschaulichen Vergegenwartigungen. Texte aus dem Nachlass (1898-1925).* Edited by Eduard Marbach. The Hague, Netherlands: Martinus Nijhoff, 1980.

Hua. XXVIII: *Vorlesungen über Ethik und Wertlehre. 1908-1914.* Edited by Ullrich Melle. The Hague, Netherlands: Kluwer Academic Publishers, 1988.

Hua. XXIX: *Die Krisis der europaischen Wissenschaften und die transzendentale Phänomenologie. Ergänzungsband. Texte aus dem Nachlass 1934-1937.* Edited by Reinhold N. Smid. The Hague, Netherlands: Kluwer Academic Publishers, 1992.

Hua. XXXIII: *Die 'Bernauer Manuskripte' über das Zeitbewußtsein* (1917/18) Edited by Rudolf Bernet & Dieter Lohmar. Dordrecht, Netherlands: Kluwer Academic Publishers, 2001.

Hua. XXXV: *Einleitung in die Philosophie. Vorlesungen 1922/23.* Edited by Berndt Goossens. Dordrecht, Netherlands: KluwerAcademicPublishers, 2002.

Hua. XXXVII: *Einleitung in die Ethik. Vorlesungen Sommersemester 1920 und 1924.* Edited by Henning Peucker. Dordrecht, Netherlands: Kluwer Academic Publishers, 2004.

EU: *Erfahrung und Urteil,* hrsg. von L. Landgrebe, Prag, Academia/ Verlagsbuchhandlung, 1939 ; Hamburg, Felix Meiner, PhB 280, 1972.

UK: Grundlegende Untersuchungen zum phänomenologischen Ursprung der Räumlichkeit der Natur, "Umsturz der kopernikanischen Lehre" (M. Farber, ed.) in: *Philosophical Essays in Memory of Edmund Husserl,* Greenwood Press, Publishers, New York, 1968.

NR: Notizen zur Raumkonstitution, in: *Philosophy and Phenomenological Reserarch,* Hrsg. Alfred Schütz, 1934.

WW: E. Husserl; Wert des Lebens. Wert der Welt. Sittlichkeit (Tugend) und Glückseligkeit, Februar1923, in: *Husserl Studies* 13, 1997.

STZ: *Späte Texte über Zeitkonstitution* (1929-1934): *Die C-Manuskripte,* Hrsg. von Dieter Lohmar. 2006.

Heidegger, Martin

HGA. 9: *Wegmarken.* 1919-58.

HGA. 17: *Einfuerung in die phaenomenologische Forschung*; AKA *Der Beginn der neuzeitlichen Philosophie.* 1923.

HGA. 20: *Prolegomena zur Geschite des Zeitbegriffs.* 1925.

HGA. 21: *Logik: Die frage nach der Wahrheit.* 1925.

HGA. 24: *Die Grundprobleme der Phänomenologie*. 1927.
HGA. 25: *Phänomenologie Interpretation von Kants Kritik der reinen Vernunft*. 1927.
HGA. 26: *Metaphysische Anfangsgründe der Logik im Ausgang von Leibniz*. 1928.
HGA. 29/30: *Die Grundbegriffe der Metaphysik: Welt, Endlichkeit, Einsamkeit*. 1929.
HGA. 55: *Heraklit. 1. Der Anfang des abendländischen Denkens* (Heraklit). 1943. *2. Logik. Heraklits Lehre vom Logos*. 1944.
HGA. 79: Bremer und Freiburger Vorträgel. Einblick in das was ist. Bremer Vorträge 1949: Das Ding-Das Ge-stell-Die Gefahr-Die Kehre 2. Grundsätze des Denkens. Freiburger Vorträge 1957.
VA: *Vorträge und Aufsätze*. Neske, 1954.
SZ: *Sein und Zeit*, Max Niemeyer, 1976.
ZS: *Zur Sache des Denkens*, Max Niemeyer Verlag Tübingen, 1988.
KM: *Kant und das Problem der Metaphysik*, V. Klostermann, 1991.

Fink, Eugen + Husserl, Edmund

VI. CM: *VI. cartesianische Meditation* : Texte aus dem Nachlass Eugen Finks (1932) mit Anmerkungen und Beilagen aus dem Nachlass Edmund Husserls (1933/34)/Eugen Fink; herausgegeben von Hans Ebeling, Jann Holl und Guy van Kerckhoven. Dordrecht: Kluwer Academic Publishers, 1988.

Fink, Eugen + Heidegger, Martin

HS: *Heraklit. Seminar mit Martin Heidegger WS 1966/67*. Frankfurt/Main: Klostermann, 1970.

Fink, Eugen + Patočka, Jan

FP: *Briefe und Dokumente: 1933-1977, Eugen Fink; Jan Patočka*. Hrsg.: Michael Heitz; Bernhard Nessler. Freiburg: Alber, 1999.

序　形而上学と世界問題

現象学は当初「反形而上学」、「反思弁」という決意表明のもとで出発した。しかしながら、一九六一年レヴィナスの『全体性と無限』刊行にはじまり、その後八〇年代あたりから、とりわけフランスの現象学界においては、神学や形而上学の議論が活発化していった。[1] レヴィナスは「絶対的他者への欲望」としての「形而上学」を標榜し、アンリは「存在一元論」批判を通じて、「情感性」という生の現れを「魂に内在する神の啓示」とみなし、マリオンは存在論的差異の外部としての「存在なき神」を探求した。一九九一年にジャニコーは、このような一連の動向を「現象学の神学的転回」と特徴づけている。[2] ジャニコーにとって彼らの試みは、経験の緻密な分析による裏付けを装いつつも、実際は現象学的分析を免罪符にして勝手な神学的思弁を弄しているにすぎない。彼は現象学が「自らの名を明かそうとしない神学によって担保に取られてしまっている」と鋭く批判する。[3] 現象学は神学を展開するための単なる「スプリングボード」にすぎないのであろうか。

しかしたとえかりに神学や形而上学が全く根拠のない独断にすぎないとしても、その独断的教条が現象学、あるいはわれわれの知的営みにおいてどのような意味をもつのかを見定めることは、それはそれで重要な意義をもつと言えよう。独断なき知の理論が安易な相対主義に陥りやすいこともたしかである。肝要なのは、現象学と形而上学の関係そのものをどのように捉えるかであり、両者が互いにとって持つ意味である。しかし形而上学という言葉は、現象学が自らの本性を自覚していく段階に応じて異なった意味を帯びることになる。これからの議論の補助線として現象学と形而上学の関係を以下の四段階に区別することにしたい。

第一段階　反形而上学としての現象学

第二段階　形而上学の歴史における現象学の位置づけ

第三段階　〈存在―神―論〉としての形而上学の批判的超克

第四段階　神学的転回、あるいは「目立たないものの現象学（Unscheinbare Phänomenologie）」

『論理学研究』第二巻の序論の中でフッサールが、「無前提性」という観点から形而上学を批判していることはよく知られている。現象学は、心的実在であれ、物理的実在であれ、或いは外界の実在であれ、意識を超越した実在を想定する学問、すなわち、心理学、自然科学、形而上学に先立つものであり、決してそれらの学問の主張を前提してはならず、排除すべきという主張がそこではなされている。ダン・ザハヴィは、このようなフッサールの形而上学に対する「中立的態度」を三つの観点から検討する。(4)

① 形而上学はすでに擬似問題であるから、形而上学の拒否はそこからの「解放の運動」である。

② 現象学は、形而上学のために「道を準備する」ことはできても、それ自体としては「語りえないことには沈黙すべし」という基本姿勢をとる。

③ 上の二つとは対照的に、形而上学的諸問題が現実的な問題であることを認め、かつ形而上学の領域で重要な貢献が可能だと考える。フッサールの形而上学的中立性などというものは「不要な拘束服」である。

①は単純に形而上学を現象学とは無縁なものとして切り捨ててしまうのに対して、②は形而上学にそれなりの意義を認めている。しかし②は現象学がその本性からして形而上学的であるという③の主張とはやはり別物である。結論から言うと、ザハヴィは、形而上学的中立性が、『論理学研究』の枠内では正しさをもつとしても、超越論的現象学においては妥当しないと考える。たしかにデイヴィド・カーやスティーヴン・クロウェルが強調するように、エポケーの目的が、世界から現実存在を除外し、もっぱら世界の意味を考察しているだけなのだとすれば、そこに形而上学の入り込む余地はない。しかも存在と意味を区別しないことには、自然的態度と超越論的態度の差異、ハイデガーの存在論的差異も消滅すると言うのが彼らの主張である。たしかにこれらの「差異」の重要性はザハヴィも否定しない。しかし彼によれば、現象学は意味や現出だけに関心を抱くのではなく、むしろ「真理」の問をも包括する広い射程をもつものである。エポケーによって存在は単純に遮断されてしまうわけでは決してない。カーは、現出と現実存在の差異を領域的区別として考え、後者を考察から除外してしまった。これに対してザハヴィは、この差異を現出の内部に埋め込むことによって、現象学が超越論的現象学である限り、必然的に形而上学的要素を孕んでいることを示したのである。そしてこの真理論的問題を歴史性という観点から捉え、無前提性の思想を批判したのがハイデガーである。

現象学は一切の先入見を退けることを出発点とする。しかしそのようなことは一体どこまで可能なのであろうか。ハイデガーは、フッサールの気づかなかった形而上学的前提をいくつも見出していった。しかし彼は別にフッサールの揚げ足を取っているわけではない。ハイデガーにとって歴史から独立に無前提的に思考することなどはなから不可能なのである。現象学といえども、すでに歴史的前提が忍び込んでいるという事実を自覚しなければ、現象学の徹底した批判精神それ自体が、一つの独断となってしまう。その意味では、伝統的形而上学の解体という作業のほうこそ、むしろ無前提性という理念を貫徹していることになる。クルティーヌがいみじくも述べているように、ハイデガーの言う「解体」という営み自体が、フッサールの無前提性という原則の反復的取り戻しであると言うこともできる。[5] 現象学は、それが哲学である限り、ただ真理を唱えているだけではなく、自らの主張そのものの正当性を「説得」していかねばならない。説得において肝要なのは、対話相手の思索の地平に身をおき、相手の言語体系の中でみずからの思索を表現することである。しかしそのためには他方で自分の持っている言語や知識の由来をも一つ一つ明らかにしていかなければならない。伝統的形而上学の問題地平へと参入するということは、自らの知に含蓄されている歴史的先入見を括弧入れすることと実は表裏一体なのである。その意味で伝統的形而上学との対話、及びその解体の作業は、文献解釈という地道なスタイルをとることになるが、具体的事象分析に劣らず、それ自体においてすぐれて現象学的な営みなのである。

一九二九／三〇年冬学期フライブルグ講義『形而上学の根本諸概念』の中でハイデガーは、形而上学の概念史を簡単に振り返っている。アリストテレスの第一哲学について書かれている部分が、編纂上の技術的理由から「自然学」の「後に」置かれて、「タ・メタ・タ・ピュシカ」と呼ばれるようになったという経緯は、すでに人口に膾炙している。ハイデガーによれば、アリストテレスにおいてピュシスという概念は二義的である。一つは、「全体における存在者」、もう一つは「ウーシア」、すなわち「存在者としての存在者の本質性」という意味でのピュシスである。自然的存在者全体を「最初に動かすもの」は「神的なもの（テイオン）」であるから前者は「神学」となる。後者は、存在者の存在を問うている。アリストテレスは、これら二つの問を統合して「第一哲学」と呼んだ（HGA. 29/30, 51f.）。[6] ハイデガーは、一九二八年マールブルグ夏学期講義『論理学の形而上学的な始元諸根拠』において、形而上学の本来的意味に立ち返り、アリストテレスの形而上学における存在論と神学の二重性を「基礎存在論」と「メタ存在論」の二重性として反復的に取り戻す。これがいわゆるハイデガーの「形而上学」構想に他ならない。ただしそこで言われる形而上学の意味はむしろポジティヴなものである。

しかしながらハイデガーは、一九三六／三七年の『ニーチェ』講義あたりを境に、「形而上学の超克」を唱えるようになる。ただし第二段階を一旦経由した上での批判である限り、ここでの形而上学批判は同時に「自己」批判となる。第一段階の形而上学批判は外的であるが、ここでの批判的超克はいわば脱皮のイメージである。形而上学は、存在者の存在を問うてはいるが、やはり存在を存在者のように扱い、しかもあらゆる存在者を、最高存在者である神を頂点としたヒエラルキーのもとに配分する。ハイデガーは、西洋形而上学全体を、「存在―神―論（Onto-Theo-Logie）」と特徴づけ、とりわけフォア・ゾクラティカーの「思索」やヘルダーリンの「詩作」のうちに形而上学とは別の思索の可能性を探ろうとしたのである。

ところが、このハイデガーの存在神論という形而上学の批判図式そのものに異議を唱える動きがフランスを中心に活発になっていった。すでに触れた「神学的転回」というのはまさにこうした背景のもとで台頭してきたのである。(7) それはいわば存在神論というギリシャ的な枠組みには収まらない神学固有の問題性を引き出そうとする試みであり、「啓示」という神固有の現出様式を、それを阻んでいる存在論的思考から開放し、その現れるがままの相において現象学的に記述する試みである。たとえばマリオンは、『存在なき神』（一九八二年）において、そもそも神が「存在」しなければならないという決定がどこから由来するのかと問う。通常、神を「存在」とする解釈の典拠は『出エジプト記』の「在りて在る者（ehyeh asher ehyeh）」に求められる。マリオンによれば、動詞 ehyeh の原形 hayah は「存在」という訳語では汲みつくしえない極めて含蓄深い言葉である。(8) そこでマリオンは、「善」という神名を優位に置く偽ディオニシウス・アレオパギタからボナヴェントゥラに至る否定神学の系譜を浮き彫りにすることで、「存在」を神名と見なす思考を、単にトマスによる神学的決定に由来するものとして相対化する。[9] マリオンは、神の語に十字架の×印をつけるが、もちろん神の存在の抹消を意味するものではない。[10] むしろ抹消されるのはわれわれの思考の方である。神は思考可能なものを超えているだけではなく、思考不可能なことをも超えている。このような意味で思考不可能な神がわれわれの思考の領野に進入するのは、その「過剰さ」によって、われわれの思考を「飽和」させ、われわれの思考を批判することによってである。こうした神を思考することとは、したがって存在論的差異の外部、存在の問の外部を思考することに他ならない。

ハイデガーの言う存在神論的な神は、マリオンによれば、いわば「存在というスクリーン」を通じて把握された「偶像」にすぎない。[11] ハイデガーは、一九二七年の講演『現象学と神学』において、神学を存在論から峻別している。もっともそこでの神学は「実証的学問」という意味で言われているに過ぎないが（HGA. 9, 49）、他方で神学の存在論的基盤として「信仰」の次元を確保している（HGA. 9, 52）。しかしマリオンからすれば、その際信仰が「人間的現存在の実存の仕方」として捉えられている点で不十分である。現存在の分析論は、『還元と贈与』（一九八九年）で語られている「還元の三段階」の内の第二段階にすぎない。[12] マリオンはさらに「退屈」という根本気分を通じて第三の還元を遂行し、「呼び声の純粋形式（forme pure de l'appel）」を露呈する（RD. 296ff.）。すでにハイデガーは「存在の呼び求め（Anspruch des Seins）」について語っていた。第三の還元は、さらに呼び声の主体となる存在を宙づりにし、存在に先行する呼び求めそのものを露呈する。それは「呼び声に従え」という呼び声そのものとして、あらゆる呼び声の伝達内容に先行する（ebd. 295）。呼び声そのものの遂行としてマリオンが念頭においているのは、たとえば有名な申命記六・四の「イスラエルよ、聞け、われわれの神ヤハウェは、唯一のヤハウェだ」という記述である。その際、聞く主体も超越論的な「私は」ではなく、「私に（me）」であり、現に「存在」するものではなく、存在に先立つ「現場（Da）」である（ebd., 299）。かくして啓示の可能性を妨げる現象学者自身の問われざる前提としての「自我」（フッサール）、そしてさらに「存在というスクリーン」（ハイデガー）は突破されるというわけである[13]。

一九九〇年代になると、神学のみならず、もっと広い意味で現れざるもの、現象しないものへの関心が高まっていった[14]。もとより神学的転回は、晩年のハイデガーにおける「目立たないものの現象学」という問題意識を受け継いだものである[15]。しかるに一方、フッサール研究の中でも、志向分析の限界へのアプローチが盛んに行われるようになった。なかでも誕生と死、世代性に関するスタインボックの研究やフロイト的無意識の問題に現象学的に挑んだベルネットの研究は極めて画期的なものである[16]。そして一九九四年にドゥプラズとリシールが共同でオーガナイズしたスリジ・ラ・サールでのフィンク・コロキウムは、このような非現象性への関心からフィンクを再考しようとする気運を生み出すひとつの大きなきっかけとなった[17]。

フィンクが最初期に抱懐したいわゆる「非存在論（Meontik）」という形而上学的構想は、そうした流れもあって当初は大きな期待がもたれた。しかし非存在論は上に挙げた段階区別に従うなら、第二段階に相当する。非存在論は、フッサール現象学を新プラトン主義からドイツ観念論にいたる全一論的形而上学の枠組みで換骨奪胎したものだと言ってもよい。しかしコスモロギーの成立と同時にフィンクは、形而上学に対して批判的な態度をとるようになる。したがってコスモロギーは第三段階ということになる。しかし形而上学批判の観点は、ハイデガーの「存在―神―論」とは異なる。その意味でフィンクは第四段階に一歩踏み入れていると言えよう[18]。彼は「光の形而上学」という観点から形而上学を批判した。それは「光＝存在」論の批判であるが、そのような存在論に対する批判的モチーフは非存在論においてすでに伏在していたものである。

「目立たないものの現象学」と「限界現象の志向分析」は、同じく非現象性を扱っているとはいえ、その非現象性の位相はやはり区別されるべきである。フィンクでいえば、非存在論と構築的現象学の区別に相当する。或る意味でこれら二つの混同が、とくに現象学における形而上学の問題性を見えにくいものにしてしまっている。もちろん両者の次元は全く無関係というわけではない。構築的現象学は、伝統的に言えば特殊形而上学に相当する。非存在論は、一般形而上学としての存在論を深化させたものであるが、フィンクの非存在論は、もともと特殊形而上学の主題である「世界」概念を超越論的に純化させつつ存在論へと組み込むことによって、存在論を内的に解体していった結果成立したような面がある。世界の問題は、現象学的に問われることを通じて、ハイデガーも含め、伝統的存在論において連綿と受け継がれてきた二つの形而上学の平行論的区別そのものに再考を促すことになろう。現象学における世界問題の重要性のひとつがここにある。そして世界問題のもうひとつ重要な点は、ハイデガーの存在論とフッサールの志向的意識分析を媒介し、かつ両者を乗り越えていくような射程を持っているという点にある。フィンクは、意識の存在を包括する開けの次元として世界を位置づけ、さらに世界を「存在の地平」として思惟することによって、志向分析や存在論よりもさらに根源的な問題地平を開くことになる。

二〇〇三年にケルクホーフェン、翌年にはブルジーナによってそれぞれフィンクに関する浩瀚な著書がたて続けに上梓された。[19] 二〇〇五年一二月にはフィンク生誕百年記念学会がフライブルクで開催され、おりしも、この学会にあわせて論集「オイゲン・フィンク」がケーニヒハウゼン・ノイマン社から出版された。[20] しかも現在、ゼップとニールセンの編集、シュヴァルツの協力によって「フィンク全集」の企画が進められ、すでにアルバー社から刊行が開始されている。「現象学と哲学」、「存在論、コスモロギー、人間学」、「哲学的理念史」、「社会哲学と教育学」という四つの部門に区分され、全三〇巻になる予定である。[21]

本書では、このように急速な発展を遂げつつあるフィンク研究の豊富な成果を踏まえながら、現代の現象学において極めて重要な問題として提起されている「世界」の問題を究明する作業を通じて、現象学を形而上学との適切な関係のもとに位置づけ、その課題と展望の一端を示すことにしたい。そのためにわれわれは、フィンクの前期思想を本書の「第一部」で、後期思想を「第二部」で検討することにしたい。このような論述方針は一見「フィンク研究」という特殊な問題を扱うようで、実際は現象学運動の根幹へと踏み込まざるを得ない。というのも、フィンクの前期思想はフッサール、後期思想はハイデガーとの批判的対決を通じて展開されたものだからである。フィンクの研究は、あくまでフッサール、ハイデガーとのかかわりを顧慮しつつ進められるべきであり、逆にフッサールとハイデガーという二本の糸で織り成される現象学の展開は、両者を取り結ぶフィンクの研究を通じてこそ明確になっていくと言っても過言ではない。フィンクは、フッサールとハイデガーという二人の巨匠の狭間にあっていかなる独自のスタンスをうちだしたのであろうか。こうした問に対しては、単にフィンクの特殊性を引き出す作業だけではなく、前期後期を通じてのフィンクの思索の一貫性をも十分に見定める必要がある。肝要なのは、できあがった思想の特殊性ではなく、思索の動きの一貫性である。

しかしながら、フィンクの前期・後期思想の一貫性に関する問題は、一つの大きな難問と言える。前期において或る意味でフッサール以上に超越論的現象学の立場を徹底し、自我の存在様式の問題に拘っていたフィンクが、何故後期に至って世界の問題に取り組むようになったのか。ブルジーナの精緻極まる遺稿研究によって「非存在論」の内実が明らかになるにつれて、後期思想への連続性も見えやすくなってきたように思われる。その意味で非存在論は、フィンクの思索の一貫性、したがってさらにはフッサールとハイデガーにも通底する現象学の根本問題へと迫るうえで極めて重要な鍵となろう。

目　次

第Ⅱ部　コスモロギーと現象学的世界論の展開

現象学と形而上学

第Ⅰ部　現象学的形而上学としての非存在論

第一章　絶対者の現象学としての非存在論

第一節　現象学的形而上学の構想

(a)　フッサールにおける形而上学と神の問題

序論において述べたように、フッサール現象学の枠内において形而上学の問題は、基本的にはネガティヴな扱いを受けている。しかしながら『デカルト的省察』（一九三一年）の結論部ではっきりと語られているように、彼が排除しようとしていたのは、「不合理な物自体を扱う素朴な形而上学」だけであってすべての形而上学というわけではない（Hua. I, 182）。すでに一九一四年のヨエル宛書簡の中でフッサールは、次のように告白している。

超越論的現象学だけが学問的形而上学を可能にするのです。この形而上学は、単なる理念的可能性にではなく、現実性にかかわります。〔……〕形而上学は、実在性についての本来的な学問なのです。ですから私といたしましても、形而上学を求めておりますし、しかも真摯な意味で学問的な形而上学を求めております。ただ私は、厳密な学問の限界を純粋に保持するために、しばしの間自著を出版する際に控えめな態度をとり、自分の力を形相的基礎付けに傾注していただけのことです（Ms. FIII1, S. 140a/b）[1]。

一九一一年にフッサールは、哲学を「哲学的理念学」と「哲学的事実学」の二つに区別し、後者を「形而上学」と呼んでいた（Hua. XXVIII, 229）。しかるにフッサールにとって神とは、プラトンの「善のイデア」と同様、空間時間的な現実性全体を超越する「全体的最高完全的存在の理念」であり、その意味で神学は「哲学的理念学」の主題となる（ebd., 181）。しかしだからといって神は空虚なものではなく、むしろ実在性を与える「力」であり、したがって「究極の絶対的実在性」をもつものとされる。その限りで神の問題は、哲学的事実学の主題ともなる。

一九二七年に完成した所謂「ブリタニカ」最終稿では、哲学的理念学と事実学の対が、「第一哲学」と「第二哲学」というアリストテレスの用語で改めて表現し直されている。つまり第一哲学は、形相的現象学に対応し、第二哲学は、事実の総体、ないしすべての事実を総合的に包括する総体を主題とする（Vgl. Hua. IX, 298f.）(2)。第二哲学は、第一哲学に基づくが、単なる一方的な基づけ関係ではない。「第一哲学は第二哲学に対する方法の総体であり、かつその方法的基礎づけにおいて自己自身へと還帰的にかかわる」（ebd., 298f.）。つまり形而上学は現象学的方法によって基礎づけられねばならないとしても、その方法論的正当性はそれによって基礎づけられるべき形而上学に負うことになるのである。

『デカルト的省察』においてフッサールが形而上学の主題として具体的に挙げているのは、「モナド全体の理念的な本質可能性」としての「死」、「運命可能性」、「歴史の意味」などのような「偶然的事実性」に関わる「倫理的—宗教的問題」である（Hua. I, 182）。しかしここではもはや第二哲学で主題となった本質との対で語られる事実性ではなく、そもそも「本質と事実」という対立を超えた原事実性が問題となっている。フッサールは「新しい意味での形而上学」（Hua. VII, 188）というカント的表現を、このような「原事実性」を扱う形而上学という意味において使用している。そしてこの原事実性の「根拠」が問われるときに浮上してくるのが「神」の問題に他ならない[3]。従来の研究において、フッサールの神学や形而上学はおもにライプニッツとの関わりで読まれるのが一般的であった[4]。しかし以下ではそれを、主にカントの道徳哲学や後期フィヒテの宗教論との関連で見ていくことにしたいと思う。

フッサールは一九二五年にカッシーラーに宛てた書簡の中で、「実践理性の要請」を「カントのなかでの最大の発見」と評価している[5]。この点についてケルンは以下のように述べている。

フッサールは、理論的理性という地盤において、純粋に超越論的（相互主観的）意識における世界構成という現象の事実的現存在を越え出て行こうと欲したわけではなく、カントのように実践理性の要請を通じて形而上学を基礎づけようと試みたのである[6]。

カントの神学は、まず啓示神学と合理神学とに区分される。合理神学は、さらに超越論的神学と自然的神学に区分される。カントにとって重要なのは、非人格的な世界原因としての神を扱う超越論的神学ではなく、人格的な生ける神を扱う自然的神学である。自然的神学はさらに物理神学と道徳神学に区分される。フッサールは神を「目的論の根拠」として説いているが、しかしその根拠は「事物的因果的原因という意味をもたない」（Hua. III/1, 125）のであるから、彼の神学は宇宙論的神学ではない。それでは物理神学であろうか。フッサールは『イデーンⅠ』において「驚くべき目的論」（ebd., 125）の根底に神を見ようとしている。しかしこのような神は、カントからすれば、無から創造する神ではなく、せいぜい予め与えられた素材を加工するだけのデミウルゴス的な世界建設者としての神を導くものにすぎない。たしかにフッサールは、或る草稿の中で「神は一切を形態化するものであり、非合理的素材は作られた事物ではなく、まさに素材である」（FI24, 41b）と語っている。

周知のように、カントの神学は、物理神学ではなく道徳神学である。フッサール自身その点については十分自覚していた。[7] もとより、フッサールはかなり早い時期からカントの倫理学に関心をもっていた。フッサールの「純粋倫理学」の構想も、ほとんどカントとの対決を通じて発展を遂げたといっても過言ではない。フッサールにとって実践理性の問題は、カントとは異なり、あくまで此岸的な問題である。[8] フッサールは、実践理性の規定根拠として質料を排除したカントの形式主義に対して終始批判的であった。カントの形式主義は、利己的功利主義ないし幸福主義への批判と結びついている。しかしすでにヒュームが見抜いていたように、すべての動機づけるる快楽が、かならずしも利己主義的というわけではない。フッサールからすれば、すべての価値づけや感情から自由な意欲などというものはそもそも存在しない。道徳的義務づけの当為性格を提示するためには、やはり意志を動機づけている感情の内容に訴えるべきだというのである。そのような意図からフッサールは、感情的なもののアプリオリを問う「質料的価値論」を構想した。ロトによれば、この質料的価値は、目的論的秩序をもつがゆえに、フッサールの倫理学は、目的論に基礎をもつ。さらに目的論は、最高善の理念の中で「哲学的神学」を指示する限りで、つまるところ「形而上学へと流入する」ことになる。[9]

こうしたフッサールの方向性は、かつてカントの道徳哲学における形式主義や厳粛主義を批判し、「愛」という感情を道徳の根底に据えたフィヒテの宗教思想にも一脈通じるものがある。[10] 実際フッサールは、一九一八年の六月にアドルフ・グリムに宛てた書簡の中で次のように述べ、さらにフィヒテの『人間の使命』、そしてなにより『浄福なる生への導き』の講読を勧めている。

現象学が私に開眼させた宗教哲学的展望は、フィヒテ後期の神の理論に案外近い関係にあります。およそ彼の最後期（一八〇〇年以降）の哲学はわれわれにとって非常に興味深いものです（Hua. XXV, XXIX）。

すでに前年の一九一七年に、フッサールは『フィヒテの人間的理想』という講義を行っている。たしかにこの講義は「戦争参加者のためのコース」といういわくつきのカリキュラムにおいて行われた一般向けのものであり、フィヒテの哲学そのものへの本格的対決というよりは、単なる解説にとどまるような面も否定できない。しかし少なくとも第一部「絶対的自我とその事行」の論述に、フッサール現象学との対応を読み取ることは極めて容易であるし、第二部、第三部はやや解説的だが、フィヒテのカント批判に関する箇所は極めて興味深い。

フッサールによれば、形而上学は理論理性の枠組みでは消極的なものにとどまるが、「実践理性の要請」によって基礎づけられうるというカントの思想こそ、「フィヒテの出発点」をなしている（ebd., 274）。そもそもフィヒテは物自体からの触発という発想を退ける。フッサールによれば、「客観性を産出する主体は、予め受動的に触発され、しかる後においてのみ活動的でありうる」というカントの見方に対して、フィヒテは決して満足しない。フィヒテにとって、もろもろの感覚質料の雑踏は主観性の意識作用による所産ではなく、あくまで主観の「行為」、「活動」の所産なのである。主観は単なる事実ではなく、「事行」である。主観であるということは、「歴史」をもつことである。単なる行為というよりは行為から行為への展開のプロセスであり、そのプロセスはある一定の目的に向けられているが、あらゆる目的は一つのテロスのうちで統一されている（ebd., 275）[11]。

フィヒテの自我は、自己自身を定立する事行であり、自らにつねに新たな「限定」を定立しては繰り返し克服する。しかしこの克服ないし解消はことごとく満足にいたるわけではなく、つねに課題を残すことになる。それゆえ自我の目的論的活動は、滞ることなく無限に進行する。自我ないし絶対的知性の歴史、つまり必然的な目的論の歴史において世界は現象的なものとして創造される。フィヒテはこの世界の現実性の根拠を「人倫的世界秩序」とみなす。人倫的世界はそれ自体としては実在的現実性をもたない。とはいえ空虚な虚構などでは決してない。むしろ実在より一層存在的である。つまりそれは、「絶えざる存在—当為」としての「規範的理念」である(ebd., 277)。そしてこの理念こそ、「現実化の衝動」によって徹頭徹尾支配された「この世界の目的論的原因」、すなわち「神」に他ならない。神は、決して自我の外部の実在ではなく、絶対的自我に「内在」しつつ、事行そのものを生気づけている。永遠にして唯一の神は、自我、ないしその事行の系列において自らを啓示する。つまり自我は「神の啓示の場所」となる。神の啓示とは、神の自己反省であり、それによって意識という形式において「模像」をつくるが、しかしそれと同時に神は自らを隠すのである(ebd., 283)。

当初フィヒテにおいて道徳と宗教は絶対的に一つであり、神は道徳的世界秩序の理念、つまり「秩序づける法則(ordo ordinans)」そのものとして捉えられていた(ebd., 280)。しかしながらいわゆる「無神論論争」以降、フィヒテはこのような神と道徳的秩序との同一視を放棄する。一八〇〇年『人間の使命』において神はもはや秩序づける法則ではなく、この秩序をはじめて発動させる「無限の意志」として語られるようになる。人倫的生は、より高次の段階の宗教的生においてはじめて完成されるのである。その意味で前者は後者の「下層段階」でしかない(ebd., 282)。さらに『浄福なる生への導き』(一八〇六年)では、カントの倫理学における定言命法が「冷たく厳格な当為」とみなされ、その厳粛主義が鋭く批判されると共に宗教的な「愛」の重要性が説かれるようになる。(12)

フッサールにおいても「愛」は、自我を召喚する倫理的価値のうちでは最上のものと見なされている。(13) 自我は

「最大の実践的善の理念」への「愛」の主体である。真性な愛の理念への愛をフッサールは「自己愛」と呼ぶ。[14]しかしそれは利己主義的ないし自己享楽的な愛ではない。自己愛の対象は自我ではなく、「善」そのものである。それ故、隣人愛とも互いに排斥しあうことはなく、むしろあらゆる個人性を超えた真実なる自己愛と真実なる隣人愛とのなかに、「愛の共同体」という社会的人格性の理念が成立するのである。

以上のように、フッサールが、カントからフィヒテへと至る実践形而上学の理念を踏まえつつ「愛」を倫理の根底に据えたことは、現象学的形而上学の展開において極めて意義深い。[15]フッサールにおいて形而上学の問題は、ついに具体的な展開を遂げることはなく、さまざまな草稿の中で断片的な記述が残されるにとどまった。[16]しかし彼の形而上学的問題意識は、弟子のフィンクによって受け継がれ、一九三〇年に起草した「現象学的哲学体系」では、「現象学的形而上学」の問題として改めて提起されることになる。フィンクは単にフッサールの共同研究者にはとどまらず、一九二〇年代後半あたりから「非存在論（Meontik）」という独自の構想を密かに醸成させていた。非存在論は、現象学的形而上学の問題をフィンクが独自にアレンジしたものと言えるが、単にそれを個別的な臨界問題として受け止めるのではなく、現象学的還元理論全体の枠組みの中で改めて位置づけし直していくところに優れた点がある。残念ながら、非存在論については公刊された著作では全く展開されていない。とはいえ、フィンク研究の泰斗ブルジーナによる極めて精緻な草稿研究を通じて、非存在論の梗概は一九八〇年代後半あたりから徐々に明らかとなり、ようやく二〇〇六年には一九二七―一九二九年（一部一九二九―一九三五年）の草稿群がフィンク全集三-一巻として、二〇〇八年には一九三〇―一九三四年の草稿群が同全集三-二巻として公刊された。以下では、これらのテキスト群を参照しながら、初期フィンクの思索の一端を明らかにしたいと思う。[17]

(b) フィンクの非存在論と超越論的方法論

一九三二年にフィンクはフッサールからの委嘱により、『デカルト的省察』の続稿として、『第六省察』の原案を執筆した。それは当初、フッサールによって斧鉞を加えられたうえで、共同執筆という体裁のもとで出版される予定であった。しかし結局のところ、その原案は一九四五年にフィンクの教授資格論文として認定されることになる。このような複雑な成立事情を有する『第六省察』に、どこまでフィンク独自の思想を読み込むかは解釈の分かれるところであろう。従来の研究においてこの書は、もっぱら「現象学の現象学」、「超越論的方法論」という問題関心から読まれるのが一般的であった(18)。なるほど、この書が『デカルト的省察』第二省察と結論部で提起されている「現象学の自己批判」という課題を受け継いでいることはたしかである。フッサールは、超越論的現象学の学問作業を二段階に区別している。第一段階は、「超越論的自己経験の広大な領土」を「遍歴」することであるが、これだけでは明証を無批判に受け入れている限りにおいて素朴であり、それ故さらに「超越論的経験の批判」が第二段階の作業として要請されることになる(Hua. I, 68)。

しかしながら、『第六省察』には現象学の自己批判などという問題だけでは収まらない、もっと重大な問題が隠されているように思われる。フィンクは『第六省察』の「序文案」において以下のように述べている。

なるほど、フッサールの現象学においては、現象学の現象学という思想、現象学的営為への反省という思想が体系的構想の本質的契機となっている。超越論的方法論の問題の解明は、本書においては、フッサールの哲学に密接に即するかたちで、絶対精神の非存在的哲学を予視しつつおこなわれる(CM1, 183)。

つまり超越論的方法論というのは、「絶対精神の非存在的哲学」、すなわち当時フィンクが独自に構想していた「非存在論」のあくまで前段階的な副次的問題に過ぎないということである。[19] もとより、「超越論的方法論」という用語自体はカントから借用したものである。[20] 結論から言うと、『第六省察』におけるカントからの影響はほとんど表面的かつ形式的なものである。内容的にはむしろ体系を志向し、絶対者の問題に積極的に取り組んでいるという点では、カント以降のドイツ観念論、とりわけヘーゲルの立場に近い。しかし他方でフィンクが『第六省察』執筆の水面下で、カントについてかなり集中的に研究を行っていることも銘記されるべきであろう。

カントによれば、理性のつくる認識の総体を建造物に譬えるとするなら、原理論はその材料の吟味をし、方法論はその材料でどのような建造物を建てるのか、その計画、体系を立てる作業に相当する。[21] つまり純粋理性の体系をつくるための条件の考察を意味する。『純粋理性批判』の悼尾を飾る「超越論的方法論」の章は、「純粋理性の訓練（Disziplin）」、「純粋理性の基準（Kanon）」、「純粋理性の建築術」、「純粋理性の歴史」という四つの章からなる。カントによる論の順序とは異なるが、まず「建築術」からみていこう。

カントの「建築術」の章に対応するような内容をフィンクの記述からあえて示すとすれば、それはフッサールの「現象学的哲学体系」に対して彼が一九三〇年九月に提示した草案である。とくに『第六省察』と深くかかわるのは第一巻「第四章　現象学的形而上学の根本特徴」である。この章はさらに「A　現象学的観念論と超越論的歴史性の問題」、「B　エゴの『事実』の超越論的必然性」、「C　『世界の唯一性』の超越論的演繹」、「D　『素朴性』の超越論的権利の回復」、「E　〈自己―自身―へ〉と至る超越論的傾向。（宗教、叡智、そして世界生の倫理的真正さにおける前形態）絶対者の機能としての哲学」という五つの部分に分かれる（CMI2, 8f.）。この章全体は、フッサール案のとりわけ第五巻をフィンクなりに組み直したものと考えられる。このうちＡ・Ｄ・Ｅの三つの問題は、『第六省察』で詳細に扱われている。つまりAとEは『第六省察』の主に第一二節「超越論的観念論としての『現象学』」、Dは第一一節「『学問的営為』としての現象学的営為」で論じられている。これに対して、BとCは『第六省察』ではそれ程詳細には論じられていない。ブルジーナによれば、それらの問題は改めて『第七省察』で扱われる予定であった。『第七省察』の目的は「世界の唯一性の超越論的演繹」である。何から演繹するのか。それは「超越論的モナド共同体の必然的唯一性と統一」からの演繹である（LVI/3a）[22]。その際、時間化の問題も考慮される。何故このようなことが問われるのか。それは「多数の世界の可能な思惟可能性」が考えられるからである（LVI/6b）[23]。したがって問題となるのは「事実的なものとしての世界の偶因性」である。つまり、多数の世界が思惟可能である以上、今ここにある世界は単なる偶然的なものとして理解される。多くの可能性の中で今ここに存在する世界が如何なる根拠に基づいて構成されるのか。現象学の場合、言うまでもなく、そのような世界を構成する「超越論的生自身の偶因性」へと遡るより他ない。Bの自我の事実性の問題はこうした流れで扱われる。しかし世界とは異なり、超越論的生そのものは「偶因的ではない」。そもそも超越論的生は、偶因的存在と必然的存在という区別が生じる以前の存在そのものの「可能性の条件」に他ならないからである。そしてこのような「超越論的実存の必然性」、換言すれば「超越論的生の原事実性」こそが「実存する世界の唯一性の必然性に対する根拠」なのである。

次に、カントの「純粋理性の訓練」に関してはどうであろうか。カントによれば、それは能力を越えた設計図を描かないよう訓練することを意味する。それは理性を限界決定し、誤謬を防止する方法への問いに他ならない。しかし方法論という言い方には注意が必要である。現象学の自己批判としての方法論は、超越論的生への接近方法に関する単なる技術論、つまり「方法術（Methodik）」ではない。その方法が適切に機能しているか否かを問うものでもない。「超越論的方法論」という呼び名は、こうしたイメージへとわれわれをミスリードする危険性を孕んでいる。フィンクが後の講義で語っているところによれば、「方法」とは人間が操作する「技術的な装具」ではなく、むしろ何もせず、何も強要しない言わば「放下（Gelassenheit）」の態度をもって「われわれの目前で生起していることをただ眺める」ことに他ならない（SM, 95）。技術論としての方法術は、シェルベルによれば、むしろ原理論に配置されるべきであり、『第六省察』のうちでカントの「純粋理性の訓練」に相当するのは、第一〇節「述定化としての現象学的営為」で論じられている「現象学的認識とその述定の明証の吟味」（ebd., 28f.）という問題である(24)。

現象学は、還元を遂行した結果見出された超越論的領野を言語化し、命題として彫琢することによって自らを学問化する。超越論的領野をせっかく見出しても、それを言語化しなければ現象学は学問として成り立たない。しかし超越論的領野を語る言語は一体どのような身分にあるのであろうか。還元によって自我は、言語を失うわけではない。言語は自然的態度に由来する。したがってある種の不十分さを残すことになる。現象学者は自らに適切な固有の言語をもちえない。しかしフィンクによれば、この不十分さは、自然的な言語における「類比」や「象徴」の機能が孕む不十分さとは質的に異なる（ebd., 99）。自然的な類比や象徴は、基本的に存在者同士の「比較」を前提としている。しかしここで問題となっているのは、あくまで「存在的意味」と「非存在的」な「超越論的意味」、ないし「存在者」と「先存在者」という共約不可能な次元との間に成り立つ「超越論的な類比」である（ebd., 100）。フィンクによれば、結局超越論的述定化において生じるこのような断絶は決して埋まることはない。というのも、超越論的言語という理念は、自然的言語の媒介なしには決してありえないからである。

このような超越論的現象学の学問化、つまり超越論的次元の言語化に伴う困難は、現象学的語りの無闇な乱用に対して限定を迫る。その意味でたしかにカントの「訓練」という考え方とも重なる。しかしカントにおいて「訓練」はあくまでネガティヴな規定にとどまる。そこで彼は、「基準」においてポジティヴに「理性の実践的使用」を語る。シェルベルによれば、現象学的理性の基準は「本来的あるいは絶対的真理と単なる現出の真理との間の反立的区別」のうちに求められるべきである(ebd., 111)。(25) 超越論的言語のアポリアは超越論的次元と自然的な現出の次元との架橋しがたい深淵に根をもっており、この深淵を媒介すべく、『第六省察』の第一一節では「第二の世界化」の問題が扱われることになる。

超越論的傍観者は、世界の目的論的構成に参与しないとはいえ、世界を構成する主観と独特の仕方で生の統一を形成している。フィンクはそれを「差異における同一性」、「二分における統一」と表現している(ebd., 125f.)。この統一によって、能動的、構成的ではないとしても「受動的に」世界構成に関与せざるをえないことになる(ebd., 119)。つまり還元というのが世界に向かう構成に対する「現象学的に理論を立てる認識」の「対抗遊戯」であるとすれば、この受動的世界関与によって、再び自然的態度に連れ戻されるのであり、そこで「自己内円環」が形成される(ebd., 125)。しかしこのような「超越論的生起の受動的同道性」は、超越論的根源の忘却に至るような世界化的自己統覚としての「第一の世界化」とは異なり、あくまで「超越論的根源についての知の世界的客観化」に他ならず、この意味での世界化をフィンクは「第二の世界化」と呼んでいる(ebd., 128)。この第二の世界化によって「世界の内に現出する超越論的主観性」は「現出の真理」と「超越論的真理」との弁証法的緊張関係を媒介する役割を果たすのである(ebd., 127)。現出の真理は、還元によって超越論的認識の内で止揚されるが、それは決して「抹消」されるのではなく、「保存され」、「透視」されるのである(ebd., 129)。しかるに一方、再世界化において今度は逆に超越論的真理が透視されることになる。では、これら二つの真理が共に止揚される視座はどこで確保されるのであろうか。フィンクによれば、両者は「現象学的営為が絶対者の自己自身における認識運動であるという絶対的真理において」はじめて止揚されるのである（ebd., 167）。つまりフィンクは、真理と虚偽という二分法を単純に固定して前提するのではなく、虚偽をも己のうちに巻き込みながら、そうした否定性を介して生成していく絶対者の運動性のうちに真理の実現を見て取ろうとするのである。そしてこのような真理観こそが、「自然的態度における超越論的認識の伝達と公表」を可能にする礎となり（ebd., 100）、現象学は、主体としての絶対者が主題でもある自己自身を絶対的に知る「絶対的学問」として樹立されることになる（ebd., 169）。要するにフィンクは、現象学の学問としての樹立、及びそのための障害ともなっていた超越論的言語にまつわるアポリアを、ヘーゲル的な弁証法の論理を援用することによって打開しようとしたのである。もっとも、フィンクが現象学的営為を「絶対者の自己把握」として捉え、現象学を絶対的学問として樹立しようとしたのは、現象学を「超越論的観念論」として定式化するためであり、その作業は最後の一二節でなされている。しかし『第六省察』をベルジェから入手し、その内容をいち早く紹介したメルロ＝ポンティは、この一二節を読んでいなかった。『第六省察』の中心問題を「現象学の自己批判」とする解釈に先鞭をつけたのは他ならぬ彼だったわけであるが、それも無理からぬことである。しかしわれわれはこの一二節こそ『第六省察』の中で最も枢要な箇所と解釈する。しかもこの節においてこそ、カントの超越論的方法論における「純粋理性の歴史」の問題が深くかかわることになる。

フィンクによれば、たとえ現象学といえども、決して無前提的な純粋状態から思考を始めることはできない。現象学もまたすでに歴史的状況の上に立たされ、様々な形而上学的伝統に汚染されている。しかしこのこと自体が非難されているわけではない。むしろそうした事実を自覚し、直視することが肝要である。現象学者自身、すでに「観念論の問題の歴史のなかに組み込まれて」おり（ebd., 172f.）、そればかりか伝統的観念論に伏在しているモチーフが、現象学的営為の開始を動機づけるとフィンクは考える。したがって観念論との「対決」がここで要請されてくる。しかしそれは伝統的観念論に対する単純な拒否ではない。むしろ現象学は「偉大な観念論的伝統の正当な嫡子」（ebd., 173）とすら言われる。観念論の「解釈」という作業を遂行することによって、自然的態度の囚われから脱却すると同時に、観念論本来の動機を探り、現象学的思惟との共通の問題地平を開拓すること、これが対決の意図である。『第六省察』においてフィンクは、さしあたり現象学をヘーゲル的観念論の図式で語ることによって、当時の思想界において支配的であった新カント派的な認識論的観念論を批判的に解体する地盤を築く。もちろん、ヘーゲル的観念論との対決も不可欠である。しかし『第六省察』執筆当時におけるフィンクは、ヘーゲル的観念論との距離が十分とれず、彼自身対決作業が「困難」であると述べている（ebd., 174）。つまりヘーゲルとの本格的対決は先送りされたわけである。しかしこうした事情が逆に『第六省察』全体の枠組みを決定づけているということもできる。この書で還元の営みが「絶対者の自己把握」というヘーゲル的図式で語られるのもそのためである。

フィンクは、自然的態度から超越論的原理論を経由し、超越論的方法論へと至る現象学的営為の行程を、絶対者における三つのアスペクトとして語っている。まず素朴な自然的（世間的）態度において、絶対者は人間的自我をも含めた個別的実体の総体としての「世界」とみなされる（ebd., 155f.）。この段階において、絶対者は未だ「即自態」にあるが、しかし還元の遂行とともに、絶対者の「対自化」の運動が生起することによって、世界は「構成的な脱制限」を被り、超越論的主観性の「構成的生に対して相対的な普遍的総体」にすぎないことが露呈されてくる（ebd., 156f.）。このような「超越論的原理論」の枠内において絶対者は、「先存在」としての「世界を構成する主観性」と「存在（世界）」との「総和」、より正確には、前者から後者への「不断の移行の無限的統一」として規定されることになる（ebd., 161）。しかるに還元の遂行と同時に引き起こされる超越論的存在内部での「根本分裂」は、超越論的傍観者を生産する（ebd., 12）。それは超越論的方法論の主題であると同時に主体でもある。原理論において既に生起している絶対者の対自化の運動そのものをそれとして主題化する視点は、まさにこの方法論において露呈されてくるのである。その意味で方法論は、「超越論的対自化の超越論的対自化」とも言われる（ebd., 16）。そしてこの方法論において、超越論的傍観者と世界構成的主観と世界という三つの契機を包括する「超越論的生一般の全体性」としての絶対者が開示されてくるのである（ebd., 157）。絶対者とは、このように「世界」、「世界構成的主観」、「超越論的傍観者」をいわば入れ子状に包括しつつも、さらに超越論的傍観者を基点として自らをも再帰的に包括するような全体化の運動に他ならない。つまり自らの立脚点を明らかにしていく営みは、とりもなおさず知自身が、自らを越えた絶対者の運動に巻き込まれていくプロセスとして語りだされることになる。

第二節　フィンクの非存在論

(a)　非存在論と伝統的形而上学

公刊された初期フィンクの著作群には、非存在論という言葉は全く見あたらず、せいぜい『第六省察』の序文案で「非存在的（meontisch）」という形容詞が一箇所登場するのみである。[26] フィンクが表立って非存在論を展開できなかったのは何故であろうか。その理由としてブルジーナは、非存在論がフッサールの「直観の明証性」

の原理に抵触するという点を挙げている[27]。しかしその点だけで言うなら、『第六省察』で論じられている「構築的現象学」も同様の嫌疑にかけられるはずである。というのも構築的現象学は、直観的には非所与的なもの、例えば、誕生、死、幼児の発達、相互主観的モナド共同体の全体形式、モナド的歴史学の相対形式等を考察対象としているからである（vgl. CM1, 70f.）。たとえば死と誕生は「対象」でも「可能的対象」でもないし、「予持的かつ把持的に到達可能」でもない（Z-X. 16b）[28]。それらが「現在化された体験」として獲得されるのはつねに「他者の」それであって、「私の死と私の誕生」は必然的に「構築」されたものでしかない（Z-X. 17a）[29]。

フィンクによれば、これら構築的な仕方でのみ開示可能な諸対象は、「自己自身によって確立された『傍観者』を原理的にもたない」（ebd., 73）。しかしこのことは、それらの対象が与えられた超越論的生の傍観者において間接的には自覚可能であることを示している。傍観者の存在が「『構築された』主題の存在に先行する」と言われるのもその意味においてであろう。これに対して非存在論とは、むしろこの超越論的傍観者、より正確には、世界構成的主観と傍観者との分裂を介した統一的全体としての絶対者の先存在に関わるのである。フィンクによれば、構築的現象学の考察対象は、あくまで「構成された真理であり、決して絶対的ではなく、存在的な現実性であり、決して非存在的な規定ではない」のである（OH-I. 28-29）[30]。非存在論は、構築的現象学とは別の問題系に属するのであり[31]、単に〈非直観的所与の分析論〉という解釈図式では収まりきらない射程を孕んでいることが理解されてこよう[32]。

フィンクによれば、非存在的絶対者は「地平的な彼方」に存するのではなく、世界そのものを「担っている」（Z-I. 105b）[33]。したがって非存在論が企図する存在の超越とは、限界の彼方というより、そもそも限界設定そのものへ向けての超越と言うべきであろう。構築的現象学は「超越論的弁証論」とも言われるように、特殊形而上学的な課題を負っているのに対して、非存在論は、一般形而上学的な問の深まりとして理解されうる。より正確には、特殊形而上学的な世界問題が存在論に組み込まれることによって、存在を超えた次元へと導かれ、非存在論が誕生したというべきであろう。

端的に言うなら、フィンクの非存在論は、ハイデガーの「存在の意味への問」をフッサール現象学の枠組みにおいて換骨奪胎したものである。フィンクによれば、フッサールにおいて「存在」概念は「措定の様相」、「存在者」概念は「対象」を意味し、「存在論」は、「質料的及び形式的な『領域』の対象理論的なア・プリオリ論」として展開されている（Z-XI. 7a/b）。[34] しかしハイデガーにとって領域的存在論は、「包括的存在論的問題の一段階」にすぎない（EP, 39f.）。存在概念には、「本質存在」、「何存在（Was-sein）」のみならず、「事存在（Daß-sein）」（眼前存在、実存、手許存在等々）もある。これら事存在と何存在が全体として存在者の存在体制をなす。何存在と事存在への問が存在者の存在を問うているのだとすれば、さらにその可能性の条件を問うのが「存在の意味への問」である。ハイデガーの存在論は、単に存在者の存在を問題としているだけではない。『存在と時間』の最終目標は、あくまで「『存在』の意味に対する具体的問を仕上げること」に向けられていることを忘れてはならない（SZ, 1）。

フィンクによれば、ハイデガーにおける「存在者の存在」に関する問は、フッサール現象学の枠内においては「現象学的還元」に相当する。つまり現象学的還元とは、「存在者の被構成性のテーゼ」であり、「存在論的差異の遂行」を意味する（Z-X. 2a）。[35] しかし還元は、このような「ノエマ化」の作業に尽きるものではなく、「存在の括弧づけ」による「存在そのものの主題化」をも意味する。但し、彼はこのような意味での還元の本質を、フッサールのように「主観性への帰還」に求めるのではなく、むしろそれを端的に「脱―存在化（Ent-seinung）」

と規定している。

しかしながら、還元による存在の主題化は、単に「存在の括弧づけ」という消極的な操作にとどまるものではない。そもそも存在を括弧づけする以前に、すでに存在を存在として了解しているのでなければならず、しかもその立脚点そのものは存在の地平を越えたところにあるはずである。フィンクは、もし存在論が単に存在者の存在を問う学にとどまる限り、哲学としては不十分であるという。そこで「存在の意味」、つまり「無」そのものを問う「非存在論」が要請されることになる(Z-X. 24a)[36]。存在者の側からすれば、ただ消極的に無ないし非存在者としか言いようのない存在そのものは、如何にして学の主題として積極的に規定されうるのであろうか。個別的経験科学が等閑に付した存在者の本質を問う領域存在論を企図し、さらには存在者の存在を露呈すべく現象学的還元を遂行したところで、存在そのものを単に「存在者ではない」と消極的に規定し、それを積極的に語る道具立てが見つからないことには、学としては全く空虚なものとならざるをえない。ハイデガーは、存在を時間という特別な概念から積極的に規定できると考えた。存在の意味とは時間である。フィンクにおいても同様である。教授資格論文への注記では次のような問が立てられている。

そこから最終的に「存在」が理解されるはずの地平それ自体が「存在的」であるのか否か、またそれはどのようにしてであるのか。存在者の時間化の存在は規定可能であるのか否か、またそれはどのようにしてであるのか。(CM1, 184)。

もっとも、フィンクの非存在論とハイデガーの「存在の意味」への問とは全く同じというわけではない。非存在論は、二つの点で存在よりも世界を根源的なものとみなす。第一に、世界は「存在一般の総体」を意味する（Z-XV. 29a）[37]。第二に、絶対者の脱無化的生成とは世界の生成であり、存在はその「結果」でしかない（Z-IX. 50a）[38]。より正確には、世界も絶対者の生成の結果面に過ぎないが、存在は絶対者が世界として生成していく過程の上層部に過ぎないということである。その意味で、存在はなお「世界捕捉性の地平の内」にとどまっていることになる。ハイデガーは、存在の意味を「時間」と捉えたが、『存在と時間』ではまだそれを「世界」と見なすことはなかった。

もとより、非存在論は、フッサールやハイデガーの影響のみから成立したわけではない。フィンクは、フッサールとハイデガーを接木するための視点を、とりわけヘーゲルから得ていたわけであるが、そこからさらに新プラトン主義へと遡って対決する中で、独自の立場を確立していくことになる。一九二八年に書かれたと推定される覚書の中で、フィンクの博士論文の補遺に当てられることになっていた研究プログラムが記されている（Z-IV. 49a-b）[39]。そのうち第三章の「諸解釈」では、プロティノスの「ヘン・カイ・パーン」[40]、クザーヌスの「非他者（non-aliud）」、カントの「消極的悟性におけるヌーメナ」という三つの主題が検討される予定であった。さらに別の草稿でも「ニコラウス・クザーヌス及びあらゆる否定神学は、無限なもの（ヘン・カイ・パーン、非他者、メー・オン）といった暗く曖昧な諸概念でもって根源の問題を中心的問題としている」（Z-IV. 66b）[41]と述べられている。これらの概念を貫く論理とはいったいどのようなものなのであろうか。

フィンクが非存在論を構想するにあたって直接的な影響を受けたのはヘルマン・コーエンである。フィンクは或るノートにおいてコーエンの『純粋認識の論理学』（一九二二年）から以下の箇所を引用している（Z-IV. 66a）[42]。

「何があったか。（Was war?）」この問は、次のことを意味している。存在の根拠は存在の現在の彼方に置かれるのでなければならない。存在を真なる存在者によって規定することでは十分でない。つまり、探し求められるのは、先—存在であり、先—存在において存在は根拠づけられ、確証されるのである[43]。

コーエンは、「何があったか」というアリストテレスの問を「存在の根源」への問として受け止めているが、フィンクはそのテンポラールな意味に関心を向けており、この問題をとりわけプロティノスの「アエイ・オン」の究明を通じて思索している（Z-VI. 47a）[44]。フィンクによれば、プロティノスの「アエイ・オン」は「本質」ないし「ア・プリオリ」の時間性格であるが、それは「時間欠如性」や「永遠性」というより、「常に既に在った」という時間性格を意味している（Z-I. 149b）[45]。しかしこの「常に既に在った」は、時間の内で過ぎ去った過去ではなく、むしろ時間そのものを可能にするという意味で時間に先立ついわば「超越論的過去」と表現されるべきものである。コーエンもまた、「根源（Ursprung）」の概念をもって、このようなアエイ・オンの先時間性格を言い当てたかったのであろう。しかしフィンクは、根源をもっぱら「思惟のうちに」求めるコーエンの超越論的観念論に対しては批判的であり、必ずしも超越論的観念論を「主観への転換」と解釈する必要はないという（Z-IV. 66a）[46]。

コーエンは前掲書の別の箇所、すなわち「根源の判断」というタイトルが付せられた一節において、再び先のアリストテレスの問を採りあげ[47]、この問をより具体的に考究する中で、根源の判断において「非（メー）」という否定機能が果たす重要な役割について触れている。コーエンによれば、或るものの根源を直接或るものに求めてしまうと無限後退を招来することになる。したがって彼は「Sは非Pである」という「無限判断」を「根源の判断」として彫琢し、この非という「無」の冒険的迂路（abenteuerlicher Umweg）」を介して根源へと肉薄する[48]。なるほど、「無限者（Unendliches）」、「絶対者（Absolutes）」、「個体（Individum）」等々といった伝統的な形而上学的諸概念には、総じて否定の接頭語が付されている。しかしこの「非」は、相対無としてのメー・オンを意味し、「否定判断」における絶対無、つまりウーク・オンとは区別されねばならない[49]。よく知られているように、この区別はすでにシェリングにおいて厳密に定式化されていた。彼は、ウーク・オンとメー・オンを、ドイツ語でそれぞれ das *nicht* Seiende と das nicht *Seiende*、フランス語では rien と le néant とに訳し分けている。彼によれば、ギリシャ語のメーという接頭語は、もともと「禁止」を表している[50]。禁止は存在の現実性を否定しつつも可能性を許容する場合にのみ意味をもちうる。それゆえメー・オンは「可能存在」を意味する。これに対してウーク・オンは現実性のみならず、可能性をも否定する。

もとより、コーエンやシェリングがメー・オンの概念を借りてきたのは、プラトンのとりわけ『ソピステス』からである。プラトンの『ソピステス』では、虚偽の言表の可能性が問われ、そのために「ないものがある」という反パルメニデス的テーゼを証明することが議論の焦点となっている。プラトンは非存在の否定性格を、エナンティオンではなく、ヘテロンとして捉えることでこのアポリアに挑んだ。もっとも、或る存在者の異他存在者と存在そのものの異他存在とは区別されるべきである。存在でもなければ全くの無でもないような異他存在とは一体どのように考えられるべきであろうか。プラトンによれば、それは実際に存在するのとは異なった非現実的な存在、すなわち「像（エイドロン）」としての存在を意味する。

フィンクもまた、メー・オンとウーク・オンという伝統的区別を踏襲している。彼は「超越論的有神論は経験論的無神論である」というテーゼを掲げ、経験論的無神論が「神は存在しない（Gott ist nicht）」という命題を、

「ウーク-エイナイ」の意味で理解するのに対して、「超越論的哲学者」は「メー-エイナイ」の意味で理解するという（Z-VII. XXI/9a）[51]。メーという意味での「非（Nicht）」は、「消極的無（nihil negativum）」でもなければ、「反対―対立者（konträr-Gegensätzliches）」でもない。フィンクは、非存在的絶対者を「根源」として積極的に規定すると共に、無限判断について言及した草稿で、世界概念を「存在と無がそこにおいてあるところの場」として語り、「あらゆる存在論において排除された第三者」こそ絶対者だと言う（Z-XV. 81a）[52]。存在するのか、それとも無なのかという排中立に基づく二者択一を超えた次元がここで問われているのである。存在と無の対立を越えた地平としてフィンクが思惟しようとしているのは「世界」であり、さらに絶対者の「生成」としての「時間」である。

フィンクにおいて、存在から世界や時間へと問題が移行する際の転換点となっているのは存在様相の問題である。彼によると、現実性というのは「存在者の性質」では決してない（Z-VII. XVII/24b）[53]。現実的事物が存在するから現実性が存在するのではなく、むしろ逆に「現実性が存在するが故に現実的な事物が存在する」のである。フィンクによれば、この現実性という様相を与えるものこそ時間の働きに他ならない。可能性もまた同様である。現実的なものと可能的なものは深淵によって隔てられているわけではなく、「可能的なものは、常に現実的なものの周縁に含まれている」のである（Z-V. VI/12a）[54]。しかしこのことは決して現実性の優位を意味しない。フィンクによれば、むしろ諸可能性の方が諸現実性に先行するのである。そして「存在的―存在論的」な「対象可能性」は「コスモロギー的」な「世界可能性」へ、さらには「時間揺動としての『可能性』」へと還元されることになる（Z-XV. 79a）[55]。

このように、フィンクにとってメー・オンは、世界の根源である絶対者の時間化に関して言われているわけであるが、プラトンでは、真実在としてのイデアとの対比において感覚世界が、さらに新プラトン主義では、流出の末端である物質世界が非存在として語られている。このような逆転については如何に考えられるべきであろうか。[56] フィンクによれば、あらゆる存在者は存在者である限りつねに「ヘテロン」である。これに対して非存在的絶対者はプロティノスに倣って「ヘン」と規定される。たしかにプロティノスにおいても、一者以外のあらゆる存在者は、自己において異他性をもち、互いに異他性を介して存在するものとして語られている。しかし他方で「一者、それはメー・オンである[57]」という表現も見られる。なるほど存在者における異他性そのものを超越しているという意味では、一者はあらゆる存在者に対して異他的と言える。[58] このような「異他性そのものの異他性」という考え方は、のちにクザーヌスによって受け継がれ、「非他者」論として洗練されていく。「一者は一者に他ならない」のであるから、非他者は一者よりもさらに根源的である。しかも非他者は、異他存在者から超越して存在しているわけではない。むしろそれは一切において一切、各々の個物においては各々の個物に内在し、各々の仕方で自らを映し出しているのである。

ところで、メー・オンの問題を論じるうえで、二世紀頃に勃興した「キリスト教のヘレニズム化」の動向も見逃してはならない。当初無からの創造の無はメー・オンとして語られ、形態無き質料として捉えられていたが、さらに質料自体もまた被造物とみなされることによって、神の自由がより強化されることとなった。[59] しかもこうした神の自由を、外部との関係にではなく、むしろ神自身に関わるものとして捉えることによって、無からの創造の「無」を「神自身」とするような思想も生まれてきた。このような否定神学の思想は、偽ディオニシウス・アレオパギタにおいて新プラトン主義と合流し、さらにエリウゲナ、エックハルト、ベーメへと受け継がれていく。[60]

このような伝統において無からの創造は、「無」から直接「存在」へと至るような単純なプロセスとして語られているわけではない。モランによれば、たとえばエリウゲナにおいて創造、すなわち「神現（Theophania）」は、「〈第一の無〉の否定」という二重否定によって表現されている。[61] このような否定は、「無」の否定である限り、「創造」を意味し、しかも「神」の否定である限り、その創造は「自己」創造を意味する。神の自己創造は、とりもなおさずそのまま世界の創造なのである。モランは、これと同様の論理を自己限定を同時に一切の限定とみなすクザーヌスの非他者論のうちにも見ている。[62]

フィンクもまた絶対者の現象を、無の「脱無化（Entnichtung）」という二重否定的表現で語り、これを「神現（Theophanie）」と呼んでいる。注意すべきことに、この脱無化というのは「構成作用」を意味するものではない。メー・オンという語が構成作用の根源層について形容されることもあるのに対して（vgl., Z-VII. XVII/31a）[63]、脱無化という語は、還元による構成作用の露呈のあり方を意味する。つまり構成作用そのものが脱無化されるのである。それゆえ脱無化は構成と区別され、「存在化（Ontifikation）」とも言われる。構成作用が、決して生産的なものではなく、その意味で「流出」に喩えられるのに対して、還元による構成作用の露呈は、すでに存在しているものの露呈ではなく、まさに非存在そのものを存在させる点で「生産的」である。その意味でまさに「創造」の名に値するものだとフィンクは言う（Z-VII. XVI/23a）[64]。

フィンクによれば、このような還元のもつ生産性を真に予感していたのがドイツ観念論における「知的直観」や「思弁的認識」である。[65] しかし他方でフィンクは、シェリングやフィヒテの知的直観が、「存在的認識」という考えを十分乗り越えてはいないと批判している。これに対してヘーゲルは、「非存在的認識のプロセスに関する明確な知」をもち、シェリングや否定神学のように、ただ単純に「把握し得ない『他種性』」を主張するようなことはせず、絶対者をむしろ「開陳可能な哲学の主題」として積極的に思惟した点において高く評価されている。フィンクはヘーゲルの有名な「存在は無である」という命題を「非存在的―絶対的哲学の『最高』命題」とし(Z-XV. 47a)[66]、存在と無を両極とするヘーゲルの「生成」概念を「脱無化」として解釈している。つまり、無(絶対者)がある限りにおいて、無は「自己自身の反対」、すなわち「存在」なのであり、無は「存在しない」がゆえに「脱無化」する。つまり脱無化とは、「開けを与える」と同時に、自らを「廃棄」する動きを意味している(Z-XV. 106b)[67]。

「根源の脱無化」とは、「無が存在の内へと「突破して入り込むこと」である(Z-V. VI/19b)[68]。この突破の場こそ人間存在に他ならない。人間は「無が世界へと突破して入り込むための門」である。「神の脱無化」には「人間の無化」が相即している。もちろん両者は対等ではなく、神の脱無化によってはじめて人間の無化が起こる。フィンクにとって現象学、ないし絶対者の思索としての哲学とは、まさに両者の相即的事態に他ならない。これはある種の「神秘的合一(unio mystica)」(Z-VII. XIV/11a)[69]といえる。しかしそれは、存在的な合一ではない限り、「人間の神格化」(Z-VII. XIV/11a)[70]によるヒュブリスとの誇りは免れうるであろうし[71]、他方で、「有限なもの」、「存在」、「時間」を放棄し、「無への逃走」を狙うようなタイプの「神秘的沈潜」とも異なる。むしろ非存在論とは「深い意味での世界への忠誠」を誓うものである(Z-IX. V/3a)[72]。

(b)　超越論的傍観者と生としての絶対者

すでに述べたように、『第六省察』全体の記述が、ドイツ観念論の術語に彩られているのは、現象学を伝統的観念論の歴史の正当な嫡子として位置づけるという、最終節で語られた歴史哲学的構想に由来している。現象学者は、すでに伝統的観念論の問題史の内に組み込まれているのであり、そうである限り、世間的観念論を解体しつつ観念論本来の問題動機を自覚的に引き受けることが肝要とされる。ここでさしあたり批判的解体の標的となったのは、当時の思想状況に根深く浸潤していた認識論的観念論である。認識論的観念論というのは、世界内部的な〈主観—客観〉の相関関係を主題とし、その片方である存在者としての主観に存在論的優位を与えるような思考のあり方として特徴づけられている。フィンクによれば、こうした枠組みに準拠する限り、依然として世界地平の内部にとどまることになる。これに対して超越論的観念論としての現象学は、超越のみならず内在をも包括する世界全体の、絶対者による「先存在的構成」(CM1, 178)を主題とするのである。

絶対者とは、構成作用の主体極というより、むしろ構成の生成過程そのものであり、世界をも自らの契機として含んでいる。それゆえ世界構成の生成過程は、絶対者の「付加的生起」(ebd., 49)ではない。つまり絶対者を構成過程から切り離して、その源泉として実体化してはならない。そもそも絶対者は、生成の起点としてはまさに「無」なのである。絶対者は、あくまで構成過程への自覚を伴い、しかも自己の外部に世界を構成するのではなく、自己自身を世界化する。フィンクはこうした独特の構成ないし世界化のあり方を「生」の語をもって表現する(vgl., Z-IV, 132b)[73]。つまり、「生」概念の導入によって、「構成主体—構成の所産」という認識論的な並存的イメージが払拭され、代わって構成過程そのものの「覆蔵—露呈」という存在論的な真理論的図式が問題となる。「還元によって失われるのは世界そのものではなく、世界への囚われである」(CM1, 46)というフィンクの有名な還元解釈も、こうした文脈においてのみ十全に理解されうるのである。そしてまた、このように絶対者を生として捉える限りで、彼が独断的形而上学への素朴な回帰を目指していたわけではないことも自ずと理解されてこよう。

フィンクによれば、独断的形而上学は、世界と世界根拠との関係を「超越的関係」（SP, 105）として想定する。これに対してフィンクの絶対者概念は「最高の位階」や「形而上学的価値」を意味しない（CMI, 80f.）。彼にとって、それらはあくまで世界内の存在者にすぎない。しかし他方でフィンクは、リッケルトに代表される批判主義のように、世界根拠の独断的想定を単純に拒否し、不可知論を唱えているわけでもない。絶対者は、世界の彼岸として「超越的（transzendent）」なのではなく、生として「超越論的（transzendental）」なのである。

フィンクはドイツ観念論の中心問題の一つと言える「独断主義と批判主義」の対決の根底に、「独断主義の深層」を看破していた（Z-IX, 47a）[74]。それは「意のままにしうる信の思念」ではなく、「暗い隠された信」とでも言うべきものである（Z-IX, 57b）[75]。絶対者の認識とは、このような信の自己闡明なのであって、不可知のものを追い求めることではない。しかしそれは「すでに予め存在するもの」の「発見」という非生産的な認識でもない。そもそも「発見」ということ自体、内世界的な発想に基づいている。絶対者はあくまで非存在であり、その自己闡明は先にも述べたとおり生産的である。

絶対者の自己認識のあり方は認識論的知とは異なる。認識というのが絶対者を表象的に眼前に立てるものであるとすれば、その時点で絶対者は認識主体にとっての〈相―対者〉となってしまう。このような意味での認識は、内世界的であり、すでに世界の存在を前提してしまっている。しかし世界の存在は、絶対者の外部ではなく、その内的契機であり、それ故にこそ絶対者の認識は自己認識という円環的な思惟形態をとることになる。絶対者は、認識論的知の直線的延長によっては追いつき得ず、むしろ認識論的知そのものが自己自身を否定することによってのみ到達しうるのである。世界の根拠たる絶対者を知の内側から語るには、まず知そのものの存在が前提されることなく、それ自体として問われねばならない。そしてこのような知の存在論的問こそが超越論的方法論として遂行されることになるのである。

超越論的方法論とは、世界構成的主観を主題化する超越論的原理論としての還元をいったん遂行し、しかるのちにその方法が正当に行われているか否かを吟味査定するような「知の技術的企図」(ebd., 28)などでは決してない。そもそも現象学的方法とは、それを携えて事象を探求する手段や道具のようなものではない。したがって方法論ということでもって、方法の技術的改良が意図されているわけではない。そのように考える限り方法論は、知自身の存在を前提とした、世界地平の平面上での単なる高次反省の反復でしかないことになる。しかしフィンクにとって、このような反省の反復は本質的なことではなかった(ebd., 184)。方法論的反省とは、むしろ知自身の存在そのものを越え出て、知の存在自身を主題とするような反省でなければならない。それは如何にしてなされるのか。フィンクによれば、知の世界構成的機能は、傍観者が「機能的代表」(ebd., 26, 44)となることではじめて主題化されるのである。つまり、傍観者が自らを隠蔽することにおいて、世界構成的主観がそれとして浮かび上がってくるのである。方法論はこの自らを隠蔽する傍観者の主題化を任務とする。しかし主題化とは言っても、それを存在化し、世界構成的自我と並在している何かある存在者のようなものとして捉えてはならない。傍観者を上空飛行的な視点と捉え、それを非現象学的な要請原理だとするような誤解の根はここにある。傍観者を不要とする考えは、構成問題を〈構成主体—構成所産〉という認識論的図式で捉えてしまうことから生じる錯誤である。しかしすでに述べたように、「生」概念の導入によって構成の過程に対する自覚の有無が問題となった。とすれば、絶対者は世界構成の生成過程ばかりでなく世界構成そのものを自覚する傍観者の視点をも含蓄していることになるが、世界構成をそれとして見抜いている限り、なんらかの否定的契機が介入してしまう。フィンクはそれを唯一なる生の「分裂」として語っている。ただし、分裂というのは、一つの存在者を二つの存在者へと分割するのとは異なる。分割とは分割されるべきものが存在者であることを前提している。しかし生は、数的に一つの存在者ではない。生の唯一性は、数的一を越えている。このような超越論的一としての生の分裂は、先に触れた「無からの離脱」、つまり非存在的生成を意味している。分割はむしろこうした分裂を俟ってはじめて可能となるのである。生の分裂とは、先人称的傍観者が自ら匿名的であり続けることによってむしろ自らを世界構成的自我として自覚していく先存在的な差異化の働きに他ならない。したがって分裂において項として現れてくるのはただ世界構成的主観のみである。したがって、傍観者はそれと隣接して現れてくるもう一つの別の項ではない。生の分裂とは、板を二つに切断するというより、弾性の板に、力が加わることによって、凹凸が生じるようなイメージに近い。凸を世界構成的主観と見立てるとするなら、傍観者は凸の隣に生じた凹というより、凸の裏側の凹のようなものと言えよう。

ドゥプラズも注意を促しているように、世界構成的自我と傍観的自我という二元性は、「存在論的」なものではなく、あくまで「方法論的」なものとして理解されねばならない[76]。つまりフィンクはそれを「実体的に区別」したのではなく、「エゴにおける二つの機能」として理解したというのである。ドゥプラズによれば、構成する機能の方は「本質的に個体化するものである」のに対して、傍観する機能の方は「超―個体化的なもの」である。しかし傍観者の「超―個体化」は、単なる「抽象の過程」ではない。世界構成的自我は、自らの構成した世界の内へと「人間化」することによって自らを個体化する。これに対して「個体化的自我」が「超―個体化的自我」との異他性におかれることによって、その差異がエゴを「動態的審級」として産出する過程も見逃されてはならない。「超―個体化」は、個体の開性を個体にとって本質的かつ構成的なものとして暴露する役割を果たす。要するに、ドゥプラズが言いたいのは、超越論的自我が内的に抱え込む方法論的差異性こそが、個体化の遊動空間そのものを形成し、あくまで世界化とは異なる仕方で、超越論的自我自身の「自覚」を可能にしているということなのである。

フィンクの言う超越論的傍観者というのは、現象学することを外から眺める超越的視点のことではない。それは視点であるどころか、むしろ世界構成的自我が自らを自覚する際に必然的に伴う「盲点」なのである。逆にこうした盲点なくして世界構成的自我の自覚はありえない。傍観者の匿名性というのは、この盲点のことである。傍観者は、それ自体としては如何なる反省においても露呈不可能であり、常に匿名的でありつづける。しかしながら、超越論的方法論において目指されているのは、あくまで傍観者の匿名的代表機能をそれ自体として主題化し記述することなのであり、傍観者の匿名性の中身を暴くことではない。つまり世界構成的主観をそれ自体現象として見抜くことなのである。このことは原理論的な立場から記述するなら、なるほど世界構成的主観の自己否定として映るが、しかし方法論的観点からすれば、「唯一的生の分裂」としてポジティヴに語られることになる。その意味で方法論は、絶対者の生への還元を企図する非存在論に至るための予備考察の役割を果たしていると言えよう。原理論にとどまることなく、さらに方法論を遂行することで、現象学は、意識にとっての客観の現出を扱う〈志向性の現象学〉から、志向的関係そのものの存在論的地盤である世界を絶対者の自己現出として扱う〈絶対者の現象学〉へと変貌を遂げる。

以上のようなフィンクの思索の展開が、ヘーゲルの現象学的反復であることは容易に見て取れるはずである。ヘーゲルは、論文「懐疑主義の哲学に対する関係」の中で、形而上学的思弁を徹底的に峻拒し、あくまで「意識の事実」の「確実性」に準拠したシュルツェの認識論を徹底的に批判している。[77] ヘーゲルによれば、シュルツェは、主観と客観という二つの有限的存在者を前提とし、その一方である主観に真理論的優位を認める限りにおいて悟性的思考のレベルにとどまるというのである。こうした一面的な悟性的思考の根底に無限なる絶対者を見て取る思弁的理性的思考、これこそがヘーゲルにとっての重要な課題であった。ヘーゲルはかつて無限を思考したスピノザを高く称揚し、カント的な抑制から一挙に開放されながらも、さらにスピノザ的無限実体の静態性を批判し、それを動態的な生ないし精神として捉え直していく。ヘーゲルがチュービンゲン神学校時代に同僚のヘルダーリンやシェリングと共に、ヤコービの所謂『スピノザ書簡』から感銘を受け、「ヘン・カイ・パーン」を合言葉に、スピノザ的全一論に熱狂したことは人口に膾炙しているが、(78) フィンクは、ドイツ観念論の中心モチーフとしてこの全一論を重要視し、さらにヤコービと同様、その源流を新プラトン主義、ヘラクレイトスへと溯っていく。一九五一年のブリュッセル講演においてフィンクが志向分析論そのものの存在論的意味を確定すべく思弁的思惟の必要性を説いた際にも、悟性によってしつらえられた区別を超えて思弁が向かうところの根源的統一性が、ヘラクレイトスの有名な言葉、「ヘン・パンタ・エイナイ」と関連づけられている点にもわれわれは留意すべきであろう（ND, 157）。

第二章　非存在論と時間分析

ハイデガーは、アリストテレスの第一哲学における「存在論―神論」という二重性を、「基礎存在論」と「メタ存在論（Metontologie）」の二重性として反復的に取り戻した。これら二つは統一されて「形而上学」の概念を形成する[1]。序論で述べた第二段階である。フッサールの現象学のような、「最も徹底的な、新たに始められる究明」であれ、ハイデガーによれば、「歴史的事況」、「先行する哲学の伝承」によって規定され、「伝来的な諸概念と伝来的な諸地平及び諸観点とが浸み込んでいる」のである（HGA. 24, 31）。ハイデガーは、このような伝統の「解体（Destruktion）」作業をも、存在者から存在への「還元（Reduktion）」や、存在への積極的な企投としての「構築（Konstruktion）」と並ぶ「現象学的方法の根本的要素」として組み込む。解体は、伝統の単なる否定ではない。むしろ「伝統を積極的にわがものにすること」こそ解体の意図に他ならない（ebd., 31）。フィンクが『第六省察』において、現象学を観念論の正当な嫡子として位置づけつつ認識論的観念論を解体したのも、こうしたハイデガーの発想と基本的には同じものである。

一九二五年の夏学期講義『時間概念の歴史へのプロレゴメナ』の中でハイデガーは、フッサールにおいて以下の二つの問が等閑に付されていることを批判している（HGA. 20, 159）。

① 存在そのものの意味への問。
② 作用の存在への問。

①は意識のみならず、あらゆる存在者の存在一般の意味の究明である。この問は、『存在と時間』において「存在のテンポラリテートの分析」として構想され、上記の形而上学構想では、広義の基礎存在論として再定式化されていたものである。②の「作用」というのは意識の作用、ないし志向作用のことである。したがって②は意識に固有な存在様式を探求する狭義の基礎存在論、すなわち「現存在分析論」として展開される。いわゆる『ブリタニカ』草稿を巡るフッサールとハイデガーの有名な確執は、おもにこの現存在分析論に関わるものである。

第一節　志向性の存在への問

ハイデガーは、一九二七年一〇月二二日にフッサールへ宛てた添付文書の中で、「超越論的なものの場所をつくりあげているもの」が世界という存在者とは異なるあり方をしていると考える点で、互いの見解が一致することをまず最初に確認している（Hua. IX, 601）。しかし問題はどのような意味で異なるかである。フッサールの超越論的主観性は、事物であれ、意識であれ、あらゆる存在者が現れてくるところの「世界」を構成する場として、それ自身は存在者ではない。彼からすれば、ハイデガーの現存在は世界内部的であるかぎり、超越論的に構成された人間的主観にすぎない。これに対してハイデガーは、構成するものが無ではなく、「なにものか」であり「存在的（seined）」であると考える。ここで周到にも彼が、その存在的なものに関して、「措定的なもの

（Positives）という意味ではない」と補足していることに留意しなければならない（ebd., 602）。措定という意味での存在者とは、つまるところ「眼前的存在者（Vorhandenes）」のことである。

ハイデガーは、カントが「純粋理性の誤謬推理」の中で、意識の存在への問自体をそもそも不可能なものと見なした点に注目する。カントにおいて眼前的自然は、カテゴリーによって規定されている。したがってカテゴリーを条件づけている根拠としての自我そのものにカテゴリーを適用することはできないはずである。「カントが、自然の根本諸概念としての諸範疇は自我を規定するには不適当だと表明するとき、彼は全く正当である」（HGA. 24, 206）。フッサールもまた、やはりカントと同様の理屈で、意識の存在への問は不可能だと考えたに相違ない。しかしハイデガーからすれば、それが不可能であるという主張は、カテゴリーをそのように狭く捉えればという仮定のもとでのみ成り立つ。超越論的主観性が「存在者ではない」ということ自体が間違いだというのではない。問題なのは、眼前的存在者という或る限定された意味での存在者を否定するという仕方で超越論的主観性を規定した点にある。ハイデガーからすれば、超越論的に構成するものは、眼前的存在者とは異なった、固有のあり方において存在するのであり、まだなお積極的に規定可能なのである。超越論的主観性は、たしかに眼前的存在者のカテゴリーでは語れないが、だからといって全くの無と考えるのは即断である。それは眼前的存在者とは異なる他のあり方においてあくまで「存在」するのである。

（a）ハイデガーのフッサール批判

『時間概念の歴史へのプロレゴメナ』の中でハイデガーは、「純粋意識」に関する次の四つの規定を挙げ、その批判的究明を行っている（HGA20, §11）。まず第一に、意識は「内在的存在」である。「反省する体験」と「反省における対象的なもの」といったように、体験、意識のようなすでに出来上がった存在者の領域の中での二つの存在者が問題となっており、存在そのものは問われていない。第二に、内在的なものは「絶対的に与えられる存在」である。体験は記号を介して間接的に与えられるのではなく、それ自身において把握される。これをメルクマールとして、内在的存在者がもう一つの超越的存在者との領域的区別において画定される。ここで主題となっているのはあくまで存在者である。第三に、意識は「存在スルノニ何モノモ必要トシナイ」という意味で絶対的に与えられている。実在的なものは意識と相対的に現れる。対して意識そのものは、さらに別の存在において構成されるのではなく、それ自身によって構成される。その意味で完結しており、絶対的である。ここから主観性の優位が帰結する。第四に、意識は「純粋な存在」である。意識は実在的ではなくイデア的存在として規定されている限り純粋である。

ハイデガーによれば、これら四つの視点は、「現象学的な事象そのものへの還帰によって得られたものではない」(HGA20, 147)。つまりそれらは「意識にさしあたり無縁な視点」であり、「意識そのものから獲得されたのではない」というのである(HGA20, 147)。一体どうすれば、現象学的な事象そのものに即したことになるのか。そのためにはまず伝統の根深さを自覚しなければならないとハイデガーは考える。事象そのものへの現象学的思惟は、単に伝統的知見を無視して純粋理論的に事象に迫ることでは決してない。むしろ一見純粋理論的に立てられたかに見える問の中に、伝統の痕跡を先入見として看破することが肝要となる。ハイデガーにとって哲学史というのは、すでに出来上がった学説の集積ではなく、事象そのものへの思惟に浸潤し、その思惟自身のあり方を規定するような、生きた枠組みなのである。したがって意識ないし志向性の存在への問は、とりもなおさず伝統の解体作業という形をとることになる。

志向性そのものが、形而上学的独断なのではない。むしろ志向性がいわゆる何の構造なのかについて伝統的に問いかけられていないことに基づいて、その構造の基礎とされるもの、ないし基礎にされたままになっているもの、この構造の意味そのものの言い表しているものが、形而上学的独断なのである（HGA. 20, 63）。

フッサールは先に挙げられたような意識に関する諸規定を一体どこから獲得したのであろうか。ハイデガーは、それらの規定が意識という領域を対象とした「絶対的な学問の理念」というデカルト以降の伝統的理念から持ち込まれたと言う（ebd., 147）。フッサールとデカルトの関係についてはすでに一九二三／二四年冬学期講義『現象学的研究入門』で詳らかに検討されている。ハイデガーが一九三八年の『世界像の時代』においてデカルトの表象主義を批判したことはあまりに有名である。ハイデガーによれば、近世、とりわけデカルトにおいてヒュポケイメノンは、「主体」という意味を獲得する。世界は人間主体の表象による単なる「像」となり、真理は人間主観に割り当てられ、「表象の確実性（Gewißheit）」という意味を持つようになる（HGA. 5, 87ff.）。ハイデガーはここに「主観性の形而上学」の成立をみてとる。

しかしながら注意すべき点は、一九二三／二四年冬学期講義でのフッサールやデカルトに対する批判が、主観主義そのものに向けられているわけではないということである。むしろ彼らのコギトが主観の主観性を徹底的に掘り下げていないという点に批判の矛先が向けられている。シュタイン、ラントグレーベ、ヘルト、そしてフィンクといった一連の現象学者が揃ってフッサールにおける意識概念や自我概念偏重の傾向を「デカルト以来の主観主義」というお決まりの図式でもって批判していることが、こうした重要な論点を見えにくくしている(2)。むしろこの時期のハイデガーは、徹底的に主観の主観たるところをフッサール以上に追求していたと言っても過言ではない。

ハイデガーは、フッサール現象学の画期的意義を、デカルトとの比較において次のように整理している（HGA17, §46）。第一に、デカルトが基礎を見出すことに終始したのに対してフッサールは、基礎を見出すだけでなく、基礎そのものをも学の対象としたという点である。第二に、デカルトが一般規則を満たしていないものを不確実として除去し、無の前に立たされている己を見出したのに対して、フッサールの還元によって見出されるのは、無ではなく、存在の総体が一定の変様を受けて主題的に現前する仕方である、という点である。つまり、世界を単純に排除するのではなく、世界そのものを世界への私のとる態度と一緒にその根源的所与性において見るという論点にこそ、還元論の真意があるとハイデガーは見ている。第三に、デカルトにおいて問題なのは、コギトが一般規則を満たす確実なレスかどうかという問であり、したがってコギトは証明の連鎖の出発点、つまり形式的存在論的な命題を確定するための端緒にすぎなかった、という点である。これに対してフッサールは、コギトがあらかじめ用意された規格を満たしているかどうかを問題にしていたのではなく、コギトの根本構造、つまり志向性を探求していたのである。

しかしながらハイデガーは、単純にデカルトを批判してフッサールを持ち上げているわけではない。ハイデガーによれば、フッサールの還元は、たしかに懐疑とは区別されるが、しかしデカルトの懐疑の結果だけをみて、つまりコギト・スムという命題を自明のものとして前提しており、その先は問わなかった（ebd., 267）。むしろ自らの立てた基準を神の絶対存在へと還帰することによって証明を試みているデカルトの方をハイデガーは評価している。しかしフッサールは、その意義を理解せず、デカルトは「第二省察」にとどまるべきだと言っていたようである（ebd., 268）。

いずれにせよ、意識の存在の問に対する処理の仕方という観点から、意識の存在が絶対的な存在領域としてははじめから定立されているという点ではフッサールもデカルトも同じ陥穽に嵌っているとハイデガーは言う。〈はじめから〉というのは、意識の確実性が論点先取りされているということではなく、意識存在が確実存在という意味でのみ理解されてしまっているということである（ebd., 254）。より正確には、デカルトとフッサールにおいて意識存在は確実存在という真理観に基づいて優位に置かれているが、そもそも確実性という真理観自体、ハイデガーからすれば派生的に生じてきたものでしかない。ハイデガーによれば、アリストテレス的な存在の真理をデカルトは「確実性」へと転換した。このような真理概念の変更は、意識を形式的存在論的なもののカテゴリー的領域へと移し変えてしまうことになる。それ故デカルトにとってコギターレは「事象」ではなく、確実な「命題」なのである（ebd., 248）。思考するものの固有な存在は依然として問われぬままとなる。それは命題の中に代入される単なる「或るもの」でしかない。デカルトにおける確実な命題は矛盾律に従う。しかしハイデガーによれば、矛盾律は特定の領域においてのみ妥当するものでしかない（ebd., 252）。にもかかわらずデカルトは、「コギト・エルゴ・スム」の命題を、「絶対的、単純な基礎」と見なし、そこで「気を安めて」しまったがために、それ以上問い進むことはなかったとハイデガーは言う。むしろ逆にデカルトは、この基礎からさらなる命題を演繹し、諸学の基礎づけるべく、新しい諸学科の設立へと向けて邁進した。しかし彼のそうした方向性において「学」の可能的創立が一次的で、存在の問いが二次的になってしまったことをハイデガーは鋭く批判する。もっとも、これだけではハイデガーがデカルトに対して自らの優位を示したことにはならない。そこでハイデガーは、デカルトにおける確実性としての真理観への志向を「確実性の気遣いとしての認識の気遣い」と特徴づけることによって、現存在分析論という自らの土俵へと巧みに議論を誘導する。ハイデガーにとって「気遣い

（Sorge）」とは、現存在のあり方であり、「確実性への気遣い」は、現存在の一つの存在様式に過ぎない。しかもそのあり方は、「気味悪さ」、つまり現存在を支配している「脅威」から「世界の親密性への逃避」によって生じてくる、いわば非本来的で派生的なものに過ぎないというのである（ebd., 289f.）。

以上のことから、意識の存在への問を阻んでいるのが、「絶対的学問の構想」であり、それを支える確実性という真理観が、意識の存在である「気遣い」の頽落形態であるということが示されたわけであるが、さらに『現象学の根本諸問題』では、志向的意識の存在への問が、「存在はレアールな述語ではない」というカントの命題を手掛かりとして、真理論的問題へと巻きこまれつつ壮大な歴史的スケールのもとで展開されている。

「AはBである」という命題において、BはAに付け加わるレアールな述語である。これに対して「Aがある」ということ自体は、絶対的に措定される。ここで問題となるのは「事物についての私の思惟に対して事象（A）全体が持つ関連」であり、したがって「実存」というのは「認識能力への客観の関わり」を意味する（HGA. 24, 61）。カントは現実性や実存を「絶対的定立」、つまり「知覚」として捉えたが、ハイデガーは知覚という現象全体のうちに、その基本構造として「〈……〉へと―向かうこと」、すなわち志向性を見てとる。しかし志向性というのは、よく誤解されるように、主観と客観という二つの直前的存在者を取り結ぶ関係ではない。志向的関係は客観が直前的に存在することによってはじめて成立するのではなく、知覚することのうちに、たとえそこに錯覚が含まれていても存在しているのである。したがってハイデガーによれば、志向性というのは、存在者を「発見する（entdecken）」働き、つまり「覆蔵性を取り去り」、存在者を「開放する」働きなのである（ebd., 98）。志向性によって存在者は、それ自身において自らを示す。志向性の問題はここにおいて真理論とリンクする。ハイデガーによれば、存在者への志向的な関わりが可能となるためには、存在者の存在へとあらかじめ超越していなければならない。存在という視点のもとで、そこから存在者が存在者として発見されるのである。したがって志向性には志向と志向されるものだけではなく、さらに志向されるものの「存在了解」もまた属しているのである。つまり存在者の「被発見性（Entdecktheit）」は、存在者の「存在」の「開示性（Erschlossenheit）」を前提としているのである。たとえば知覚の場合、知覚するということは、「眼前的なもの」を発見することを意味するが、その際眼前性の了解ないし開示性が前提とされているわけである（ebd., 101）。

カントの命題は、つまるところ本質存在と事実存在の区別の問題に行き着く。ハイデガーによれば、カントはこの区別を伝統から素朴に受け入れてしまい、その由来を問うことはなかった。ハイデガーは、この区別の起源を求めて、途中スコラの煩瑣な論理の森を彷徨いながらも、最終的には古代ギリシャにおける「被制作性（Hergestelltheit）」という存在解釈へと逢着する。知覚の志向的構造に関する現象学的研究は、畢竟「制作しつつ関わる」という志向的構造の問題へと立ち戻って問われることになる（ebd., 158f.）。

たとえば「本質存在」を特徴づけている「モルペー（型）」と「エイドス（形姿）」という概念がある。知覚においては、エイドスよりもモルペーの把握のほうが先になるが、制作という観点においてはこの順序が逆転する（ebd., 149）。製作者は、あらかじめ先行的に構想された形姿に従って、型を形成していく（ebd., 150）。「質料」や「素材」といった概念も、こうしたモデルから発生した概念であるとハイデガーは考える。しかるに事実存在に関してはどうか。知覚されてあることは、単に「存在者の把握性格」にすぎず、「存在者がそれ自体として存在する」という現実性の規定ではない（ebd., 159）。このような現実性の規定は、むしろ「被制作性」によって獲得される。その限りで被制作性は、「知覚」が存在者を把握するための前提となる。もっとも、この制作しつつ関わることにおいても、主観との関係をもつという限りにおいては知覚と同様である。しかし制作しつつ関わることは、制作物を製作者から「放免」し、「自立化」させてしまう点にその固有の本質を持っている（ebd., 160）。となると、製作物を使用する側、或いは知覚する側からすれば、それはすでに出来上がったもの、いつでも使用において意のままになるものとして把握されることになる。このような製作物の存在の自立性をハイデガーは、「ウーシア」、「現前性」と関連づけている。存在を現前性として見抜き、その時間的意味を探ることは、『存在と時間』における最重要課題であった。すでに出来上がって現前するというスタティックな存在観の背後に制作行為というわば現前者の発生過程が見出されたわけであるが、この制作行為において自らの行為が隠蔽され、製作物が自立化するのは必定であった。しかしそもそも制作モデルはどこに由来しているのか。ハイデガーは、被制作性だけを唯一の存在解釈と見なしていたわけではない。しかしそれを唯一ではないと語るためには、すでに被制作性という枠組みを越えた地点に立っているのでなければならない。この講義では、その地点や別様の存在解釈についてとくに具体的には論じられていない。残念ながらここでは、志向性という現象学の根本概念が、純粋理論的に考案されたモデルなのではなく、このような長い歴史の中で醸成され、ある特定の方向づけの中で生まれてきた歴史的産物であるというハイデガーの主張の一端を確認するにとどめることにしたい。

（b）世界内存在と超越

志向性の存在への問を巡って、これまではハイデガーのフッサール批判という観点からネガティヴに輪郭を描いてきた。以下ではこの問題をハイデガーが実存論的分析論という形でどのように具体的に展開していったのか、そのポジティブな面をみていくことにしたい。彼にとって志向性の存在への問は、「世界」への問と不可分である。否むしろ「〈主観―概念〉のより徹底的な把握へと強制するものこそ、まさしく世界という現象に他ならない」(HGA. 24, 238)。結論から言うなら、志向性は、「気遣い」、「世界内存在」、「存在了解」、「超越」、最終的には「時間性」を前提とする(3)。

現存在が存在すると言われる際、それは決して世界の内に眼前的に存在することを意味しない。「世界内存在」という術語も誤解を招きやすいが、それはフッサールが言うような意味で、超越論的に構成された世界の内に存在することを意味しない。周到にもハイデガーは、現存在の存在に属しているのは「内世界性(innerweltlich-keit)」ではなく、「世界内存在」であると述べている(ebd. 24, 240)。現存在は、世界において事物的存在者、他の人間的存在者、そして自己自身とかかわっている。この関わりが「気遣い(Sorge)」である。道具的存在者へと関わるときは、「配慮的気遣い(Besorgen)」、共現存在へと関わるときは、「顧慮的気遣い(Fürsorgen)」と言われる。自己との関わりは、これらの世界内部存在者への関わりと相並ぶものではなく、むしろ世界そのものの開示と同時的である。道具的存在者や共現存在に対する関わりが可能となるためには、あらかじめそれらの存在が了解される地平として、世界と自己が開示されてなければならない。『時間概念の歴史へのプロレゴメナ』においてハイデガーは、志向性が気遣いの「もとで—存在すること—において—自らに—先立って存在すること(Sich-vorwegseins-im-sein-bei)」という統一的な根本構造に基づくことを示唆していた(HGA. 20, 420)。『存在と時間』においては、この気遣いの構造から「超越」を通じて「時間」へと考察はすすんでいく。これに対して『現象学の根本諸問題』では、気遣いに関する分析は意図的に度外視され、世界内存在の全体構造から一挙に超越を通じて時間問題へと進む道がとられている(HGA. 24,423)。

ハイデガーによれば、手許的存在者であれ、眼前的存在者であれ、あらゆる内世界的な存在者との関わりは、世界内存在に基づいている。手許的存在者は、その道具性格において適所性連関のうちで配置されている。道具との交渉やその使用は、存在者を前もってすでに適所性連関へと企投し、適所性連関を先行的に了解しているからこそ可能となる（ebd., 415）。世界は、あらゆる内世界的存在者との関わりを可能にする地平としてあらゆる内世界的存在者を超越している。現存在は、世界へと超越することによって、内世界的存在者とかかわることができる。現存在の世界への超越は、それゆえ世界内存在、存在了解を可能にする。しかし現存在の超越は、あらかじめ存在する主観圏域から外部世界へと突破することではない。そもそも自己性の形成そのものが超越に基づいている。あるいは外への超越がそのままとりもなおさず自己の形成なのである。

そもそも現存在の世界内存在というあり方は、決してコップの中の水のようなものではない。水ばかりでなくコップもまた空間のうちにある。しかし「内にあること」を持っているわけではない。世界を空間的な容器のように捉え、そこに主観が身体を通じて内属するということであれば、たしかに現存在は単なる人間主観だというフッサール側からの誹りもまぬかれ得ない。しかしハイデガーは、この世界内在のあり方に潜む空間的イメージを払拭し、その「内」の語源的由来から「住むこと（wohnen）」、「居住すること（habitare）」、「滞在すること（sich aufhalten）」といった意味を引き出す（SZ, 54）。現存在は、自らを囲繞する内部圏域にいて、そこから何らかの存在者を把握するために外出するのではない。現存在は世界のうちでいつもすでに「外に」ある。

『時間概念の歴史へのプロレゴメナ』においてハイデガーは、主観とその内部圏域を「カタツムリ」に譬えて説明している（HGA. 20, 223f.）。カタツムリはときおり殻から這い出してなんらかの存在者と関わる。しかしカタツムリはコップの中の水のように殻の中に存在しているわけではない。カタツムリは殻の外部に出ることによってはじめて世界と関わるのではなく、殻の中にいても、殻の内部そのものを世界として持ち、殻に触れたり、その中で身を暖めたりする。その意味では、カタツムリは殻の中にいても、外に存在することになる。したがって、カタツムリは「触れることによってはじめて世界を手に入れるのではなく、その存在が世界のうちに存在することに他ならないが故に、触れるのである」(ebd., 224)。『現象学の根本諸問題』では、ライプニッツのモナド解釈を通じて超越の機構が説明されている。モナドはカタツムリと異なり、そもそも殻の内から外へと這い出す出口を持たない。殻の中から外を見ることすらできない。「モナドは窓をもたない」とライプニッツが言うのも、「自己所有物としてモナドがそれ自身のうちに持っているもので十分だから」である(HGA. 24, 426)。しかしハイデガーからすると、このような意味でのモナドは、やはり殻イメージを抜け出ていない。モナドとしての現存在は、「すでに外にある」という意味で窓を必要としないのである(ebd., 427)。もちろんハイデガーの言う「外」というのは「殻の外」のことではない。ハイデガーの語りたい「外」というのは、むしろ殻ないし自己自体を形成する超越運動の遂行そのものなのである。遂行自体に即して語るなら、「外」という表現は不適切であり、超越の運動を遂行し終えた地点から事後的に語られる表現でしかない。

超越の向かう先は、空間的外部ではない。しかしだからといって、単に「無の中」へ闇雲に脱出するわけでもない。ハイデガーは、超越の運動をその遂行態において語るべく、時間というロゴスによる記述を採択する。つまり超越のあり方は、時間性の「既在しつつ―現在化する将来(gewesend–gegenwärtigende Zukunft)」という脱自構造として語られる(SZ, 326f.)。そしてこの脱自の行き先としてすでに予描されているのが「地平的図式」であり(SZ, 365, GA, 24, 429)、このような「時間性に帰属する地平的図式の統一を顧慮した時間性」こそ、「テンポラリテート」と呼ばれるものである(GA24, 436)。

フィンクは、存在の意味への問としてのテンポラリテートの分析というハイデガーの企図に対しては深く共感を示しつつも、現存在分析論に対しては終始批判的であった。フィンクは、ハイデガーの現存在を、フッサール流の表現では「世間的意識」にあたるものと捉え（Z-IV. 129b）(4)、超越論的な場が一つの存在者であるとすれば、それは「人間」でしかありえないとする（Z-X. 9a）(5)。しかしフィンクは、超越論的な場が存在者として捉えられていること自体を批判しているわけではない。問題なのは現存在が世界化によって構成された先所与であるということ自体に対する自覚の有無である。フィンクによれば、フッサール的な超越論的主観性もまた「世界性という規定をもつ」という（Z-IV. 132b）(6)。つまり「自らを世界化するということが、構成する生という様式には属している」というのである。超越論的生とは、外から世界を構成するのではなく、自らの存在をも巻き込むという仕方で世界を構成するのであり、しかもそのことを自覚している。しかしフィンクの目には、ハイデガーがこの世界化の問題に対して無自覚であり、現存在の世界性が素朴に前提されているように映った。もちろんフィンクのこうした見解が誤解であることは、これまでのわれわれの議論からしても明らかであるが、いずれにせよ、世界化そのものへの自覚ないし、超越論的観点を伴った世界化というフィンクの問題提起そのものは重要である。フィンクが『第六省察』で語った「第二の世界化」というのは、まさにこうした問題に他ならず、フッサールの超越論的分析とハイデガーの現存在分析論を架橋する上で極めて重要な論点であると言えよう。

超越論的生であれ、現存在であれ、世界へと向けて絶えず「超越」する。現存在の自己や世界に対する関わりは、この超越に基づいて可能となる。しかしフィンクは、超越がたとえ性質のようにではないにせよ人間に固有な所有物として属しているというハイデガーの発想を批判する（Z-XV. 103b）(7)。フィンクによれば、超越とは「世界―地平形象化」の機能である（Z-XII. 38a）(8)。世界地平の投げをハイデガーは「ア・プリオリの企投」として語った。問題はその企投の「主観的」性格である（Z-XII. 38c）(9)。もっともフィンクは、ハイデガーの現存在が、単なる超越的対象に対立する存在的な主観性ではなく、そうした対立自体を可能にする主観性であることも十分承知していた。しかしフィンクは、こうした意味での主観すらをも越えていくような次元を、「時間」分析において示そうとしたのである。

第二節　存在の意味の問としての時間分析

前節で述べたように、フィンクにとって時間への問は極めて重要な問題であった。彼によると、時間の問題はフッサールとハイデガーにとっても共通の根本問題である。しかしこの問題に対する両者の分析に関してフィンクは十分に満足していたわけではない。ハイデガーの時間論に対するフィンクの批判は、おおよそ現存在の存在意味としての時間性の分析に向けられている。もちろんハイデガーの時間論の最終的狙いは、単に現存在の存在意味としての時間性の分析にとどまらず、「あらゆる存在了解一般を可能にする地平として時間」としての「テンポラリテート」の分析にあった（SZ, 1）。彼によると、そもそも存在の意味への具体的な答は、「テンポラリテートの問題系を開陳することにおいて初めて与えられる」のである（ebd., 19）。しかし周知の通り、『存在と時間』は現存在の存在意味としての時間性の解釈を行った時点で途絶し、テンポラリテートの問題は、一九二七年夏学期講義『現象学の根本問題』において、わずかに展開されるにとどまった[10]。

ハイデガーは、現存在の存在である「気遣い」の、「己れに―先だって（Sich-vorweg）」、「既に―内に―存在（Schon-sein-in）」、「もとで―存在（Sein-bei）」という三つの構造契機から「既在しつつ―現在化する将来（gewesend-gegenwärtigende Zukunft）」という時間性の脱自的構造を剔出する（ebd., 326f.）。この脱自は無鉄砲に脱出しているわけではなく、脱出の行き先がすでに「地平的図式」として予描されている（HGA. 24, 429）。ハイデガーは、このような「時間性に帰属する地平的図式の統一を顧慮した時間性」を、「テンポラリテート」と呼んだ（ebd., 436）。脱自態と地平とは別個に切り離されたものではなく、「時間性の自己企投」という自己再帰的構造を形成している（ebd., 437）。存在者の了解は、存在への企投に基づき、さらに存在の了解は、時間への企投に基づいて可能となる。しかし時間そのものはよりさらなる根底を持つのであろうか。敢えて言うならそれは時間自身である。ハイデガーにとって時間そのものの存在様式とは、このような時間の自己企投という、いわば脱底的なあり方だったと言ってよい。

(a) フッサールにおける世界時間と個体化の問題

ハイデガーは、自らのたてたテンポラリテートの問題の先駆者としてカントの名を挙げている。しかしジークフリート・ロムバッハが指摘しているように、存在を時間から解釈するというアイデアは、直接にはフッサールからヒントを得たという可能性も十分ありうる。[11] 一九一九年から二三年にマールブルクへ招聘されるまでのフライブルク修業時代にハイデガーは、フッサールから個人指導を受け、彼の研究草稿を閲読する機会も得ている。[12] ロムバッハは『存在と時間』の中で語られているさまざまな存在の様式として「現存在としての実存」、「他の人間」ないし「共存在」、「動物、植物のような、現存在ではない生ける存在者」、「眼前的存在者」、「手許的存在者」、「理念的対象」の六つに整理し、さらに「芸術作品」、「風景」、「倫理的価値」などを補足している。[13] 「存在は多様に語られる」というアリストテレスのテーゼは、ハイデガーにとって中心的な問題であり、彼はこれらの多様性を統一するものを「時間」として思索したのである。[14]

一方、フッサールもまた、ベルナウ草稿や『経験と判断』などにおいて、現実性、実在性、理念性、空想といったさまざまな存在様式が、時間構成のあり方の違いに応じて区分される場面を記述している。たとえば、命題が根源的に与えられるのは一定の時間位置をもつ一つの時間的行為」においてであるのに対して、命題そのものは、一定の時間位置に拘束されるのでもないし、時間の中で持続するのでもなく、いわば「いたるところにあり、どこにもない」非実在物である（EU, 312）。しかしだからといってそれは時間と無関係なわけではなく、やはり「時間性の特殊なあり方」として「全時間性（Allzeitlichkeit）」という規定を受けることになる（EU, 311）。

これに対して実在的な対象は、「一つの包括的連続体」としての「世界時間」に特定の一回的な時間位置を占めることによって個体化され、一つの世界連関の内へと組み込まれていく（EU, 308）。現実性は、世界時間の個体化の機能によって与えられるという点では実在性と同じ意味であるが、実在性は理念性の、現実性は空想の対立概念として用いられている。フッサールによれば、空想は「同じ空想を反復しうる可能性をア・プリオリに含んでいる」という意味で「自由」であり、「絶対的時間位置」、「絶対的で動かしがたい一回性」が欠如している（ebd., 197）。したがって、二つの空想対象のうちどちらが時間的前後関係において先かを問うのは無意味である。なるほど個々の空想対象が或る一つの空想世界の内部において個体化され、一定の順序を持つこともある。「空想世界の内部で、各々の個体的空想対象（擬似現実性として）に対して、われわれは各々の時間点や時間持続に対する「個体的」個別化を持つ」（ebd., 201）。たとえば、ゲーテの『ファウスト』では、ファウストとメフィストフェレスの契約、ファウストの若返り、そしてマルガレーテとの恋等々、それぞれの場面が、一定の時系列のもとに配置されている。しかし『ファウスト』と別の空想世界、たとえば『若きヴェルテルの悩み』の世界と共に一つの空想世界へと統一されることはない。というより、そうした統一が「要求」されることはない。したがってファウストとヴェルテルとの間になんらかの類似関係を見出すことはできたとしても、両者が血縁関係にあるとか、同一人物であるとか言うことは無意味である（Hua. XXXIII, 337, EU, 202）。ましてや、空想世界は現実世界となんら時間的関係を持たないし、現実的世界時間へと組み入れられることもない。その意味で、空想世界の時間は「擬似時間（Quasi-Zeit）」と言われる。

世界時間は、畢竟①時間位置の一回性、②時間形式の唯一性という二つの性格を持っている。これら二つの性格は密接に連関している、もしかりに時間形式が複数認められるとすれば、時間位置の一回性は意味をもたなくなってしまうであろう。これに対して空想的擬似時間は、①時間位置の反復可能性、②時間形式の多元性として規定されうる。空想世界は、他の空想世界や現実世界から独立しており、互いに全くつながりをもたない。しかし、対象的にはつながりをもたないとしても、空想の体験同士、或いは空想体験と知覚体験は内在的客観的時間形式においてつながりをもつ。それゆえ、そこで構成されたすべての対象に対してもまた、唯一的な原プロセスのもとで直観的統一を打ち立てることができる（EU, 206f.）。さもないと、そもそも現実対象と空想対象の区別自体が不可能となろう。

もちろん、フッサールのこうした議論に対する反論は容易に思いつく。C・S・ルイスの「ナルニア国物語」のように、個々の七つの物語が、年表や地図を介して一つの大きな物語へと統合されるような場合はどうであろうか。蓋しこれは空想世界に現実味を持たせるために現実世界の唯一性という性格を逆手にとったものと言えよう。さらにこの物語での第一次世界大戦への言及はどうか。ナルニア国物語は、現実世界と空想世界との間が往復できる設定になっている。そのため、第一次世界大戦への言及は、現実世界の現実性を引き立たせるための効果的技法だったとも考えられる。或いは未確認生物についてはどうであろうか。しかしこれも特に問題ない。ネッシーがある特定の時間空間位置において相互主観的に認知されればそれは現実のものとなる。それまでは空想物として処理すればよいだけのことである。問題なのは、ネッシーそれ自体が現実なのか空想なのかということではなく、あくまでネッシーが現実か否かを判断する際にわれわれが暗黙裡に了解している現実、空想という様相が持つ意味なのである。

以上のように、現実と空想を区別する最終的メルクマールを示すには、単に個別的存在者の個体化機能だけでは処理不可能であり、時間そのものが帰属している「世界」への問が不可避的に生じてくることになる。個々の出来事がある一定の時間順序に則って配列されるだけでは、空想と現実の区別はつかない。それを決定するのはそれらが他のさまざまな出来事と唯一の世界時間のもとに統合されるか否かということなのである。フィンクは、このようなフッサールの世界時間に関する議論をさらに徹底化し、現実性との関係について次のように述べている。

> 世界空間と世界時間は、単なる客観的な構造でも単なる主観的な構造でもない。それらは、意識と眼前に存在する事物との対立を貫いて包括している。そして世界空間と世界時間は、共に「個体化の原理」であり、現実性の本質をなしている。現実性もまた、それはそれで諸事物、或いは個別的な諸存在者における一つの契機などではない。現実的な諸事物ないし現実的なものが存在するが故に現実性が存在するのではない。むしろ逆に現実性が唯一的な世界空間的、世界時間的なものとして存在するが故に現実的なものが存在できるのである（EP, 105）。

フッサールの時間論といえば、「主観的意識体験の時間論」といったイメージが一般に定着している。世界時間はむしろ現象学的還元によって排除されるべきものとしてネガティヴに扱われている。『時間講義』の冒頭においてフッサールは、次のような問を提起している（Hua. X, 3)。第一に「いかにして時間客観性が、すなわち個体的客観性が主観的時間意識のうちで構成されるのか」。個体的客観性は、客観的時間において構成される。したがって第二に「客観的時間と主観的時間意識とを正当な関係におくこと」が必要であり、そうした背景の下に、純粋主観的時間意識の現象学的内実の分析が行われるのである。したがって現象学的に排除されるのは、客観的時間や世界時間そのものというよりは、内的時間意識との相関を見失って客観的時間をそれ自体として存在すると確信、仮定するような素朴性に他ならない。客観的時間はむしろ問の主題なのである。

しかしながら、フッサールの用いている「世界」、「客観」といった語は多義的である。フッサールは「客観的時間内の経験の諸事物」を、①「個々の主観的事物」、②「相互主観的に同一な事物」、③「物理学的事物」の三つに区分している（Hua. X, 73)。したがって客観的時間を、①第一次的時間、②相互主観的時間、③自然科学的時間の三つに区別することが許されるであろう。[15] しかしここでさらに三点の注意を促したい。第一に、超越的時間のみならず、内在的時間も客観的時間と言われることがあるということ、第二に、とりわけ個体化の原理としての時間は統握以前の次元で語られているということ、第三に、時間そのものはあくまで「世界」の形式であるということ、これら三点である。

まず注意すべきなのは、『時間講義』冒頭部で「客観的時間と主観的時間意識とを正当な関係におくこと」と言われる際の客観的時間というのは内在的時間を含んでおり、主観的時間意識というのは、内在的時間のことではなく「内的時間意識」ないしは、「絶対的意識流」のことを指しているということである。このことは、単なる呼び名の問題ではなく、現象学における時間論の意義に関わる重要な問題である。時間分析の成果を保留した『イデーンI』では、超越的圏域と内在的圏域の区別の本質特徴として空間的射影の有無が決定的なポイントとなり、内在的圏域は、直接的に体験される絶対的圏域とされた。しかし時間という観点を導入すると、内在的意識体験は、直接的所与ではなく、時間的射影という媒介を経て与えられるものとして記述されることになる。内在的意識体験は、「現出するものの現出」として現象学にとっての尺度的役割を与えられていたが、時間分析において、その内在的意識体験そのものが時間的に現出するものとして語られることになる。空間と異なり、時間は、超越的対象のみならず、内在的対象をも含めたあらゆる対象の現出を一括りに語る視座を提供しうるという点においてきわめて重要な意義を獲得する。フッサールは、内在的時間のことを「第一の客観的時間」、超越的時間を「第二の客観的時間」とも呼んでいる（Ms. C3I, 5）[16]。上で述べた「第一次的時間」にしても、さしあたり超越的時間の一つの段階として語られてはいるが（Hua. XV, 637）、〈第一次性―相互主観性〉という区分は、内在的時間においてもそのまま成り立つのである（ebd., 66f.）。

いずれにせよ、まさに時間論においてこそ、ノエシス的作用と感覚的ヒュレーという内在的対象をその「現出」において問う「発生的現象学」が可能となり、「連合」といった「受動的総合」の分析への道も開かれたという点は重要である。フッサールによれば、連合とは、意識に属する「内在的発生の形式と規則性」（Hua. XI, 117）に他ならない。それはいわば、対象を対象として統握する以前に起こるヒュレーの構造化の規則である。流れつつある現在において与えられる意味領野は、「単なる混沌」、「所与の単なる乱舞」ではない。個々のヒュレーはこの領野において、「同質性（Homogenität）（「同等性（Gleichheit）」、「類似性（Ähnlichkeit）」）、「異質性（Heterogenität）」という「もっとも一般的で内容的に規定された」連合的結合形式にしたがって、互いに「融合」、「対立」などを引き起こす(ebd., 129f.)。ヒュレーは、意識の流れによって沈下しつつも把持の機能によって保持され、さらに習慣性として沈殿しつつも、その意味内容は、「覚起」によって再び浮上し、現在野の与件と重層的に重なり合って連合的な構造化をもたらす。

連合的統一形式は、あくまで内在的与件の意味内容に関わるものであり、客観的時間形式における個体化の次元とは区別されねばならない。たとえば複数の同等の音が同じ長さで順次鳴る場合、かりに「時間形態」が同等であっても、それぞれの音が占める時間位置は「同一」ではありえない(Hua. XI, 142)。それぞれの音は個体的に異なる。この個体的差異は、連合法則の「異質性」とも根本的に異なる。あらゆる対象は、「原秩序(Urordnung)」としての「普遍的時間」(ebd., 143)に特定の位置を占めることによって個体性、つまり「これ性(Diesheit)」を獲得する(ebd., 145)。トデ・ティは、「もうそれ以上種的に差異化不可能な、最低次の種的なものを個体的に個別化するもの」である(Hua. XXXIII, 300)。個体的差異というのは、最低の種的本質一般性になんらかのものを付加的に結びつけることによって成立するものではない。たとえば、机に「白い」を付加して「白い机」とするような特殊化の仕方をいくら積み重ねていっても、個体としての机に到達することはない。連合的総合やそれに基づく能動的な比較作用は、むしろこのような時間形式による個体構成を俟ってはじめて可能になるのであり、個体化の働きそのものは対象の意味統一ではなく、対象に実在性ないし現実性を付与する役割を担うことになる。ただし、「時間形態」や「時間質料」のような「時間内容」としての「意味の次元」と「時間位置」といった「時間形式」としての「存在の次元」とは、分析上の方法においては区別されつつも、互いに協働しあってこそ具体的な個体を形成するのである。フッサール自身注意を促しているように、個体的に異なる各時間位置はあくまで「差別(verschieden)」であって「離別(geschieden)」ではない。たとえばC音が持続的に知覚され、持続するものとして与えられた場合、たとえ個体的に異なっているにせよ、「時間質料の区別不可能な同等性」と「時間を措定する意識の変様の恒常性」とが「C音の切れ目なき延長統一への融合」を本質的に「基底づけている」のである（Hua. X, 86）。つまりC音は「時間的に延長した音であってはじめて具体的な個体なのである」。たしかにこうした融合が起こっているのは時間内容に関してであって時間位置そのものに関してではない。しかし時間位置というのは、あくまで「個体性における時間形態それ自体」の位置であることを忘れてはならない。

つぎに第二の注意点として、個体化の原理として働く原秩序が、もはや統握によって構成された、通常の意味での客観的時間ではないという点を強調しておきたい。時間の個体構成機能については、すでに『時間講義』においても語られていた。個体性は時間位置によってはじめて構成される。つまり個々の個体を区別し、それぞれの個体そのものの同一性を保障するのは時間位置である。とくに再想起や統握を発動させることがなくとも、把持さえ機能していれば、それぞれの時間位置は、顕在的な今から沈下しつつも、決して雲散してしまうことはなく、常に同一性を保持し続ける。たしかに、時間位置の同一性は統握や再想起によって確認されうる。しかし個体化の機能そのものは「統握の基盤」、つまり「感覚」の側で起こるとフッサールは言う（Hua. X, 66）。感覚は、「『これ』の個体性の源泉」であり、「絶対的時間位置の源泉」である（ebd., 66）。その意味で個体性とは、「感覚の根源的時間形式」である（ebd., 67）。たとえば時間位置Aと時間位置Bのどちらの方が時間的に先かを決定するには、統握、再想起を必要とし、場合によっては他人からの情報伝達に頼ることもある。しかしそれ以前に、少なくともAとBのどちらかが先、あるいは同時であり、一つの時間に統合可能であるという先行了解が機能していることだけは確かである。こうした了解なくして、出来事の時間的な構成は不可能であろう。

「ベルナウ」草稿の中でフッサールは、トデ・ティの普遍的形式としての「空間―時間―形式」が「生ける現在と顕在的身体（方位づけの零点）を伴った自我を前提する」と述べている（Hua. XXXIII, 300）。しかし生ける現在と方位づけ零点としての絶対的此処は、後のフッサールにおいては、それぞれ時間、空間に先立つものとして語られるようになる。とすれば、個体化の源泉はもはや自我的なものではありえないはずである。『経験と判断』において個体化の原理としての時間は、「世界の形式」として語られている。すでに述べたように、超越的事物時間も内在的体験時間も共に客観的な時間であった。たしかに内在的な前後関係は、客観的な前後関係とは異なる（EU, 307f., Hua. XXXIII, 317）。しかしこれらの違いは時間内容にしたがった区分である。いずれの時間秩序も世界の時間を共通の土俵に持つ。だからこそ両者の違いを違いとして了解できるのである。

したがって第三の注意点として述べられるべきなのは、時間そのものは超越的でも内在的でもなく、むしろ「世界の形式」として世界に属するということである。フッサールはこのような時間を世界の「実的形式」、「即自的な存在形式」などと表現している（EU, 308）。世界は事物のように時間性をもたない。むしろ事物が世界時間のうちに存在するのである（Hua. XV, 375）。パトチカの表現を借りるなら、「世界は時間のうちにはなく、時間は世界なのである」[17]。たしかに『イデーン』期において世界概念は、「諸対象の全総体」（Hua. III, 8）、つまり超越的事物の加算的総和として捉えられていた。しかし時間分析の深化に伴い、内在的対象の発生が問われることによって、事物対象とは異なる世界固有の性格がクローズアップされることとなった。世界は、ノエマ的な超越論的構成体ではなく、あらゆる存在者がそこにおいて構成される受動的地盤として捉えられるようになる。ラントグレーベは、相互主観的な世界時間を「客観化的統覚能作の所産」としてではなく、「主観性の受動的な基底において予め描かれている」ものとして語っている[18]。各々のモナドは自らの時間を持つだけではなく、相互にとって共通の時間をも持っている。しかしそれは個別的な主観性の「客観化的統覚能作」を通じて成立するものではない。「共通時間」は、決して厳密な意味での客観的時間ではない。共通時間は、むしろ主観性の「自然的側面」に基づく。この意味での自然、たとえば「根源的な時間尺度」である「昼と夜の交替」や「季節の変化」などを、われわれは身体におけるキネステーゼ的支配を通じて経験しているとラントグレーベは言う。[19]

『時間講義』で語られていた「絶対的意識流」は、ベルナウ草稿では端的に「原プロセス」、C草稿では「流れること（Strömen）」と呼ばれるようになる。この原プロセスがどの程度主観的であり、流れることが自我とどのような関係にあるのかに関するフッサールの見解は最後まで両義的であった。[20] フィンクは、フッサールが最終的に向かった「生ける現在」の思想を「現前主義」として批判し、自らの「道」が「客観も主観も超えて包括する原出来事としての世界時間であった」と述べている。[21] フィンクによれば、フッサールにおいて時間構成は「『対象構成』という構成形式」において捉えられ、「超越的時間は内在的時間の内で構成される」が、本来時間は「そこにおいて対象構成がなされる場」として「固有の性格」を有するものである。つまり時間とは「内在と超越を超えて広がるもの」であり、「多様性と志向的統一の組み入れを可能にするもの」としての「世界時間」から出発すべきだと言うのが彼の主張である（Z-IX. 23a）。[22] たしかにフッサール自身は、フィンクのように世界時間の受動的な個体構成機能を十分自覚的に展開したとは言い難い。しかしすでにみてきたように、フッサールの時間論を世界時間における個体化の問題に力点を据えて解釈してみると、ハイデガーと共通の問題地平も自ずと見えてくる。フィンクはフッサールの時間論の中から世界時間をクローズアップさせ、ハイデガーのテンポラリテートの問題へと繋ごうとした、と言うこともできる（vgl., WE, 165）。もっとも『存在と時間』において「世界時間」の語は、日常的な通俗的時間に対して用いられていた。しかし一九二八年の夏学期講義では、存在了解の地平は「世界」として語られ、時間は世界の生起するあり方として考察されている。ベルネットは「フッサールとハイデガーにおける時間の根源への問」という論文のなかで、ハイデガーのこの講義で語られている「時間性の脱自的地平の統一」への問を世界時間の問題として捉えている。[23] そこで言われる世界時間というのは「超越の時間的条件」であり、「現存在的存在者、および眼前的存在者や手許的存在者の存在の『テンポラールな』意味」を規定するものである。

(b) 脱現在化と揺動　初期フィンクの時間分析

フッサールは、『純粋理性批判』の初版における超越論的演繹論において「超越論的総合の体系化が初めて企てられた」と高く評価するとともに、カントにおける構想力の図式化の問題を「受動的総合の分析」の先駆的業績と認めている（Hua. XI, 125f., 275f.）。[24] しかしながらフッサールは、カントの再生と再認を、再想起とその反復による対象の同一化として捉え、カントが空間的な世界対象性の構成といった「高次層の問題」しか考慮しておらず、内在的対象の構成までは踏み込んでいないと批判している（Hua. XI, 125f.）。つまりカントは「受動的産出の本質」を「志向的構成」として認識するに至らなかったというのである（ebd., 276）。ホーレンシュタインによれば、カントにとって連合法則は、あくまで「経験的かつ主観的な妥当性」をもつにすぎない。[25] カントはそうした次元を超えて、「客観的な、すなわち構想力のあらゆる経験法則に先立ってア・プリオリに洞察されうる根拠」を追い求め、それを「超越論的親和性」のうちに見出した。しかしカントは、連合をこうした超越論的親和性を超えてさらに超越論的統覚やもろもろのカテゴリーにおける展開へと関連づけてしまった。これに対して、「あらゆる自我関与に先立つ純粋受動性」において連合を捉えた点に、ホーレンシュタインはフッサールの画期的意義を認めている。[26]

フィンクにとっても、カント的な再生や再認の捉え方は、経験的なレベルでの話でしかなく、超越論的構想力の働きは本来「脱現在化（Entgegenwärtigung）」の機能として解釈されねばならない。フィンクは、カントの言う経験的構想力を、主題的な「準現在化（Vergegenwärtigung）」として捉えているが、超越論的構想力に関しては非主題的な「把持（Retention）」と「予持（Protention）」の機能として解釈し、さらに根源的な、非主題的ですらもない意識層として脱現在化と「時間揺動（Zeitschwingung）」を配置している（Z-V. IV/10b）[27]。このような考えに基づいて、フィンクが一九三〇年に草案した時間分析のプログラムは以下のとおりである。

Ⅰ　主題的志向性

　未来　現在化　過去

（a）（予期）（知覚）（想起）

（b）（予持性）（地盤志向性）（把持性）

Ⅱ　脱現在化　領野志向性　脱現在化

　そして空間

Ⅲ　時間揺動、及び開けの提供（Freibietung）：脆性。充実時間と空虚時間。時間と覚醒。

（領野志向性と覚醒）眠りと時間。

Ⅳ　絶対的主体と時間：絶対者の時間化とは絶対者が自己の外に歩み出ること（流出）である。

Ⅴ　絶対者の非-存在的規定と時間という仮象：絶対者の現出論：絶対者の現象学。

(『可能性』の地平性はこの図式においては顧慮されていない)　(Z-VII. X. 3a)[28]

このプログラムで区別されている様々な時間化の位相の内、フィンク独自の着想として注目に値するのは、II以下の部分である。「脱現在化」というのは、もちろん現在化とは異なるが、再想起、予期、空想のような「準現在化」とも異なる非現在的なあり方を示す術語として導入されている(VB, 22)。しかしこれら二つのあり方は並列的なものではない。準現在化は脱現在化に基づいてのみはじめて可能となるのである(ebd., 24)。脱現在化は、けっして通常の意味での志向的かつ自立的な体験、あるいは作用ではなく、「根源的時間の時間様式」に他ならない(ebd., 24f.)。しかし、脱現在化は、「把持」や「予持」と同一ではない。博士論文では両者の区別が曖昧であったが、或る草稿の中では、脱現在化が、「諸々の予持、把持に先行する」ものとして(Z-IV. 23a)[29]、「領野志向性」と「時間化の根源的統一」を成すものとして語られている(Z-VII. XVII/5a)[30]。

領野志向性というのは、フィンクによれば、騒音に対する「静寂」のようなものである(Z-V. III/12a)[31]。「聞く」という能動的志向作用は、静寂に「耳を澄ますこと」によって可能となる。このような音の背景としての「静寂」はまた、高い音の背景としての「混乱し、注意されていない音」とも明確に区別されねばならない。後者はあくまで「連合的統一」の次元にあり、「浮上はしていないがいつでも浮上可能」な背景である(Z-IX. 28a)[32]。

一方、脱現在化は、決して予持、把持の底層のようなものではない。時間の庭(把持と予持)を今という中心から投射された予視や背視のようなものとする通常のイメージに対して、フィンクが「脱現在化」という語によって強調したかったのは、「可能的な予視と背視と現在が、あくまで一つの全体として企投される」という事態に他ならない（Z-I. 145b）[33]。そしてさらに注意すべきなのは、こうした脱現在化という企投の場所を実体化してはならないということである。

あらゆる企投は場所（Wo）から生起する。しかし企投のこの場所は、存在者的なものを地平として持つ限りにおいて、まず最初に孤立化され、しかる後にそこから諸企投を出来させるような「場（Ort）」なのではない。そうではなく、企投の場所は企投の遂行を通じて初めて場として存在する（dasein）のである（Z-I. 146a）[34]。

脱現在化のこのような脱底性格を表現すべく、フィンクは「時間揺動」という術語を導入する。脱現在化が一つの地平であるとするなら、その「発生的現象」を表すのが時間揺動に他ならない（Z-V. III/4a）[35]。そして脱現在化と領野志向性を統一するのもまた、この時間揺動なのである（Z-VII. IX/2a）[36]。時間揺動はいわば「空虚な時間」であり、「現在化」すなわち「経験」によって「充実」される限りで「経験の可能性の条件」として機能する。時間揺動の主体をあえて言うならば、それは「自我」ではなく「絶対者」である。しかし絶対者とはいっても、背後的実体としての最高存在者ではない。「揺動」という時間性格が表現している二極原理は、そもそも背後的実体を設定するような発想を打ち破るものである。揺動には、それを支えるような「底」がない。絶対者は存在するものではなく、時間化の働きそのものに他ならない。フィンクはこの絶対者の時間化の働きを、さしあたり「眠りと覚醒」の比喩で語っている。それは「空虚と充実」の比喩である。したがって非存在とは眠りであり、空虚のことである。しかし空虚とは言っても、それは非存在として規定される限り積極的な内実を持つはずである。ヒュレーは、充実に先だって、すでに把持性、予持性という地平形式において可能的潜在的に、いわば形象化されているのであり、そうした形象を与える働きこそ脱現在化、或いはその存在様式としての時間揺動と呼ばれるものなのである。対象を対象として、しかもそれをさまざまな観点から自由自在に把握するには、不在という隙間ないし遊びがなくてはならない。もし仮に、個々の原印象が把持や予持という隙間を伴わずにその都度現在的に与えられているだけであれば、われわれは対象にいわば呪縛され、対象を対象として経験することができなくなってしまうであろう。個々の存在者は、時間揺動によって形成された非現実的地平を周囲に随伴することにおいて初めて現実的なものとなるのである。そもそも、現実性という存在様態は時間揺動の様式の一つなのであり、それは「常に『非現実性』という揺動様式によって周囲が取り巻かれている（umschwingen）」のである（Z-VII. XVII/24b）[37]。

フィンクの時間論においてさらに独創的なのは、脱現在化と時間揺動が、個々の存在者の時間的現出様式のみならず、世界全体の時間化を表すという点である[38]。そうなると、〈志向―充実〉、〈可能―現実〉、〈潜在―顕在〉という枠組みでは収まらない問題次元が露呈されてくることになる。というのも世界そのものは意味地平の延長ということでは済まされない性格が備わっているからである。地平というのが「私はできる（Ich kann）」という自我の実践的能力性によって徐々に顕在化可能な「潜在的無限性」であるのに対して、世界全体は、「到達不可能なもの」と言われる（Z-VII. X/1a-b）[39]。いくら到達を試みても「退去したもの」が見出されるだけで、「『退去』そのもの」が見出されるわけではない（Z-VII.XVII/15a）[40]。とはいえ、世界の到達不可能性は実践的目標理念という意味で言われているのでもない。そもそも世界全体の構成は、「途上」なのではなくて、そうした実践的自我の顕在化の運動に先だってすでに「過ぎ去り」、「終わってしまっている」のである（Z-VII. XXII/6b）[41]。

しかし世界は決して「『客観的な』全体」というわけでもなく、あくまで時間の「揺動の幅」そのものなのである（Z-VII. XVIII/5b）[42]。

個別的存在者は世界において主観に対して現出する。これに対して世界は絶対者の自己現出である。世界現出の非存在性格は、先に述べたような現実化以前の潜在的可能態という意味ではない。そもそも、可能性、現実性という様態の区別自体、時間化の様態に関して言われているのであり、すでに時間化された対象性に事後的に付加されるようなものではない（vgl. Z-XV. III/9a）[43]。世界は個別的存在者の現出に伴う潜在的意味地平そのものが可能となる場として、それ自体決して顕在化されることはない。世界現出はまさにそうした意味で非存在的なのである。

フィンクは世界を「アペイロン」、「無限定なるもの」とも呼んでいる（Z-X. VIII/2a-b）[44]。それは単に限定されたものから語られるような消極的な規定ではなく、むしろ「限定を可能にするもの」として積極性を有する。このような世界そのものの自己限定の在り方をフィンクは「時間化」として語るのである。それは絶対的主体の時間化、つまり世界的な幅を有する脱現在化の働きに他ならない。もちろん絶対的主体というのは決して認識論的な意識主観性のことではない。フィンクは脱現在化の地平そのものが属している根源的時間の次元を「時間意識」と表現するのは不適切と考え、「『意識』は超越論的時間の本質ではない」と言う（Z-VII. 15a）[45]。というのも、作用そのものがすでに時間によって構成された統一体だからである。時間揺動とは、「（作用極としての）自我の『活動性』ではなく、各々の自我の分極化以前に存する統一性」であり（Z-XV. 111b）[46]、したがってそれは自我の意のままにはならない「無力な領圏（Ohnmachtbereich）」、つまり「脱現在化の幅」を切り開くのである（Z-VII. XXII/3a）[47]。

この脱現在化の幅を切り開くのは、いうまでもなく時間揺動である。しかし時間揺動というのは一体何と何の間を揺れ動いているのであろうか。フィンクによれば、それは「持続せしめること（Währenlassen）」と「持続を受け入れること（Gewähren des Währens）」との間に起こる揺れ動きに他ならない（Z-VII. XXII/1a）[48]。しかも彼は「持続＝存在（Währen=Sein）」と規定しているのであるから、「存在せしめること」と「存在を受け容れること」との間の揺れ動きと表現し直すこともできる。持続せしめる働きが、「時間揺動の折り目」に達すると、持続の流れが「せき止め」られ、そこに存在者が現れる（Z-V. III/3a）[49]。そしてこの折り返し点から戻ってくる過程が、存在者ないし所産としての持続を受け容れる働きであり、フィンクはこれを「根源的な気づき（Gewahren）」として語っている（Z-VII. XXII/1a）[50]。気づきというのは、持続について気づくことではない。そうではなく、持続せしめる働きの折り返し、或いは裏面そのものが気づきなのである。さらにそこで持続せしめる働きは折り返し点で停滞することなく、さらにそれを凌駕し、無限に進行する。世界とは、持続（＝存在）の産出とその所産としての持続の受け容れとの間を揺れ動く無限のプロセスに他ならない。

ところで、ブルジーナによれば、フィンクの時間揺動という概念はハイデガーから借用された可能性が高い[51]。ハイデガーが時間の揺動という概念を使用しているのは一九二八年の夏学期講義『論理学の形而上学的な元始的諸根拠――ライプニッツから出発して――』（以下『元始的諸根拠』と略）第二章第一二節であるが、その直前の箇所で彼は次のように述べている。

> 世界。それは無であり、決して存在者ではない。――しかしやはり何ものかである。つまり非―存在者である――しかしそれは存在である（HGA. 26, 252）。

世界は存在者ではない。その意味で無である。ハイデガーによれば、それは決して「消極的な無（nihil negativum）」ではなく、積極的な「根源的無（nihil originarium）」に他ならない（ebd., 252）。世界は存在者では「ない」と述べただけでは消極的な規定にとどまる。この無的性格を積極的な根源的無として示すために、ハイデガーは、世界が了解される地平としての時間性の次元へと遡行し、さらに時間そのものの存在様式についても考究している。彼によると、「時間は『ある』のではなく、自己を時間化する」のである（ebd., 268）。

すでに述べたように、現存在の存在意味としての時間性は、脱自的構造を持つ。しかしこの脱自的統一は、いわば触手を延ばして再びそれを引っ込めるような「担い手」を持たない。ここで敢えて脱自の「存在」というものを語ろうとするなら、それは「自由な脱自的揺動の内にある」としか言いようがない。ハイデガーは、揺動を抽象的に「揺動（Schwingung）」という企投的側面と「揺動態（Schwung）」という被企投的側面とを区別し、前者を erschwingen、後者を verschwingen とも呼んでいる(52)。これは、『現象学の根本諸問題』で言われた「時間の自己企投」のより具体的な記述と見なすことができよう。さらに『現象学の根本諸問題』における地平図式の概念もここでは「脱自圏域（Ekstema）」として捉え直され、「脱自圏域的なものは揺動しつつ世界化として自己を時間化する」と述べられている（ebd., 269）。つまり脱自的揺動としての時間性の時間化によって、「世界侵入（Welteingang）」、「世界となること（Welten）」が生起するのである（ebd., 272）。

世界は、存在者の側から語ろうとするなら、非存在者という消極的規定しか得られないが、それ自体「エスが与える何ものか」なのである。このエスというのが、自己を時間化する時間性のことである。世界はテンポラールに規定されることによって初めて根源的無として積極的に語られうるのである。しかしこの時間性としてのエスは「それ自身存在するものではない」。したがって、ここでエスとしての時間性の時間化の非存在性と世界の非存在者性とが区別されることとなる。後者が時間によって規定可能な積極的無であるのに対して、前者は揺動というあり方において「自己自身」を時間化するものとしてそれ以上遡り得ない脱底性を表している。もちろんこれら二つの次元性は、抽象的に区別されるだけのことであって、出来事に即して言うなら、世界侵入は、あくまで「時間化の内で、時間化と共に」生起するのである。

(c) 構想力と世界の問題——フィンクのハイデガー批判

ハイデガーはこの一二節を締め括るにあたって、固有な無としての世界を産出する時間性の働きとして、カントの超越論的構想力について示唆的に触れている。以下では、一九二九年の『カントと形而上学の問題』（以下『カント書』と略）、及び関連文献として一九二七／二八年冬学期講義『カントの『純粋理性批判』の現象学的解釈』を参照しつつ、構想力と時間の連関について検討することにしたい。

『カント書』におけるハイデガーの究極の狙いは、カントの『純粋理性批判』を形而上学の基礎づけとして解釈することであり、この課題は存在論的総合の内的可能性の根拠として、超越論的構想力の機能を開示する作業として遂行されることになる。存在論的認識は超越論的構想力である限り創造的である。しかしそれは存在者を創造するわけではない。存在者というレベルで見るなら、存在論的認識は何ものにも関係しない。言うなればそれは「無」と関係する（KM, 121）。ハイデガーはカントの言う「非経験的対象＝X」をこの無に当たるものと解釈する。しかしこの無もやはり「或るもの」と言われる。ハイデガーはこの無の内実を、超越論的構想力によって形象化される地平、すなわち図式として解釈することによって積極的に語り出そうとする。超越論的構想力は、「存在者の認識に先立って対象性そのものの地平という形観（Anblick）を形象化する（bilden）」（ebd.,

131）。超越論的構想力によって形象化された超越論的図式としての時間は、個々の存在者の経験に先立つだけでなく、「如何なる時にもあらゆる可能的経験に先立つ」のである。カントは超越論的図式としての時間を「純粋像」とも名付けているが、ここまでくると通常われわれがイメージする「像」とは大分異なった物となる。しかし超越論的時間図式もまた、「自己自身を示さずに或るものを示す」（HGA. 21, 385）という像の本質的な機能を備えている。つまり、時間は自ら非主題的となることによって各々の存在者を主題的に見せしめる媒体としての役割を果たしているのである。とはいえ、時間は被直観者としてまずあって、それを受容するというわけではない。むしろ受容するということは被直観者たる時間そのものを形象化する働きなのである。たとえば、現在の時間表象としての「模写（Abbildung）」という能力にしても、すでに存在するものの単なるコピーではなく、「対象そのものの形相を直接認知するという意味で形象を与えること」を意味している（KM, 175）。つまり、原物がまずあってそれを受動的にコピーするというのではない。コピーするという産出的な働き自体が、原像とコピーの対立に先行しているのである。このように時間そのものを形象化する直観の働きの側面こそ根源的時間としての超越論的構想力に他ならない。無論ハイデガーにとって根源的時間とは、現存在の存在意味としての時間性を意味する。「〈今―系列〉の純粋継起」としての時間は根源的時間としての超越論的構想力から「発現する」のである（ebd., 173）。

ハイデガーは、カントのように感性と悟性とを一旦分離した上で、しかる後に、両者を媒介する機能として構想力を導入するのではなく、むしろ構想力を両者の「共通の根」と捉える（ebd., 138）。したがって構想力は、覚知、再認、再生と並ぶ一つの認識能力ではない。むしろこれら三つの総合は、一つの超越論的構想力の三つの様態なのである。しかもカントが「現在」に優位を置いたのに対して、ハイデガーは、再認の総合を「将来性」

という脱自様態、すなわち「予認（Prae-cognition）」として捉え、これを優位に置く（HGA. 25, 364）。それに伴い、覚知や再生もまた以下のような彼独特の解釈によって性格づけられることになる。

まず覚知とは、今において現前する存在者を直観することである。しかしこのような経験的覚知に先だって、そもそも「現在性一般」そのものの形観が非主題的に直観されているのでなければならない。これが「純粋覚知」と言われる（KM, 180）。覚知が多様な印象を通覧し、総括するためには、そもそも多様そのものが再生的に保持されているのでなければならない。経験的な意味での再生とは、「かつて表象された存在者」を「再び持ち来す（Wieder-bei-bringen）」働きのことである（ebd., 181）。しかしこのような再生が可能となるためには、予めすでに、持ち来されるべきものが、喪失されることなく、「保持」され、しかも今と直結されてなければならない。この保持する働きが「純粋再生」として解釈される（ebd., 181）。つまり過去の存在者を模像的に再生する以前に、そもそも「可能的な模像（Nachbildung）の地平」としての「既在性そのもの」が形象化されているのでなければならない（ebd., 182）。そしてさらに、再生が過去のものへと遡行して再び現在の存在者へと帰還する際、両者が同一のものとして再認されなければ、再生は無意味となろう。その意味で再認は、再生、覚知に先立つ。しかしこのような経験的な再認の同一化に先だって、「存在者が自同的なものとして予め保持」されていなければならない（ebd., 185）。これが「純粋再認」と言われるものである。つまり、同一の存在者として保持されるには、そもそも「予め保持しうること（Vorhaltbarkeit）一般の地平」、すなわち「純粋予像（Vorbildung）」という将来の地平が開かれているのでなければならない（ebd., 186）。

このように、三つの総合のあり方は、経験的なレベルでは区別されながらも、相互に通底し合っているわけであるが、「現在性一般」、「既在性そのもの」、「純粋予像」といった時間像そのものを形象化する機能こそ、超越論的構想力に他ならない。三つの純粋総合は超越論的構想力の三つの脱自態として統一されているのである。ハイデガーはさらにこの統一の根拠を「超越論的統覚」に求める。ハイデガーによれば、カントはこの統覚の自己同一性を現在という時間様態から理解していたために、自我は時間と離れてそれと並列する点的なものとなってしまった（vgl. HGA. 25, 395f.）。そこでハイデガーは、自我の同一性を「私はできる」という、将来に差し向けられた実存の存在可能という観点から解釈することによって、超越論的統覚に時間を与え返す。主観は脱自的時間性そのものなのである。主観は対象性一般の地平としての時間へと脱自し、それを発現させる。時間はその「抵抗」として再び主観へと到来し、触発する（ebd., 390f.）。ハイデガーは、カントの「純粋自己触発」をこのような自己再帰的構造として解釈し、これを存在論的総合の最も基底的な層に据えたのである。

フィンクの言う時間揺動とは、時間の存在様式として、しかもそれが、自己再帰的な脱底性を有するという限りにおいては、ハイデガーの『現象学の根本諸問題』における「時間の自己企投」、『元始的諸根拠』における「揺動」、『カント書』における「純粋自己触発」の次元に相当すると言えよう。そしてこのような根源的時間から、あらゆる存在了解一般を究明すること、すなわち存在の意味の究明こそ、ハイデガーの目指す到達点であった。前節で述べたように、フィンクの非存在論はハイデガーの存在の意味としての時間をフッサール現象学の枠組みから換骨奪胎したものである。しかしやハイデガーと異なる点は、フィンクにとって問題なのが、「存在了解」の地平というより、「存在を発現させる存在発生論的な地平」（M-II. 1. Text. 1931）[53]としての世界時間であったという点である。それ故、現存在分析におけるハイデガーの時間性の分析に対しては終始批判的であった。批判の論点は以下の三つにまとめられる。

まず、構想力に関するフィンクとハイデガーの見解には微妙な相違が認められる。フィンクはカントの超越論的構想力の「より深い解釈」を企てた（Z-VII. XXI/3a）[54]。さしあたりそれは把持と予持、及び現前化の機能として解釈される。『カント書』で語られた「現在性一般」、「既在性そのもの」、「純粋予像」といった時間像もこの次元に相当するように思われる。しかしフィンクは、さらにそこから時間揺動の次元を見出し、これをもって勝義の超越論的構想力とした。ハイデガーもまた時間像を産出する働きを超越論的構想力に看て取った。しかしフィンクによれば、「想像力（Imagination）」は、想像的でも印象的でもなく、たとえそれが存在論的に解釈されたものであるとしても、時間を構成するものではなく、むしろ「想像力は時間に基づく」のである（Z-VII. XIV/14a）[55]。

次に問題なのは、ここで語られている時間の概念が、如何なる位相で考えられているかという点である。フィンクは「時間地平性」と「通俗的時間」を截然と区別し、この区別の方が本来的時間性と非本来的時間性の区別よりも重要であると言う（Z-V. VI/11b）[56]。

> 現存在が「本来的に」存在しうるから生全体の総体性が構成されるのではない。そうではなく、そもそも「先駆」は脱現在化を前提しているのである（Z-XV. LXXII/2c）[57]。

したがって、フィンクのハイデガーに対する批判的争点は、超越論的構想力として理解された時間性の自己時間化が今系列としての時間を構成する当のものであるにせよ、時間性そのものもまた通俗的な時間であり、それ自体自ら言うところの脱現在化、時間揺動という根源的な時間化機能に基づくという点にある。そして脱現在化や時間揺動の幅は、世界そのものであった。なるほど、ハイデガーもまた『元始的諸根拠』では時間の揺動というあり方が「侵入」という世界の現出様式として捉えられていた。しかし両者の世界概念はそもそも同じ位相で語られてもよいのであろうか。これが第三の論点である。

フィンクはハイデガーの存在論に影響されながらも、存在より世界の問を重視した。フィンクによると、存在とは、「世界構成の思弁的生成の抽象的契機」にすぎず、あらゆる存在論的探求の地平には「世界捕捉性（Weltbefangenheit）」が付き纏う（Z-XV. 38b）[58]。つまり彼は存在了解の地平として一挙に時間分析に赴くのではなく、そこに世界という次元性を介在させる。あるいは存在了解の地平としての時間の正体を世界として具体的に語ったというべきであろうか。もとよりハイデガーもまた、世界概念を超越との相関において語り、それを時間性の構造から解明している。しかしフィンクからすれば、超越の「世界―地平形象化」としての機能、ないしは「世界地平の企投」もまた、やはり「主観的」なものにすぎないのである（Z-XII38a）[59]。なるほど、フィンク自身、主観的とはいっても、それが客観に対する「存在的な主観」ではないことは十分承知していた。しかるに、フィンクは、志向性が超越に基づくとするハイデガーのテーゼに対して、それは志向性を主題的ないし対象的志向性に限定した場合にのみ妥当するという（vgl. Z-V. VI/10b）[60]。フィンクはハイデガーの超越概念をフッサールの「地平志向性」に相当するものとして考えていたようである[61]。しかしフィンクによれば、世界は地平志向性の相関者ではないし、『カント書』で論じられていたような、「私はできる」として捉えられた実存の脱自的地平という位相で語られるべきものでもなく、あくまで地平形成そのものの地盤としてすでに時間揺動によってその構成を終えてしまっているのである[62]。

第Ⅱ部　コスモロギーと現象学的世界論の展開

前期フィンクにとって問題だったのは、主観と客観の認識論的な二分法ではなく、世界と非存在的絶対者の差異性であった。絶対者とは、世界と異なる別の領域ではない。絶対者は「存在者と並んで、或いはその外部に自体的に存在するような存在者では決してない」（Z-IV. 112b）[1]。絶対者はあくまで非存在である。とはいえ全くの無ではないし、全く不可知というわけでもない。それでは、フィンクの絶対者は世界に内在的なのかというとそうも単純に言い切れない。フィンクは世界を「神の自己喪失態」として語っている（Z-VII. XIV/5a）[2]。神が無であるとすれば、「神は世界へと向けて無を喪失する」ことになる。このテーゼは、神が「存在者のように世界内に存在する」とか「世界自体が神である」といったような素朴な汎神論を回避する。世界はあくまで「神の異他存在」である。なるほど「世界は絶対者である」と言うこともできるが、それは存在的レベルの同一性ではない。世界は神が無を失うことによって「徹頭徹尾無化される」のである。しかしこのような世界に住みつく無性は世界の仮象性格を表すものではない。

> 「非存在的哲学」は、世界を「本来的存在」、すなわち絶対者というオントース・オンに対立する単なる見せかけの存在者と捉えてその価値を卑しめるものではなく、世界とオントース・オンを絶対者の無に対峙させる。世界は絶対者である。（Z-XV. 126a）[3]

フィンクによれば、存在論的哲学は「非本来的存在」だとか「本来的存在」といったような「存在の強さ」を「尺度」とする。存在論は、存在者のヒエラルキーを形成し、その頂点にオントース・オンとして絶対者を置く。フィンクの非存在論は、このような「存在―神―論」図式とは異なる絶対者論を提起する。フィンクは絶対者をメー・オンと規定することで、形而上学の長い歴史の中で価値を卑しめられてきた世界に息吹を与えた。非存在論の主題はあくまで世界である。

後年のコスモロギー的世界論においてフィンクは、絶対者概念に含意されているキリスト教的、精神的、非感性的要素を脱構築し、世界の現れをフォア・ゾクラティカーのとりわけピュシス概念に引き付けて解釈するようになる（vgl. GAP, 104）[4]。フィンクのコスモロギーは主に、ヘラクレイトス、カント、ヘーゲル、ニーチェからの影響によって成立した。コスモロギーにおいてフィンクは「天空と大地の抗争」という世界の内的差異について語っている。つまりフィンクは、絶対者を切り取ったかわりに世界を二重化したのである。

第一章　コスモロギー的世界論の成立

第一節　フィンクのコスモロギー

フィンクが一九五一年にブリュッセルで開催された第一回国際現象学会の講演「志向的分析と思弁的思惟の問題」において、フッサールの志向分析論の存在論的意味を正当に確定すべく思弁的思惟の必要性を説いたことはよく知られている。すでに一九二九年の博士論文においても「いかなる個別的分析も、それ自身のためにあるのではなく、各個別的分析は、体系全体へと向かう動向の支配下にある」と述べられており（VB, 2）、さらにケアンズの報告によると、一九三一年にフィンクは次のように語ったという。

> 哲学の諸々の個別的研究は、より大きな「思弁的」理想によって導かれない限り、それ自体としては無意味である。哲学は、本質的に個別的諸研究への衝動によって抑制された思弁なのである。(1)

フッサールにとって現象とは、意識にとっての存在者の志向的現出を意味する。現象学の仕事は、この志向的現出を、ありのままに記述することである。しかしフィンクによれば、フッサールの志向分析は、実体を主観とみなす、「形而上学の近代的変形」の土台の上に立脚している（ND, 149）。とはいえ、フィンクは志向分析自体が認識の説明図式として間違いだと糾弾しているのではなく、そうした前提に無自覚でいるフッサールの素朴性を存在論的観点から問題にしているのである。フィンクからすればおよそ哲学たるものは、そもそも本質的に思弁的なのであり、たとえ反形而上学という理念の下に展開されたフッサールの志向的分析といえども、それが方法である限りにおいて、原理上不可避的に「操作的影」として思弁的な前提を伴うのは必定である（ebd., 156, 203）。もちろんフィンクは、フッサールの志向性概念が、近代的な現象概念に定位した単なる主客二元論的図式ではなく、むしろ両項をあらかじめ内部に取り込んだ「関係そのもの」であることを十分認めてはいた。しかしここでは、そうした志向的関係そのものが成立してくる最終的な場を「生」にもとめていたフッサール、或いはかつての自分の立場に対して、批判の矛先が向けられているのである。フィンクにとって問題となっているのは、あくまで「生そのものの存在意味」である（ebd., 152）。

志向分析の主題が現象であるのに対して、フィンクの思弁的思惟は、現象ではなく、「現象の現象性」を主題とする。現象の現象性はそれ自身現象的所与ではない（ebd., 148）。フィンクによれば思弁とは、「有限なものを越えて非―有限的なものへ」と、「存在者を越えて存在へ」と、「所与を越えて非所与へ」と、つまり「全体へ」と「眺望すること（Ausblick）」を意味する（RZB, 80f.）。フォン・ヘルマンの剴切な表現を借りるなら、この眺望とは、現象領域そのものを貫くような仕方でその内側から現象の現象性を「うかがい知ること（Hindurchspähen）」に他ならない。[2] しかも現象の現象性は、現象的に与えられた有限的存在者に対して、それと並んで与えられる絶対者として対置されるわけではない。かといってわれわれに全く不可知のものとして現象の彼方に設定されるわけでもない。それは、現象的所与でないとはいえ、人間の「最内奥」において「予感」されているとフィンクは言う（SWW, 68, 135）。通常われわれ人間存在は、たえず有限的存在者の殺到に攻め立てられ、それに魅了され、囚われているが故に、世界そのものを見失っている。いわば「木を見て森を見失う」が如くである。世界の存在はわれわれにとってあまりに自明であり、その近さゆえにこそかえって捉えがたきものなのである。世界全体は有限的存在者とは全く異なる次元性のうちにある。フィンクはこれを「コスモロギー的差異」と呼んでいる。後期フィンクの立場を特徴づける、いわゆる「コスモロギー的現象学」は、もっぱらこのコスモロギー的差異の究明を課題としている。よく知られているように、コスモスとは、一般に秩序、法則、装飾などを意味する。フィンクはそれを、己れを示すものの内部での、現出する事物に帰属する固定した構造としてではなく、「己を示すものをその根底と共に包括する秩序」、すなわち内部世界的存在者と世界とのコスモロギー的差異の秩序として改釈する（GP, 119）。以下ではフィンクのコスモロギーを支える二大柱である「世界論」と「遊戯論」をそれぞれ見ていくことにしたい。

（a）　現象の現象性としての世界

フィンクの世界論が最もまとまった形で論じられているのは、一九五五／五六年冬学期フライブルグ講義で、一九五八年に叢書フェノメノロギカ第一巻として刊行された『存在、真理、世界――〈現象―概念〉の問題への〈先行的―問〉』であろう。このテクストにおいてフィンクは、「現象の現象性」を問い、その過程で伝統的な二つの現象概念を剔抉する。つまり「人間の表象対象」としての現象と、「諸事物がそれ自身から自己を示す」という意味での現象の二つである（SWW, 94）。フィンクは、前者を「傍現（Anschein）」、後者を「先現（Vorschein）」と呼び、これら二つの現象概念の関係を吟味する。傍現というのは、とりわけ近代において支配的であった現象概念であり、単なる見せかけという意味ではなく、人間の表象に対する対象の外観を意味する。それはいわば「主観的な認識の光の光線」ないし「表象の光円錐」によって対象が照らされて輝き現出することに他ならない（ebd., 96）。しかしこの場合、存在者が現出するのは表象対象になったときにのみ限定され、したがって傍現は、「偶然的、偶因的性格」を免れえない。これに対して古代において支配的だった先現という現象概念は、存在者が自ずと「立ち現れること（Aufgehen）」を意味する（ebd., 102）。この場合も存在者は、光において照らされて現出するものとして語られる。ただし光は、人間を光源としているわけではなく、その明るさにおいて存在するものが輪郭や形態をもって現れる「開け」を意味している。ここにおいて存在は「知」との関係ではなく、「明るさ」との関係に置かれることになる。その際注意すべきなのは、先現が人間と無関係に生起するわけではないということである。たしかにそれは「表象」の対象ではないとしても、先行的に了解されてはいるのである。したがって、先現は傍現よりも根源的である。

> 人間的主体による事物の「認識」は、予め認識する人間と認識可能な事物がすでに「立ち現れ」、先現へと至ったときにのみ可能となる。（ebd., 116）。

立ち現れとは、フィンクによれば、「暗い形態なき基盤」から「その明るさにおいてそのつど存在するものが輪郭と可視的形態を持つところの開け」である光へと「出来（Hervorkommen）」する現出の運動を意味する（ebd., 101f, 112f.）。しかしそれは、まず事物が存在して、しかる後にその事物が立ち現れるといったようなイメージで捉えられてはならない。たとえば太陽は、まず存在して、しかる後に輝くのではない。太陽はその輝きにおいて唯一それであるところのものとなるのである（ebd., 115）。したがって先現とは、まさしく諸事物の存在の「自己露呈」、「自己呈示」を意味することになる。

存在者が先現へといたる限り、それはつねに現存し、存在者は単に自己関係的なものではなく、自ら呈示する存在である。存在者はまさに同時に他の存在者に対して存在することによって自己自身において存在する。［……］或る事物がすべてを包囲する存続の開けにおいて先現へといたる限り、その事物は他の諸々の事物のもとでの一つなのであり、したがって他のあらゆる事物を呈示するのである（ebd., 102）。

このように先現は、孤立したものではなく、各々の存在者が互いの関係性において、呈示しあい、限定しあうような現出のあり方を意味する。フィンクによれば、このような現出様式こそ、「客体（Objectum）」の語源であるアンティケイメノンの本来の意味に他ならない（RZB, 33）。そもそも有限的事物は原理的に唯一ではありえず、本質上「多のもとでの一」として存在する（SWW., 62）。しかしこの多数が究極のものというわけではない。というより、この「多のもとでの一」というのを砂漠の中の砂粒のようにイメージしてはならない。そもそも全事物の全性は、数ではなく、「取り集めという固有の性格」を持っている。

この「取り集め」が機能する場をフィンクは「方域（Gegend）」と呼んでいる（ebd., 62）。方域とは、「すべてを包括する存続の開け」であり、取り集めの機能のみならず、「分散化（Zerstreuen）」の機能をも有する。換言すれば、それは「分散化のうちでの一体化」と「一体化のうちでの分散化」との同時機能である（ebd., 139）。この方域自体は、事物でもその寄せ集めでもない。方域のもつ「包括」機能は、砂漠が一つ一つの砂粒を含むような仕方とは「比較しえない」ものである（ebd., 140）。さらにまた、包括する側と包括される側との関係を同時に比定するような表象主体を立てることもできない。そもそも表象主体自身が、つねにすでに方域のうちに現出するものだからである。つまり方域は、「事物の可能な先現と傍現の次元」そのものを形成する場なのであり、自らは主観的にも客観的にも現れることのない「媒体（Medium）」としての機能を果たしているのである（ebd., 140）。

われわれは光のうちで諸々の事物を見る。しかし「見るものと見られたものの先行的媒体としての光」そのものを見ることはできない。われわれ人間は「媒体のうちで活動し、媒体のうちであれこれのものに関わってはいるが媒体自体に関わっているわけではない」（ebd., 118）。フィンクによれば、フッサールの外的知覚分析は、もっぱら固定的物体が主題となっており、このような「透過性」をもつ媒体が「操作的」に前提されているという（ND, 293f.）。媒体は、存在者間の「間の次元」（SWW, 120）そのものを形成し、自らの存在をことさら主張することなく、あくまで透明性を維持することによって個別的存在者の知覚を可能にする。もっとも媒体自身もまた、そこから「脱去（Entzug）」（ebd., 119）することにおいて主題化可能となる。海水を泳いでいる間は海の中の海藻や魚の知覚が主題となり、海水そのものには注意が払われていないが、水中から浜辺へと出たとたん、水に濡れた感覚が注意にのぼり、水が水として対象化されるようになる。しかしながら「存在者の全存在の最も包括的な方域」としての「世界」は、決してそこから脱去することも、それ自身対象化されることもない。その意味で世界は水のような「相対的な媒体」と区別されて、「絶対的媒体」と呼ばれることになる（ebd., 120, 141）。もちろん、媒体というのは、まさにそれ自身が「徹頭徹尾生き抜かれて（durchleben）」いる時にのみ媒体として機能するという点も看過されてはならない（ebd., 134）。世界は、けっして表象する主観の光によってその

「傍らにおいて輝く」ものの影として、地平の彼方に隠れるのではなく、此処において生きられる媒体として、まさに〈此処〉へと隠れるのである。

媒体としての方域は、それが相対的である限りフッサール的な意味地平と重なるが、世界というのは「あらゆる方域一般の方域」であり、時間空間の無際限的位置体系としての地平というよりは、あらゆる存在者に位置を与える時間空間の包括的全体に他ならない。しかし世界が存在者を包括するあり方は、壺や洞窟のような場合とは全く異なる。それらは有限な大きさを持ち、壁によって境界づけられている。フィンクによれば、むしろ「明るさ」と「静けさ」のほうが「コスモロギー的象徴」として相応しい（ebd., 153）。明るさは「自己示現という一貫した連関のうちで諸事物に空間を許容するが、その際諸事物を取り囲むことはない」（EP, 91）。他方静けさは、「あらゆる声に対して自らのうちで空間を与える開け」として機能する。

世界の時間、空間性については一九五一年夏学期フライブルク講義『空間―時間―運動の存在論的原歴史へ向けての追思惟』で詳しく論じられている。フィンクによれば、世界の全体空間は、部分の加算的総和ではなく、そもそも部分に先立つ地盤であり、この世界全体の分割においてはじめて部分は部分として存在することができる。したがって〈地盤としての世界空間〉と〈部分の加算的総和としての世界空間〉という二つの位相が区別されねばならない。フィンクは両者の関係を「母なる大地の形態なき面」と「耕された畑」の関係に喩えている（RZB, 123）。もちろん、このような区別は一種の抽象によってなされるものであり、具体的空間において両者は「同時」である。したがって地盤としての「連続性」は、「境界づけによって被覆される」としても、決して「無化されるわけではなく」、「常にそこにある」。とはいえ、「すべての位置において」という意味では「至るところにない」。

われわれは通常、世界全体を碁盤の目のような座標系に見立て、その上にさまざまな存在者がのっているようなイメージをもつ。このようなイメージは、世界と存在者との関係そのものを内部世界的に理解してしまうことを意味するが、フィンクによれば、このような理解はエレア派のゼノンによって創設された「操作的根本思想」に他ならない（ebd., 127）。ゼノンにとって時空とはいわば、「存在する無限性」であり、プロセスとして「完結した無限性」である（ebd., 157）。ゼノンのこうした前提に立つ以上、無限的なものと個々の有限な空間時間的部分との関係は「非両立的」にならざるをえない（ebd., 140）。そのため世界が「常に既に」すべての存在者と「共現在」しているといった根源的事態が隠蔽されてしまうことになる。ゼノンがかの有名なパラドックスを産むことになってしまったのも実はこうしたことに起因するとフィンクは解釈する。そこでフィンクは、第一に時間空間それ自体が生起してくるプロセス、第二に「内的無限」という二つの事柄を語ることでアポリアの打開を試みる。各有限的断片は、「それ自身のうちにすでに無限なものを含んでいる」（ebd., 148）。世界は個々の事物の外側に拡がっているのではない。むしろ個々の事物の内に無限なる世界が含まれているのである。ここでフィンクが念頭においているのはルネサンス期のミクロコスモスの思想やライプニッツのモナドロギーである。あらゆる有限的事物は、それ自体「常に既に世界全体のうちにあり、鏡の如く全体を代現している」のである（ebd., 141）。このような部分が無限を含むという内的無限の論理は、時間空間をエレア的に考える限り単なる矛盾的事態でしかないが、空間を「空間化（Raumen）」、「空間開示（Raumeröffnung）」、「空間贈与（Raumgeben）」、時間を「時間化（Zeitigung）」、「時間開示（Zeitöffnung）」、「時間許容（Zeitlassen）」という「思弁的先構造」として把握することによって理解可能となる。フィンクは時間と空間を「運動」概念において統一的に理解し、世界の運動性格を「存在の世界遊戯（Weltspiel des Seins）」（ebd., 37）と表現している。そこで言われる「遊戯」とは、一体如何なる内実において語られているのであろうか。

(b) 像と遊戯

フィンクにとって遊戯の問題は、後期のコスモロギー的世界論の展開に至ってはじめて要求されたと言うよりは、むしろテンゲイの解釈に代表されるように、すでに博士論文の主題であった「像」理論の必然的展開として浮上してきたものと解釈されるべきであろう。(3) フィンクの博士論文は、一九三〇年に『準現在化と像』というタイトルで第一部のみが公刊された。なるほど、そこで実際に行われた個々の分析は、彼自身語っているように「エトムント・フッサールの基本的著作を通じて為された現象学的探求の枠内に定位」するものであり(VB, 2)、それ程独創的なものとは言い難い。しかしフィンクがこの論文で企図していた事柄は、フッサールが行ったような像に関する個別的な志向分析にとどまるものではない。(4)『準現在化と像』の公刊されなかった第二部では、序論においてプログラムとして示されているように、第一部で行われた準現在化と像の「作用志向的解釈」を「手引き」としつつ、さらにその「構成的—時間的解釈」を経由して、「絶対的体験流の次元」が解明される予定であった(ebd., 18f.)。フィンクは、このような個別的分析から普遍的問題へと至る突破口を、比喩的に「絶対者への窓」と表現している(ebd., 18)。フィンク自身特に語っているわけではないが、後の遊戯論的展開なども併せて鑑みるならば、「絶対者への窓」という語は、単に分析の歩みを示す標語にとどまらず、有限的な内部世界的存在者と非存在的絶対者との関係を像的関係として捉え直すといった彼自身の問題投企の表明としても受け取れる。興味深いことに、フィンクは『準現在化と像』第一部の最終節という、それ自体が「絶対者〈論〉への窓」となるような箇所において、像一般の本質分析を行い、その中で窓の機構について考察している。

フィンクがこの「窓」という比喩で言い当てたかったのは、たとえば絵画のような像を知覚する際に生じる実在的世界と非現実的像世界との「間」の緊張関係である。像知覚とは「それ自身の内に『非現実性』の場を構成する経験様式」であり、フィンクはそれを「媒体作用（medialer Akt）」と呼んでいる（ebd., 75f.）。この媒体作用と相関的に、「実在的担い手」は、像世界によって「被覆」されるが、全く「不可視」となるわけではなく、いわば「アノニムな共所与性」として「透視」されている（ebd., 76）。窓枠による像の媒体機能は、それ自体透視されているが故に、単に像世界の現出を可能にするだけではなく、それを像として見抜くことをも可能にしているのである。

しかしながら、像の個別的経験においてならともかくとして、非存在的絶対者と内部世界的存在者との関係ということになると、窓の比喩から想起される〈原像―模像〉という図式では最早おさまらない問題が生じてくる。なぜなら、後にフィンクが語っているように、模写図式は内部世界的存在者同士の間にのみ適用され得るのであり、「全体は如何なる模写可能性をも超出する」からである（SWW, 169）。しかしフィンクは、むしろこのような「絶対者への窓」という矛盾的事態を徹底的に問い抜くことによって、後に「像の像性」、即ち「像の存在論的本質」へと至る〈窓〉を獲得することになるのである。

フィンクが像の存在論的次元へと問い進む活路を見出すことになるのは、一九六〇年の代表作『世界象徴としての遊戯』においてである。そこで功を奏した要因の一つとして、彼の思索の中で「遊戯」概念が成熟してきたという事情が挙げられよう。この書の主題は、徹頭徹尾遊戯への問にあり、その前半部においてフィンクは、遊戯概念を、西洋形而上学の歴史において長い間支配的であった模写図式から解放しようと試みる。しかしわれわれの関心は、むしろ逆に像論的課題において遊戯概念の導入が如何なる寄与を果たすことになるのかという点にあり、したがって以下では、もっぱらこのテクストを像論的関心に定位しつつ読み替えていくことにしたい。

模写図式を検討するにあたってフィンクは、さしあたりプラトンの有名な詩人批判の議論を採り挙げ、そこから二つの論点を引き出している。一つは、プラトンにおいて、〈詩＝遊戯〉が、「鏡像」を主導モデルとした模写図式から捉えられているという点であり、もう一つは、鏡がそれ自体すでにイデアの模像としての感覚物であることから、〈詩＝遊戯〉が、「イデアの模像の模像」として価値の低い物と見なされているという点である。このように整理した上でフィンクは、感覚物から〈詩＝遊戯〉への像的関係が鏡像モデルのもとに捉えられているという一面性を指弾すると共に、さらにそこでの模写のあり方と、イデアから感覚物への模写過程との次元の相違に注意を向けている（vgl. ebd., 84, 107）。ここでフィンクが思惟しようとしていた問題事象というのは、第一に、模写図式そのものの存在論的問、第二に、原像の存在様式を巡る問である。そしてこれらの問題は、まさに遊戯概念を像分析の射程内に組み入れることによってはじめて明らかとなる。フィンクはまず、遊戯の範例を「演劇」に据えつつ、それとの比較を通じて鏡像の特殊性を浮き彫りにする。演劇モデルでは、模写図式が限りなく希釈化されてしまうが故に、かえって鏡像モデルに潜む模写図式がそれとして炙り出されてくる。それと同時に遊戯は、単に鏡像との対で語られる像のあり方という枠を越えて、それ自体が模写図式そのものの成立場面として示され、原像の存在様式への問を可能にするための突破口が開かれることになる。つまり遊戯概念は、像の存在論的本質を明らかにするための方法的触媒としての役割を果たすと同時に、その方法によって開示されてくる事象そのものでもあるといった二重の役割を担っているわけである。

フィンクによれば、鏡としての像は、原像と模像との「同時性」という固有の性格を持つ（ebd., 100）。例えば、絵画は一回限りの個体的存在者を模写する必然性はなく、何をモデルとするかは任意であるし、写真にしても、たしかに写す時には同時性が成り立つが、その後も残像する。しかし、鏡像は「原物がある限りでのみ模写できる」のであり、したがって産出の結果として「すでに存在するものを単に写し取り」、ただひたすら「無力に、コピーするような仕方で反復するだけ」である（ebd., 107）。その意味で、鏡はあらゆる像の中で、模写図式が最も先鋭化されてくるモデルであると言えよう。これに対して遊戯の場合、「われわれは、遊戯の世界をつくりあげた後で遊ぶのではなく、遊戯の世界を産出する限りにおいて遊ぶ」のである（ebd., 111）。

フィンクによれば、鏡像に代表される模像前者は「魔術から目醒めた者の『邪悪な眼差し』」、すなわち鳥瞰的な観察者の視点から語られることになる（ebd., 111f.）。しかし他方で「遊戯の呪縛の内での遊戯の了解」というものもある（ebd., 104）。つまり遊戯が、その産出作用そのものに即して、とはいえそれに埋没することなく、その紙一重のところで語られるような視座がここで問題となる。そうした観点から記述される限り、観察者の視点そのものが、実は遊戯の産出作用の所産であったことが理解されてくる。こうした次元においては、窓という「枠取り」ないし「境界」を予め画定した上で、しかる後にその内と外との緊張関係が問われるのではなく、むしろ境界設定そのものが現成してくる場面が問題となる。しかも、そもそもこの書の狙いが、遊戯的世界を「過小評価」する「形而上的解釈」も、逆にそれを「過大評価」する「祭祀的神話的解釈」も「共に一面的」とし、現実的存在と非現実的仮象を、共に世界関連から捉え返すことによって、等しく「存在の仕方」として規定することにあったことを鑑みるならば（ebd., 233f.）、窓枠の境界設定という事態は、単なる現実世界における仮象の産出様式というよりは、むしろ世界の現出様式として理解されねばならないであろう。(5)

フィンクは世界現出の問題を、世界と内部世界的存在者との「コスモロギー的差異」の機構から解明している。そしてこのコスモロギー的差異の像的性格が「象徴」という像に他ならない。フィンクの象徴論は、全体を如何にして形象化しうるのかといった単なる技法論的関心の枠内にとどまらず、むしろ全体と部分との「比較不可能性」の了解のもとで、その問題性を像という観点から改めて浮き彫りにする作業だったと言ってよい。コスモロギー的差異は、決して静的な関係性などではなく、自己分与と区別廃棄を繰り返す運動性として理解されねばならない。その運動の円環的行程は、あたかも「割り符」の如くである。もとより象徴の語源となる「シュンボラ」というギリシャ語は、割り符を意味していた。フィンクはこの点に注目し、象徴を世界全体による内部世界的存在者の「補足的全体化（Ergänzung）」の機構として規定する（ebd., 118）。しかしそれは「なにかあるものを代理現前する」といったような有限的指示機能ではない（ebd., 128）。象徴の代理現前機能は、「一定の区域を模写することではなく、むしろ全体を蘇生させる」ことに他ならない（ebd., 123）。しかしそれは全体を有限的部分に対峙させ、後者が前者を代理現前するということではない。全体は部分と対峙される限り、有限的であり、しかもそうした記述は、観察者の視点を予想する。そもそも世界の全体性は部分の加算的総和ではなく、部分と全体の対立そのものを超越しているのである。その意味で象徴は、単なる比喩、例えば「提喩」とは異なる。象徴的代理現前とは、「自己から離れ出て、他の事物を指し示す」のではなく、あくまで「自己自身の根拠を貫き流れる運動を示す」ことに他ならない（ebd., 134）。

世界全体とは、このような像の産出作用の運動性そのものである。しかし像化の運動性ということだけでは、像の成立条件としては不十分である。像が成立するためには、この像化の運動性そのものもまた映し出されていなければならない。フィンクはこのような言わば自己像化の働きを「照り返し（Rückschein）」ないしは「反照（Widerschein）」と呼んでいる。つまり世界の像としての象徴とは、世界全体が、窓枠を設定し、そこへと「自己を有限化」しつつ、「自己自身の内へと照り返す」ことによって、『像において』現れる」ことに他ならない（ebd., 123）。

すでに見てきたように、フィンクは遊戯概念を導入することによって、〈原像—模像〉図式そのものを解体するに至った。なるほど原像としての世界は、模像の背後にそれと切り離されて自体的に存立するようなものではない。しかしここで敢えて模写されるものは何かと問うなら、それは像化の運動性としての世界である。とすれば、〈原像—模像〉図式は別の意味で保持されることになる。しかるに、世界は自己自身の像化の運動性そのものをも反照している。だからこそ像を像として見抜くこともできるのであり、その限りで像との差異性を通じて原像を遡示することにもなる。もし仮に、原像の背後的実在を単純に否認し、それを空虚な無と解するならば、各々の像は水平的関係性の網目の内で無際限に戯れることになろう。(6) しかしフィンクにおいて内部世界的存在者の運動性格は、むしろ目的論的なものと見なされている（ebd., 238）。あくまで彼の言うところの遊戯の「無目的性」は、像化された存在者にではなく、世界の像化の運動性そのものに関して言われていることに注意しなければならない。

原像は在るとも無いとも言えない。一見矛盾しているこれら二つの事柄は、如何にして両立しうるのであろうか。それは世界の像化とその自己反照との関係が如何にして統一的に理解され得るのかという問として提起し直すこともできる。これら二つの契機は、個別的像経験においても成り立つが、その際両契機の結びつきは、必然的なものではない。これに対して、像化するもの、代理現前される当のものが世界全体の運動性ということになると、像化するということ自体が、とりもなおさず自己自身の像化作用そのものを映し出すことになるのであり、両契機は不即不離なものとなる。というのも、世界は「遊び手のない遊戯」であり、したがってさらなる原像を持たないからである（ebd., 230）。

もとより、原像が在るか無いかという二者択一的問のうちには、すでに〈原像—模像〉図式そのものが前提とされていると言ってよい。となれば、原像と模像との否定的関係そのもの、すなわちコスモロギー的差異そのものがそれとして生起してくる場面がさらに問われねばならない。世界の像化というのが、世界から像へのいわば単線的産出関係というより、むしろ像を産出しつつ、その像において自己自身をも映し出す（＝反照）ような差異化のプロセスなのだとすれば、コスモロギー的差異としての原像と模像は、それ自体このような差異化としての像化の働きによって初めて乖離してくるのではないだろうか。フィンク自身いみじくも述べているように、世界は自体的に存立するのではなく、自らを「二重に不和的（zwiefältig-zwieträchtig）」に「分岐する」ことによって、初めて「自体となる（selbsten）」のである（SM, 320）。

反照とは、したがって人間に対する現れではない。しかしだからといって人間と無関係に反照するわけではない。世界は、人間の「内へ」と反照するのである。有限的存在者は、自己自身の内で指示するものとして、自ら「透明」となり、そこにおいて世界の「特徴」が「閃光」する（SW, 120, 230, SM, 309）。つまり象徴は、自らの存在性をことさら顕示することなく、むしろ自らを透明化することによって不可視のものを可視化する媒体となり、まさにそのことによって、かえって「世界の光」によって照らし出されるといった像性格を有している（SW, 120）。人間の場合、この透明化の働きに相当するのは、遊戯における「脱自」である。内部世界的象徴への世界全体の反照は、この「世界への人間の遊戯的脱自」と相即的に生起する（ebd., 233）。その限りで人間は、それ自身がすでに世界の〈象徴—像〉であり、世界が自己自身に像化し、現出するための「媒介者」なのである。

以上の考察から、フィンクにとって像の問題は、現象の問に深く根ざしていることが理解されてくる。なるほど彼は、戦後に至って当初の超越論的現象学の立場を拋棄し、像という語も次第に用いなくなる。しかし彼が最初期に懐抱した像論的問題設定は、その後も遊戯論という衣を纏って隠れた仕方で継続し、世界現出論の展開を促す原動力となった。したがって、フィンクの像論は、決して志向分析の一環としての、単なる現象学の一分野の如きものではなく、そもそも意識にとっての現れといった枠組みを越えて、より包括的な意味での世界の現れを問う、いわば「世界の現象学」そのものであったと言ってよいであろう。

第二節　伝統的形而上学のコスモロギー的解釈

フィンクのコスモロギー的思索は、フッサールやハイデガーはもちろんのこと、他にもさまざまな伝統的形而上学との対決を通じて徐々に醸成されていったものである。とくにヘラクレイトス、ニーチェからの影響は大きい[7]。ここではまず、前期からフィンクが対決し続けてきたカントやヘーゲルとの関係を検討することによって、非存在論からコスモロギーへと至る思索の推移を見届けることにしたいと思う。

(a)　超越論的範疇と超越論的理想

第一部で論じたところによれば、フッサールの形而上学が、基本的にカント的な実践理性の思想に裏付けられたものであるのに対して、フィンクの非存在論は、現象学をヘーゲル的な思弁的観念論の枠組みにおいて換骨奪胎した結果成立したものであった。なるほどフッサールに比べてフィンクの方が、無制約者ないし絶対者をよりラディカルな仕方で問い、その意味でカントよりもむしろヘーゲル的であることは確かである。しかしフィンクにとってもまた、カントは極めて重要な存在であった。フィンクはカント研究を通じて自らの形而上学的飛翔を抑制する一方で、カントを可能な限りラディカルな形而上学者として解釈しようと試みている。フィンクによれば、およそ知というものが存在自体に到達できないという点で限界をもつのに対して、実践理性は「絶対的存在把握の対象を予感できる」。つまり「信」は「存在者（それは理論哲学を通じて諸現出の統一連関として、すなわち世界として際立たせられたわけであるが）の領域を越えて、「無」ではないが、「存在者」でもないものと呼ばれうるものへと向けて私念すること（Hinausmeinen）」であり、その意味で「非存在的私念」なのである（V-II. 14）[8]。しかしフィンクに対するカントの影響は非存在論の問題にとどまらない。フィンクはカントのことを「存在のコスモロギー的地平の発見者」（V-II4）[9]とも呼んでおり、有名な「コペルニクス的転回」に関しても、客観から主観への転回ではなく、内部世界的存在者から世界への転回として解釈している。

一九三五年に開催されたカント研究会の招待講演においてフィンクは、カントと現象学における超越論哲学の意味について論じている。超越論哲学は、超越論的範疇の問題と深くかかわるが、カントにおいてこの問題は本質的な変容を被るとフィンクは見ている[10]。古代哲学においては、「存在（ens）」と「一（unum）」の関係への問が優勢であり、アリストテレスに至ると、存在者としての存在者の問とテイオンへの問が区別され、それに応じて、存在と「善（bonum）」の連関が問われることになる（ND, 28）。一は世界、善は神に関わる。これに対してカントにおいては、存在と「真理（verum）」の関係に重点が置かれるようになる。

もとより、オンは存在者と存在の二義性をもつ。この二義性は他の超越論的範疇に関しても同様に当て嵌まる。例えば、各存在者はそれ自体としては「一なるもの」であり、一であることは「実体」の本質である。これに対して存在、すなわちエイナイは、一なるものとはいっても「唯一の現実性」を意味する（WE, 97）。現実性の唯一的存在とは「世界」である。その意味で世界への問は「超越論的な問」ということになる。世界が「全体における存在者」のことであるとすれば、「全体において」というのは、諸事物が多数存在するとはいえ、あくまで「一者のうちに」あることを意味する。したがって世界の問題を、「存在と一とが如何に共存するか」という問として定式化することができる。そしてフィンクによれば、カントの超越論的問においてこの「オンとヘン」の問題は、畢竟「オンとアレテース」という別の超越論的範疇への問と結びつくことになるのである（ebd., 97）。

フィンクによれば、カントの超越論的哲学とは、形而上学ないし存在論の新たな基礎づけに他ならない。それは存在と真の関係への問として遂行される。もしこれらが無関係であったらア・プリオリということも存在しえないとフィンクは言う（GSP, 127）。カントが重視した「真理」という超越論的範疇は、「表象」の問題と密接に連関している。しかしフィンクが注意を促しているように、カントが「時間空間の表象」と言うとき、それは主観的表象のことではない。そもそもそれは存在的作用ではない。空間と時間に関する存在論的表象、つまり空間了解、時間了解が問題なのである。フィンクによれば、カントの主観性概念の新しさは、主観が「世界そのものの本質契機」を含むという点にある。しかしカントは「世界への問へのラディカルな突破」を果たしつつも、同時にそれを隠蔽してしまった。空間と時間は単なる「主観的な直観形式」として規定されてしまうことになる。もっとも、彼が「主観」という語を用いるときは注意が必要である。カントは主観の本質を「先行的超越企投」として捉えたとフィンクは言う（WE, 72）。主観は単なる客観の対立概念ではない。そもそもあらゆる客観が成り立つための領野を用意する働きが主観なのである。フィンクによれば、そこで言われる主観とは、「内側と外側の全組成（Gesamtgefüge）」（ebd., 73）を意味しており、決して世界を欠いて自己完結しているわけではない。

そこでフィンクは光と炎の比喩を持ち出す（ebd., 74）。蝋燭に火をともすと、周囲が明るくなる。その中で客観は照らされた存在者として現れる。ここで言われる光というのは空間、時間の、炎というのは主観の比喩である。客体は炎の内部にあるわけではない。光もまた炎のうちにあるのではなく、むしろ外にある。否、外部というよりはむしろあらゆる客観の「領野」そのものを形成するのが時間と空間であり、それ自体としては、あらゆる客観を越えている。しかし「領野」という表現もあくまで比喩でしかなく、たとえば主観に時間や空間が属する仕方は、電気的な負荷をもつ物体に電気的領野が属するのとは異なる（ebd., 80）。空間と時間は決して客観的な領野ではない。カントにおいて、それは「主観の形式」とされるわけであるが、そこでいわれる主観というのはあくまで「世界を形成する」主観に他ならない。

フィンクはカントにおける「実在性の総体（omnitudo realitatis）」としての超越論的理想を、「世界」として解釈する。フィンクによれば、超越論的理想の実践的解釈としての「最高善」という理想に対して、カントは「人格」のカテゴリーを独断的に要求した（GSP., 151）。存在論的意味において人格とは、「自己を自己自身へと関係づける事物」、「自己において反省された実体」である。その意味で人格は「個体化の領域」においてのみ存在しうる。しかしフィンクによれば、最高善は「非個別化の領域」、すなわち「人間の死の了解を通じて開示された、『決して与えられることのない』地下世界的領域」にも根を張っている（ebd., 155）。フィンクはカントの「希望」概念をこのような地下世界的領域への関わり方として解釈した。神への希望も不死性への希望も、互いに関連しつつ共に死へと関わっている。地下世界的領域は、概念的には把握できない。それは後に発見されうるような未知領域ではない。不死性というのは、決して肉体的な死後においてもなお地下世界的領域において存続するような生の永遠性を意味するものではない。むしろ死は生そのものに浸透しているのであり、何らかの仕方で了解されているのである。

理想が「世界」として語られる所以は、その二面性にある。個別化の側面のみを主題とする限り、理想という像の形成面のみに関わることとなり、理想の偶像化を招くことになる。フィンクは像の形成だけでなく、破壊の側面についても語ったニーチェを高く評価する。ニーチェにとって理想とは「最高の価値」である。価値はそれ自体としてあるのではなく、「価値評価」においてある。評価とは、出来上がった価値体系を利用して査定することではなく、そもそも価値の尺度そのものを像形成することである。フィンクはこうした像形成のあり方を「遊戯」として解釈したニーチェに注目する。ニーチェにとって理想とは、人間の作る形成物でも偶像でもない(NFW, 188)。そもそも理想や価値は、人間の恣意において発現するのではない。フィンクは超越的な神の意志ではなく、人間を内側から召喚し、牽引するわれわれ固有の生の根本意志について語っている(ebd., 190)。われわれはつねに、「われわれの内なる神的人間」としての理想に牽引されている。その際理想とは、「力への意志の意欲」を意味する(ebd., 188)。フィンクは力への意志を、「あらゆる存在者を貫いて支配するコスモス的運動性」として捉えなおす。価値は理念を頂点として比較級にしたがって配列される存在のヒエラルキーをなしているわけではない。本来価値づけているのは、価値を絶えず形成しては破壊する「遊戯」としての世界に他ならない。

(b) コスモロギー的差異と世界の不和的二重性

フィンクは非存在論の構想において、現象学的還元を「あらゆる個別化に先立つ絶対精神の生の深層への還元」(CM1, 183)と特徴づけ、世界の存在を、絶対者から「生成」したものとして、すなわち「絶対者の現象」として捉えようと目論んでいた。つまりフィンクにおいて存在の意味は、生、生成、現象として思惟されており、その意味でヘーゲルの問題意識とも共鳴するところがある。[11] ただしここで言われている「生」概念は、決して無機物から領域的に制限された概念ではない。或る意味では無機物もまた生的なのである。とはいえアニミズムが説かれているわけではない。アニミズムは生という特定の存在者の領域をいったん画定したうえで、さらにそれを無機物も含めた存在者全体へと拡張させているにすぎない。このような発想は、すでに存在者の存在を前提にしている。問題なのは存在者の生ではなく存在の生的性格であり、したがってアナロギーとして語られる生に他ならない（vgl., HP, 155）(12)。

フィンクの思索には、フッサールともハイデガーとも微妙に異なる独自の思想動機が秘められているが、それは主にヘーゲルに負うていたように思われる。つまりフィンクの思索に潜むヘーゲル的動機が、一方で還元論をハイデガーの存在の意味への問に接続させることを可能にし、他方で知の存在論的問を巡ってフッサールともハイデガーとも袂を分かつ要因ともなった。すでに見たように、『第六省察』では、超越論的観念論とヘーゲル的観念論との親縁性が指摘されるにとどまり、ヘーゲルに対するフィンク自身の立場は明確ではなかった。フィンクが表だってヘーゲル解釈を行うようになるのは、一九五〇／五一年冬学期の講義『存在と人間』、及び一九六六／七年の冬学期から六七年の夏学期にかけての講義『ヘーゲル―『精神現象学』の現象学的諸解釈―』においてである。

現象学が世間的な認識論の枠組みから蟬脱し、「絶対者の現象学」として新生するためには、まずもって知そのものの存在が問われねばならない。フィンクは、ヘーゲルもまた知の存在論的普遍性を問題としていることに注目している。つまり知の志向的関係そのものの存在様式がここで問われているのである。しかしその際「知が知の遂行主体の存在論的解釈に取り戻されても、それはまだ知への存在論的洞察ではない」とされ、そもそもヘーゲルにとって知とは決して存在了解ではないと言われる（HP, 24）。これは明らかにハイデガーの実存論的分析論に対する批判である。フィンクは、ヘーゲルが知の存在論的問題を考究するうえで、実存論的解釈という方法を採らないことをむしろポジティヴに評価している。

フィンクによれば、ヘーゲルにおいて知と存在は、そもそも二つの領域に区別されて並置されているわけではなく、「同時に一つでありかつ分離されている」（SM, 75）といった独特の関係において捉えられている。知はそれ自身存在するが、存在そのものは外部を持たず、対象化されえない。しかしだからといって、知は存在にことごとく回収されてしまうわけではない。存在はおしなべてもとより「知られて在ること（Gewusstsein）」（SM, 63, HP, 31）なのである。このように存在は、はじめから知を胚胎している限り、自己の内に閉じこもることなく、単純な静止を破って運動する。つまり知とは、この存在を運動へともたらす「区別の力」であり、その意味で「生の動揺」なのである。フィンクは、ヘーゲルが「時間」をこのような生として思惟していた点に注目している（SM, 64f, HP, 31）。つまりここで言われる「知」というのは、対象の対概念としての認識論的知でも、存在了解でもない。認識論的知と対象との関係そのものが成立する場としての存在の動態性、ないし存在了解の地平としての生が、すなわち「知」と言われているのである。フィンクは、ヘーゲルの有名な命題「すべては真なるものを実体としてではなく、同様に主体として捉え、表現することにかかっている」に nur を入れて「単に実体としてばかりではなく、同様に主体としても」と読む解釈を採り、さらに「実体でも主体でもなく、あるいはどちらでもある」と読み替えていく（SM, 182f, HP, 33）。このような解釈をもとに彼は、ヘーゲルの絶対者の運動性を、「無制約的に自己自身を知る主体」が即自を回収し尽くす対自化の過程と見なすハイデガーの解釈に異議を唱える。フィンクによれば、ハイデガーは、ヘーゲルの存在論を近代的な「存在者＝確実存在者」という存在論的基盤のもとに捉え、「主観―客観」の全体を絶対的な主観性、すなわち「精神」と見なし、「経験」を

「自己自身を知る主観の知の運動」と解釈した（SM, 167, 180）。ハイデガーにとってヘーゲルの経験概念は「存在者の存在の名」である。これに対してフィンクがヘーゲルに即して語った「存在論的経験」とは、「存在への人間の開放性」を意味し、その際存在とは、媒介者としての人間を貫きながら自己運動するものを意味している（ebd., 178, 180）。フィンクは、ヘーゲルの「精神」概念よりもむしろ初期「生」概念を重要視する。生概念の導入によって、主体と実体、対自と即自はそれぞれ等根元的な契機と見なされ、認識論的枠組みを突破していく活路が見出されることになる。しかしその彼方に第三項的な最高存在者が設定されてはならない。絶対者はこれらの区別の空虚な彼岸に存立しているのではなく、そもそもこうした区別そのものを「自己自身の内で自己自身を区別する」（SM, 183）という仕方で産出する生なのである。

このように、第一部第一章で見てきた絶対者の非存在的生成、知の存在論的問という二つの問題が、生という観点から統括され、ヘーゲルというフィルターを通じて、より簡潔に表現し直されている。しかしながら、後期フィンクにおいて、ヘーゲルの思想は全面的に肯定されているのであろうか。存在を生成の相のもとで捉えるという立場が『第六省察』以来のフィンクの一貫した見解であるとしても、後期コスモロギーにおいて一体何が新たな論点として打ち出されたのであろうか。フィンクは後期に至って、形而上学批判を展開するようになる。それは「事物存在論」と「光の形而上学」という二つの観点からなされており、ハイデガーの〈存在―神―論〉としての形而上学批判を相対化し、包摂するような射程を有している。

フィンクの事物存在論批判は、内世界的存在者から世界への思惟の方向転換を要請する。しかしそこで言われる世界というのは、構成過程の終局としての世界ではないし、いわんや自然的態度において素朴に受け取られる先所与性としての世界でもない。初期の言葉で強いて言うなら、それはむしろ生として捉えられた絶対者の概念に近い。実際フィンクは、自己を分裂しては再びその分裂を否定して自己の同等性を恢復する生としての絶対者の運動性を、あらゆる存在者を建設しては破壊する世界の遊戯的運動とパラフレーズしている。しかし問題はこの先である。諸事物の発生と消滅の運動、ヘーゲル的に言うなら、諸事物の措定としての否定から、さらに無限なる生の真なる措定としての〈否定の否定〉へと至る運動そのものは一体如何にして可能なのであろうか。フィンクは、ヘーゲルが単に無限者の有限者に対する関係における否定性のみならず、「存在のより深い否定性」として「無限者そのものにおける否定性」をも洞察していたという（SM, 248）。存在論的差異や世界と内部世界的存在者とのコスモロギー的差異が、有限と無限との差異性であるのに対して、ここではさらに、無限者そのものの二重化が問題となってきたわけである。フィンクはこうした事態を、世界の「不和的二重性（Zwietracht）」として語り出し、それを「和合的に一なるもの（einträchtig-eines）」としての「存在」概念に先行させ、世界を「存在の地平」とする（SM, 245）。

コスモロギー的観点からの存在論に対する批判は、ここにおいてようやく鮮明になる。フィンクの存在論批判は、とりもなおさず初期における超越論的問題構制に対する自己批判とも言えるであろう。もちろん、かつて彼が標榜した超越論的観念論は、単なる認識論的主観主義ではない。彼が「超越論的」ということで念頭に置いているのは、先に述べたような古代・中世的な存在論的意味においてである。つまり、類的普遍性に対する存在の超越性がここで問題となっているのである。彼はヘーゲルの絶対者概念の内に潜む「一、善、真」という三つの超越論的範疇を剔抉する。ヘーゲルの絶対者は「無限な存続において自己保持するもの」として「ヘン」であり、「各存在者に対して作用し存在せしめるもの」として「アガトン」であり、「それが徹頭徹尾理性である限りの非隠蔽性」として「アレーテイア」であると（SM, 320f.）。しかしフィンクによると、世界とは存続するばかりでなく、存続を受容すること（Gewährendes）でもあり、存在せしめるばかりでなく、存在を奪うものでもあり、非覆蔵性であると同時に覆蔵性でもある。この二重性を彼は「天空と大地の対抗遊戯」という神話的象徴によって語っている。超越論哲学、存在論はその内の一面、つまり天空の明るみの面しか問題にしておらず、その意味でヘーゲル、さらにハイデガーもまた「光の形而上学」として批判されるのである。なるほどフィンクは、ヘーゲルがこのような二重性を垣間見ていたことを認めてはいる。しかしヘーゲルの場合、その二重性が結局は和解されてしまうのに対して、フィンクの言う天空と大地の抗争は、永久に和解しえぬ、「悲劇的なもの」として語られているのである。周知のように、ヘーゲル的弁証法の完結性に対する批判は、ガダマーからもなされている。[13]ガダマーによれば、弁証法的な経験とは、従来の経験の否定による新たな経験の獲得であり、彼独特の表現で言うなら、「地平融合」の絶えざる過程である。このような知の拡大化的進行過程は、むしろ完結することなき開放系であるというのが彼の主張である。しかしフィンク的な発想からすれば、ガダマー的な意味での開放性は、内部世界的なレベルにとどまり、そのため地平融合そのものの存在論的根拠が問われていないということになろう。フィンクの言う不和性は、地平的な〈未―完結性〉ではなく、地平融合のプロセスが開放的であることと自体にかかわる、いわば世界の〈非―完結性〉に他ならない。とはいえ、フィンク自身もまた天空と大地の抗争を不和とする根拠を明確に述べているとは言い難い。しかしゼップが指摘しているように、人間の「身体的現場」が、あらゆる存在者が超越論的存在へと回収されてしまうことを阻止する「抵抗」として機能しているのだとすれば、天空と大地の抗争が不和であり、したがって世界運動が原理的に非完結的であるのは、まさにこの人間の根源的世界参与に基づくのではないだろうか。[14]フィンク自身も述べているように、人間は、天空と大地の「間」を生きる「媒介者（Mittler）」なのである（SM, 249）。

フィンクによれば、天空と大地の対向遊戯は、あくまで「世界そのものの内的抗争」であり、コスモロギー的差異よりも「さらに根底的」な差異性に他ならない（SM, 237, 243）。しかしそれは、コスモロギー的差異とはもう一つ別の差異というわけではない。世界を内部世界的存在者の側からその否定を介して消極的に語るのではなく、その否定的関係そのものを問い抜くことによって、内部世界的存在者の現出を世界の側から積極的に語ろうとする際に、このような記述様式が採られたと解釈するべきであろう[15]。したがってこの差異性そのものの内側に視点を置く限り、天空と大地は、二つの領域として境界づけられ、互いに隣接しているのではなく、「相互に貫入し合い、織り込み合う」ものとして見られることになる（SM, 295）。しかし世界の二元性は、以下のように語られるとき注意が必要である。

> 花が形態無き根底から立ち現れ、地上の日光のもとで輝くのと同様に、あらゆる有限的諸事物は、存在の形態無き脱根底的な暗闇から上昇し、現前の領野において輪郭と形態を備えて先現し、――そして時間がそれらを食い尽くすと、再び無尽蔵のものへと戻っていく（SWW, 104）。

このような語りはあたかも事物が天空と大地の間を継起的に循環しているようなイメージへとわれわれを誘う。世界の二重性が事物の側から語られるとこのような表現になる。或いは天空と大地を、事物の運動の出発点と終着点として実体化はしないまでも、せいぜい〈事物の上昇と下降の出来事〉という程度の意味しか持ち得ないと言えよう。しかしながら、『存在と人間』では、事物の運動と世界の二重性のレベルが截然と区別されている。そこでは、事物の発生と消滅が継起的に進行するのに対して、天空と大地の抗争が「同時」に生起し、むしろそこで初めて「空間と時間が開示」され、「事物的存在者の上昇と下降の軌道が創設」されると語られている（SM, 218, 319）。事物の発生と消滅の継起的運動は、世界の差異化の運動としての天空と大地の抗争を、その都度毎瞬映し出しているのである。[16]

フィンクによれば、個物は天空と大地の「差異」を「反復」する。しかし以上の議論を踏まえるなら、むしろ天空と大地の差異の反復においてはじめて個体が成立するというべきであろう。フィンク自身もはっきりと述べているように、反復とは、そもそも時間内部の出来事ではなく、時間そのものなのである（ebd., 99）。さらに反復は個物における世界全体の「反鏡（Widerspiegelung）」としても語られる。しかし反鏡における模写関係はここでは類似的ではなく「非同等的」である。反鏡は、一方で模写機能をもつが、他方で創造的な「遊戯」という性格をも有する。あえて反鏡されるのは何かといえば、それは天空と大地という差異ないしはそうした差異の抗争によって生じてくる「力」なのであって、自立的な世界が原像として背後に存在しているわけではない。フィンクはこの力を、ヘラクレイトスの竪琴と弓の比喩によってなんとか語ろうと試み、世界と個物、あるいは世界時間と個々の諸形態の関係も、ニーチェに倣い、「唯一の海」と「個々の波」の比喩で語っている。[17]つまり個体化は、「力の諸中心」ないし「意志量」の間の「一つの波打つ対抗遊戯」の中で生じるのである（NP, 166）。

フィンクの遊戯論は、彼のハイデガー批判の中核をなしている。その点が最も先鋭化された形で現れてくるのが、ニーチェを巡る問題である。ハイデガーがニーチェを「形而上学の完成者」として捉えたのに対して、フィンクとドゥルーズはニーチェをなんとか形而上学者という汚名から救おうとする。その際最も重要な論点となったのが、「永劫回帰」の問題である。ハイデガーは永劫回帰のうちに「恒存しないものの最も恒存的な恒存化」[18]という形而上学的性格を読み取った。つまり「生成に存在の刻印を押すこと」はハイデガーにとって生成の「硬化」を意味する。これに対して、フィンクは「永劫回帰の知においては、生成は静止させられ、固定され、捕縛されるのではなく、まさしく生成が生成として認識される」と述べている。つまり永劫回帰は、生成をそのままに肯定し、われわれが生成そのものを了解する場を形成するのである。[19] したがってフィンクが永劫回帰を「一切をもたらすとともに一切を抹殺する世界の遊戯時間」(NP189)として語るとき、一切が根源的一者たる世界へと無差別に飲み込まれてしまうようなイメージをもってはならない。フィンク自身断っているように、ヘン・パンタ・エイナイのヘンの統一は、決して個別化の抹消を意味するものではないのである。[20]

第三節　現象学における世界の問題

(a)　フッサールの空間論

一九五六年にクレーフェルトで開催された第二回国際現象学会の講演「世界と歴史」の中で、フィンクが「地平が世界に基づくのか、世界が地平に基づくのか」という問を投げかけたことはよく知られている(ND, 170)。フィンクは、フッサールの世界概念が「地平」として捉えられている点を鋭く批判し、地平に対する世界の先行性を説いている。

そもそもフッサールにおいて世界の問題は、命題が成立するための可能性の条件へと問いすすむなかで浮上してきたものである。たとえば『経験と判断』では、「論理学一般の発生論」、とりわけ「述語判断の起源」の解明が目指され、最終的にその起源が「世界」として示されている。アリストテレス以来、判断の基本図式となっていたのは S ist P である。Der Mensch geht という文にしても、Der Mensch ist gehend という繋辞的結合の形式に置き換えることができる。判断が行われるためには、まず主題となる対象としての存在者が与えられていなければならない。述語的明証性は先述語的明証性に基礎づけられ、それによって可能となる。その意味で後者は「根源的対象的明証性」であり、それは「最終的基体」、すなわち個別的対象ないし個物において示される。個別的対象はその判断に先立って、「先述語的なもの」として明証的に与えられる。しかし個々の存在者の存在は、さらに「全体として存在する世界」を地盤としてはじめて可能となる。世界とはあらゆる個別的認識にとっての前提として「常に既に」に確信されている「普遍的受動的存在信念の地盤」である。世界への信念は、述語的判断によって獲得されるものではない。そもそも世界はあらゆる判断の前提なのである。しかし『経験と判断』において世界概念は、このような地盤性格が語られる一方で、意味地平との類比からその極限としても語られている。以下、地平と世界の関係をフィンクの論述に即してみることにしたい。

目の前のサイコロは、様々なパースペクティヴにおいて現れる。見ることができるのはその一面だけであり、裏面を見ることはできない。にもかかわらず、裏面の「非表明的な知」を持っている。サイコロの前面は経験の可能な進行を指示している。私は家の中でこのサイコロを見ている。私の家は東京にあり、さらに日本にある等々、サイコロという顕在的な主題は、「非主題的な、いわば眠れる、とはいえ覚起可能な関心の庭」によって取り囲まれている（WE, 148）。しかし世界は「個別的な存在者の地平ではなく、その内部において諸事物がわれわれに出会われる全経験領野の地平」、つまり「普遍的地平」に他ならない。普遍的地平は「決して現実の経験には解消しえない〈空虚―地平〉」である。個別的な対象の地平、たとえばサイコロの裏面であれば、所与性へともたらすことができる。遠い国に行くこともできるし、事実的には不可能でも空想することはできる。しかし「世界の果てに身をおくことはできない」し、空想することもできない。フィンクは、地平の拡大化自体を可能にしている場を「世界空間」と捉えた。世界空間そのものは拡大しない。そもそも世界は大きさをもたない。地平はまた、科学の領野でもあり、たとえば、テレスコープやスペクトル分析などによっても拡大化する（EP, 96）。しかしフィンクによれば、人間は、たとえ銀河系という巨大な星雲の中の小さな星に生息するちっぽけな存在であるにしても、内部世界的領野の「中心」である（ebd., 99）。人間は科学によって自らの実践の根源的領野を失うことはない。さまざまの存在者は、身体的此処へと向けて方位づけられている。こうした内世界的方位づけは、あくまで世界が存在することによって初めて可能となり、その逆ではないとフィンクは言う（ebd., 100）。

フィンクは世界を、地平との類比によって捉えるのではなく、むしろ地平の拡大化的進行そのものが可能となる場として考えている。地平の拡大によって得られる無際限の空間は、「意味形成体」であって世界空間そのものではない。フィンクによれば、フッサールが、世界概念を「対象的意味構成の地平」に回収してしまった原因は、彼が「時間を主観化」したことにあるという（ND, 170）。しかし本書第一部第二章でわれわれは、フッサールの時間論を単なる「内的時間意識の現象学」という解釈図式から解放し、むしろ彼が時間を「世界」の「普遍的形式」として捉えていた点に重大な意義を認めた。もちろん、フッサールがそうした方向性を十分自覚的に展開しえたかどうかについては疑問の余地も残る。以下ではフッサールの空間論を検討することを通じて、フッサールが世界を単に地平としてではなく、そうした意味地平そのものを支える地盤としても捉えていたことを示すことにしたい。

外的事物は、諸々の現出の変転を通じて同一のものとして知覚される。しかし日常の自然的な態度において、現出そのものは知覚されることなく直接体験されている。それは現象学的反省を俟ってはじめて主題化されるのであり、その結果ノエシス的意識作用とヒュレー的感覚与件という二つの成分が剔出される。後者は前者によって何かとして把握されることによって初めて同一の対象についての諸現出となるのであり、その意味で対象を「呈示」する機能を果たしている。さらに感覚層には、こうした呈示そのものを可能にするものとして自らは呈示することのない「キネステーゼ」が、「第二の感覚」として見出される（Hua. IV, 57, Hua. XVI, 161）。キネステーゼとは、ギリシャ語の〈キネーシス（運動）〉と〈アイステーシス（感覚）〉からなる造語であり、「私は私を動かす（＝私は動く）（Ich bewege mich）」という、運動を媒介とした自己意識を意味している。しかしそれは、己れの物体としての身体運動を改めて意識する、といったようなものではない。キネステーゼはノエシス的作用ではなく、あくまで感覚であることに注意しなければならない。われわれは普段何気なく身体を動かしており、その運動はわざわざそのつど確認せずとも、漠然とした仕方ではあれ感覚されている。フッサールは、身体を媒介とした意識と事物との実在的相関関係から、キネステーゼ的感覚とヒュレー的感覚との現出論的相関関係へと考察の場面を切り替えたのである。

　キネステーゼとヒュレー的感覚との間には、たとえば、「もし目をかくかくに向け変えるならば、それに応じて現出像がしかじかに変転するであろう」といったような、いわば「動機づけ」の連関が認められる。この動機づけ連関は、能動的意識作用のレベルでも成り立つが、ここではノエシス的意識の作動に先立ってキネステーゼがヒュレー的感覚を構造化する場面が問題となっているのであって、超越論的優先権は、あくまでキネステーゼの側にある。しかしその理由は、キネステーゼが単に動機づける側に位置するからというよりは、むしろそれが私にとって自由に直接意のままにしうる運動であり、しかもそうした運動が他ならぬ私自身の運動として感覚されうるからに他ならない。私にとって与えられる方位運動ないし静止が、事物そのものの運動によるのか否かということに関して把握可能であるのもそのためである。たとえば、キネステーゼを停止させた場合、それでもなお事物の現出が不変であれば、事物そのものは静止しているものとして把握され、変化していれば、運動しているものとして把握される。したがってキネステーゼは「外的知覚的現出物の静止、運動に対する関係基盤」（NR, 25）として語られることになる。

もとより、キネステーゼは、単に個々の事物の構成にのみ関与しているわけではない。外的知覚において個々の対象は、自らが現出する場である領野をも、常に可能的現出の地平として潜在的に伴っているのである。領野は、視界としては「有限」であるが、このことは決して「限界」を意味せず、「私はできる（Ich kann）」というキネステーゼ的な「能力的可能性」に動機づけられた実践的可能性の地平として「開かれている」のである。フッサールはこの地平の極限を「世界」と呼ぶ。つまり世界は、いずれ顕在化しうる「潜在的可能的対象の総体」として捉えられることになる。その限りで世界は地平性格を有する。しかし他方でフッサールは、こうした地平の延長可能性そのものを制約する地盤としての世界概念を「大地（Erde）」の名のもとで考究している。

地平が対象現出の性質や形態といった「意味」の本質契機に関わるのに対して、地盤は対象の「位置」に関わる。つまり地盤とは、意味内容の構造化に先立って対象の現実存在を制約する「個体化の原理」として機能する「原形式」に他ならない（ebd., 34）。しかしそれは客観化された等質的な位置体系ではないし、此処を原点として方位づけられた現出空間における位置体系ですらもない。方位空間といえども意味内容を持っている限り、潜在的ではあれ、あくまで「存在的」な位置体系でしかない。これに対して原形式とは、地盤全体が自己を分割しつつ、諸事物にそれぞれの位置を「分け与える」（ebd., 34f.）働きそのものなのである。要するに、位置体系自体の発生のあり方がここで問題になっているのであり、このことは、運動という局面においてより鮮明に理解されうる。フッサールは、大地が「部分」としては運動、静止するのに対して、「全体」としては「『絶対的』に静止」していると言う（ebd., 35）。ただしここで言われる全体というのは、単なる部分の寄せ集めではなく、したがってその絶対的な静止というのも、運動の一様態としての静止ではない。それは位置体系の中での位置の運動や静止といったレベルに先立っている。とはいえ大地地盤は、個別的事物経験とは無関係な、運動静止の認識論的限界として消極的に語られるものではない。フッサールによれば、諸々の個別的な事物の運動は、大地地盤の「隠蔽」と「共に一体となって」経験されるのである（ebd., 35）。つまり大地地盤は、自らは現出しないことによって、むしろ個別的事物の現出を可能にする「媒体」としての機能を有している。もっとも、このような地盤の性格は、「領野（Feld）」にも妥当する。しかし領野地盤が、自我点の移動の範例である「歩行のキネステーゼ」によって、「一つの世界のうちでの客体領野」として相対化されてしまうのに対して、大地地盤は、むしろこのような領野地平の無際限的な拡大化そのものが進行する場を開くと同時に、自己自身を隠蔽し、媒体としての地盤性格をつねに維持し続けるのである。その意味で前者は、「相対的地盤」、後者は「絶対的地盤」とも言われる。

フッサールは相対的地盤として、さらに「車」のような乗り物も挙げている（vgl., NR, 26, Hua. XVI, 281ff.）。すでに見たように、キネステーゼには、現出物の静止、運動に対する関係基底という特権的地位が与えられていた。ただしこうした特権性は、車のような物体の上に乗っているという事例を度外視した時にのみ成り立つ。例えば車に乗っている間、外の景色は運動するものとして経験され、車から大地へと降り立つと、運動と静止の関係は逆転する（NR, 26）。にもかかわらず車の方が相対的であって大地の方が絶対的な地盤と見なされるのは、大地地盤がつねに私を囲繞しており、車のように、決してそこから降り立ち、それを外側から対象的に眺めることができないからである（Hua. XIII, 280）。しかし車から降り立つことによって、車の運動との相対的関係において確認される大地の静止は、単なる事物としての「地面」の静止にすぎない。もっともフッサールは、走行の直中における車の内側から見られた外界の経験についても語っている。彼によれば、この場合、外の景色に対して「キネステーゼが完全に自由ではない」が故に（ebd., 26）、景色そのものの運動状態をキネステーゼとの相関において同定することは困難となる。というのも、この場合においても〈私は動く〉わけであるが、しかしあくまで車と共に「私は動かされている（Ich werde bewegt）」という意味内実も含蓄されており、景色の運動は必ずしもキネステーゼによるものとは限らないからである（Hua. XVI, 281）。しかしこのような考察においてもなお、車の上での経験と大地の上での経験とを外側から俯瞰し比定するような上空飛行的視点が、こっそり密輸入されてしまっていることを見逃してはならない。そこでこの例と類比的に、やはり相対的運動が経験される場面として、乗り物との「共歩行」（NR, 26）という事例が導入されることになる。この例では、一方で車と〈共に〉という点で、車と等速度で歩行する限り、車から外を眺めた時と同様の経験を持ちながら、それと同時に他方で大地の上での歩行運動である限り、キネステーゼは自由である。したがってこの場合、方位運動との関わりにおいて車の運動の相対性と大地地盤の絶対的静止とを同時に経験することができるわけである。つまりこの共歩行という事例においてこそ、車内と地上という二つの運動経験の場面は内的観点から媒介され、車内の経験は、つまるところ大地地盤における歩行のキネステーゼという経験場面を遡行的に指示することになる。

フッサールによれば、歩行運動とは、頭、胴体、腕等々、単なる「残りの身体に対する私の脚の運動」ではなく、あくまで「地盤に対する私の身体全体の運動」に他ならない（HuaXIII, 284）。とはいえ、ここでは不動の位置体系としての「地面」の上での全身運動ではなく、内的運動としての歩行のキネステーゼが問題となる。一方身体は、「部分としては運動静止する」のに対して、「全体としては動かない」とも語られている（NR, 27）。

この論点は、大地の場合と類比的である。しかし身体が動かないというのは奇妙な言い方である。これは一体如何なる事態なのであろうか。フッサールによれば、それは「疎隔化不可能」という意味での不動性に他ならない。コロンブスの卵にも比せられる程単純な解答ではあるが、ここからさまざまの重要な論点が導かれてくる。

まずは「身体全体の視覚的構成の不完全性」という論点である（Hua. XV, 650）。もし仮に、身体が疎隔化可能であれば、身体全体は視覚において完全に構成されうるであろう。しかし見えるのはただ外的世界とせいぜい身体の或る特定の部分のみである。身体全体は、方位空間の位置体系の中心ないし零点としてつねに此処にある。しかしそれは其処と同等の資格において位置体系上に相並ぶ此処ではなく、むしろ位置体系そのものを支える〈先—空間的〉な「絶対的」此処である。あらゆる其処が可視的であるのに対して、絶対的此処そのものは不可視である。見る目は見えない。しかし絶対的此処は、大地地盤と同様、まさにそれ自身不可視であることによって、個々の事物の空間的現出を可能にする媒体としての役割を果たしているのである。

しかしそうだとすれば、絶対的此処と大地地盤は一体どのような関係にあるのだろうか。フッサール自身決して明確な形で述べているわけではないが、大地地盤とは、地平の拡大化の場であるのみならず、さらに地平の拡大化を可能にする歩行のキネステーゼに対しても運動論的意味を与える存在論的基盤であるように思われる。もちろん、歩行のキネステーゼは、大地の上での此処の空間的移動ではない。絶対的此処は大地地盤の部分ではない。むしろ絶対的此処は世界全体であり、大地地盤そのものであるとも言える。しかしフィンクがいみじくも述べているように、たとえば歩行運動において、内部世界的地帯が「近さから遠さへ」と移行するのに対して、世界はむしろ「遠さから近さへ」と「中心化」してくる（EP, 93）。ここでいわれる「中心化」というのは、空間的全体から空間的此処への収縮を意味しない。〈先—空間的〉な全体としての〈絶対的此処＝大地地盤〉が、自らを空間的此処へと「中心化」するのである。絶対的此処という視点は、中心化の〈力〉そのものであり、空間的此処の底層に休らう実在領域ではない。歩行のキネステーゼとは、この中心化という力動的視点そのものの絶えざる刷新なのである。しかし〈先—空間的媒体〉は、こうした中心化によってことごとく吸収されてしまうわけではない。もしそうだとすると、視点は一義的に固定され、そればかりか視点の視点性そのものもまた隠蔽されてしまうことになろう。中心化の〈力〉には、いわば〈脱—中心化〉の働きとしての〈抵抗〉が同時に付き纏う。この抵抗経験こそ、視点の膠着化を防ぎ、別なる新たな視点の設定を絶えず促し導く役割を果たしているのである。つまり大地地盤とは、〈先—空間的媒体〉がもつ二つの働きの内の〈抵抗〉という機能面を意味しているのではないだろうか。

(b) ハイデガーの真理論

ハイデガーにとっても世界の問題は、フッサールと同様、命題的真理が成立するための可能性の条件を問う中で浮上してきた問題である。したがってフィンクが行ったように、ハイデガーにおける世界問題の変遷を、真理論との密接な連関のもとで辿ることができる。『根拠の本質について』(一九二九年)の中で真理概念は、「命題的真理」、「存在的真理」、「存在論的真理」の三つに区別されている。命題的真理とは、主語と述語の一致を意味する。しかしこの一致が成り立つためには、命題で語られている当の存在者が述語づけに先立ってすでに開示されているのでなければならない。このような開示性は「存在的真理」と呼ばれる。そして存在者の開示性は、さらに存在の「露呈性(Enthülltheit)」、すなわち「存在論的真理」によって初めて可能となる(HGA. 9, 131)。『存在と時間』においてハイデガーは、伝統的な命題的真理の根底に内世界的存在者の「被発見性(Entdecktheit)」

を看破し、「現存在の開示性（Offenbarkeit）」を最も根源的な真理としていた（SZ, 223）。しかし『根拠の本質について』では、フィンクが解釈しているように、存在者の被発見性のみならず現存在の開示性もまた「存在的真理」に割り当てられ、それらは共に「存在者の存在の露呈」、つまり「存在論的真理」に基づけられることになる（EP, 47）。

存在的真理と存在論的真理は、存在論的差異において互いに共属している。ハイデガーによれば、この差異の根拠とは、現存在の「超越」に他ならない。本書第一部第二章で確認したように、超越は『根拠の本質について』においても、存在者へのすべての関わり合い、つまり志向性が可能となる根拠として語られていた。現存在が乗り越えるもの、それは存在者である。しかしそこから別の存在者へと超越するのではない。そうではなく、存在者を「全体として」いわば垂直に乗り越えるのであり、したがって乗り越えは「全体として生起」することになる（HGA. 9, 139）[21]。超越は、時には生起したり時には生起しなかったりするのではなく、つねにすでに生起してしまっている。しかも現存在自らもまた存在者である以上、全体において乗り越えるということは、とりもなおさず自己自身を乗り越えることを意味する。そして内世界的存在者であれ、現存在であれ、あらゆる存在者を乗り越えたその先こそ、「世界」に他ならない。しかしここで言われる世界というのは、存在者の全体の底に横たわっている実在領域ではない。ハイデガーによれば、世界とは「全体としての存在者の存在の如何に」である（ebd., 156）。世界は超越の到達点としてすでに存在しているのではなく、超越によってはじめて「形成」される「生起」するのである（ebd., 158）。その意味でここでの世界概念は、ハイデガー自身述べているように、たとえ主観的な内部圏域に属するようなものではないとしてもやはり「わずかに主観的」なのである。なるほど一九二九／三〇年冬学期フライブルク講義では被投性の側面についても論じられてはいる。「全体における存在者そのものの開示性」の「全体における」は、「退屈」という気分において開示される。しかしフィンクによれば、気分によって開示されるのはあくまで「人間の生の状況」ないし「生の連関」なのであって世界そのものではない（EP, 115）。

とはいえ、この講義に関してはもう少し立ち入った考察が必要である。この講義は、一九八三年に『形而上学の根本諸概念——世界—有限性—孤独』というタイトルで上梓され、その扉にはハイデガーのフィンクに対する次のような追悼文が添えられている。

> 彼（フィンク【著者による補足】）はこの私の講義を深く思惟しながら謙虚な態度でじっと聞いた。そしてそうしながら彼は、その際すでに彼独自の未だ思惟されざるものを経験し、このものが彼の道を決定した。多分この点にこそ、なぜ彼が数十年にわたって繰り返し繰り返し他のどの講義よりもまずこの講義を公刊していただきたい旨の願望を表明し続けたかということの理由が求められるべきであろう（HGA. 29/30, V）。

この講義において主題となっているのは「世界」の問題である。世界の本質の問題は、もともと「形而上学の根本的問」であった。しかし形而上学において、世界の開示性の構造連関への問はロゴス問題へと連れ戻され、結局世界問題は論理学に回収されてしまったとハイデガーは言う（ebd., 418）。実際、ヘーゲルにおいて形而上学は「理性の学」としての「論理学」と同じものと見なされている。しかしハイデガーによれば、形而上学が論理学ないし命題の真理を指針にするようになったのは、必然的ではあるとしても決して根源的とはいえず、むしろ世界問題の正しい展開は論理学によって妨げられてしまったのである（ebd., 419）。

この講義でハイデガーは、世界の問題を三つの観点から主題としている。第一に、世界を開示する「気分」としての「深い退屈」、第二に、「無世界的（weltlos）」な「石」、「世界貧困的（weltarm）」な「動物」との「比較考察」において「人間」の固有性を「世界形成的」なものとして特徴づけること、第三に、アリストテレスの命題論を可能にする「として構造」をさらに「全体における存在者」である「世界」との関連において基礎づけること、この三つである。ハイデガーは、これら三つの観点による考察を総合して、世界を「全体における存在者そのものの開示性（Offenbarkeit des Seiendes als solchen im Ganzen）」と定義した。先の三つの観点は、この定義の中の「全体における」、「存在者そのもの（存在者を存在者として）」、「として」の三つの契機にそれぞれ対応する。存在者を全体において露わしめるのは「気分」、とりわけ「退屈」という気分である。「世界形成的（weltbildend）」という人間の特徴づけは、「存在者そのもの」に深くかかわる。ハイデガーによれば、世界とは存在者そのものの「接近通路可能性（Zugänglichkeit）」であり、それは存在者そのものの開示性に基づく。たしかに接近通路可能性は動物も持っている。例えば岩盤の上にいるトカゲは、岩盤の上の石とは異なり、単に並存して眼前存在しているわけではない。とはいえトカゲは岩盤を岩盤として経験しているわけでもない。ミツバチもまた、蜜に関係性を持ってはいても、それを蜜として認識しているわけではない。ミツバチは自らのかかわっている蜜に言わば「とらわれている（benommen werden）」のである。

要するに、動物は存在者を存在者として受け取ることの可能性を「奪われている（benommen werden）」（ebd., 360）。動物のこのような「振舞い（Benehmen）」は、単に衝動的なものに突き動かされているだけであり、自らの衝動を「抑止解除」する連鎖の輪によって取り囲まれている（ebd., 370f.）。もっとも、動物が実際にこのような世界関係を持つかどうかは、厳密にはわからない。しかしそうした問題自体あまり本質的なことではない。肝要なのは、そこに石、動物、人間がそのまま対応するかどうかではなく、世界に対する三つの関わり方が思惟されうるということなのであり、その中で、人間の世界関係、或いは世界の意味を画定していくことなのである。もし仮に、世界形成的なミツバチがいたならば、それはミツバチの姿をした人間なのである。

いずれにせよ、世界形成的であるということは、「として」構造と不可分にかかわっている。フィンクはハイデガーのロゴス中心的発想を批判し、世界の時間空間性格を強調した（ND, 176）。しかしハイデガーからすれば、世界において存在者を存在者として了解できない限りは、たとえ周囲に時空が拡がっていたとしても、厳密な意味で世界を持つことにはならないのである。

もとより、「として」構造は、命題の可能性の条件である。アリストテレスは、とりわけ真理に関わる命題を「ロゴス・アポファンティコス」と呼んだ。ハイデガーによれば、それは「挙示的（aufzeigende）」な「立言（Aussage）」としての命題である。したがって「願望」を表すような命題は立言ではない。もちろんアポファンティコスは虚偽とも関わる。欺くためには、すでに前もって相手に対して何かを挙示する姿勢が前提となるからである。ロゴスが真であること、偽であることのための可能性の条件は、いずれにしても或るものを或るものとして先行的に統一形成的に受け取ること、つまり「として—構造」にある。「として—構造」は挙示的ロゴスの可能性の条件である。「aはbである」という命題が成立する以前にaはbとして把握されているのでなければならない。

ハイデガーは、アリストテレスの言う「シュンテシス」、つまり「結合」を、このような「として—構造」に備わる統一形成として解釈する（ebd., 456）。挙示的ロゴスの真偽は、ロゴスがそれ自身において結合であることに基づく。しかし結合は同時に「ディアイレシス」、すなわち「分離」でもある。あらゆる挙示的ロゴスは、

「カタファシス」、すなわち「～に関して挙示する挙示」（黒板は黒い）か、「アポファシス」、すなわち「～から引き離して挙示する挙示」（黒板は赤くない）かのどちらかである。いずれにしても真理と虚偽の前提として機能している。肯定判断が結合、否定判断が分離によって構成されているのではなく、どちらの判断も結合と分離を前提しているのである。つまり肯定真理判断、肯定偽判断、否定真理判断、否定偽判断という四つの判断がすべて結合と分離を前提としているのであって、肯定真理判断だけをロゴスの卓越した形式として特権視してはならないとハイデガーは注意を促す。

一方、アリストテレスによれば、繋辞もまた本質的にシュンテシスである。繋辞には「何である」、「がある」、「真である」の三つがある。これら三つは、さしあたりたいていは分岐されずに無差別に「である（ist）」のうちに横たわっている。本来「である」は、その存在者が「何であるか」、「如何にあるのか」、「あるのかどうか」等々を「多様な襞」としてもっている（ebd., 495）。コプラはいわば「無差別的多様体」である（ebd., 483）。とはいえ、あらゆる立言は「すでに開示的になっている存在者そのもの」という一つの源泉から生じてくるのである（ebd., 495）。

ハイデガーは、いわゆる「存在のアナロギア」をこのような襞のイメージで捉えた。繋辞におけるさまざまの襞を内包する存在者そのものの開示性は、それ自身としては述語づけ、立言に先立つ「先述語的開示性（vorpraedikative Offenbarkeit）」であり、先論理的な真理である。挙示的ロゴスはすでに顕わになっているものを、立言しつつ分解するだけであり、開示性そのものを形成するわけではない。たとえば「この黒板は不便に立っている」という命題を考えてみる。われわれが黒板に対する個別的な判断を下す際、立言のうちでは表明的にはあらわれてこないにせよ、すでにその黒板が配置されている場所全体、たとえば教室全体がその可能性の条件として開示されているのである（ebd., 501）。その場所が教室ではなく、ダンスホールであれば、黒板がダンスの邪魔にならないよう隅のほうに立っていることはむしろ便利と言える。

ハイデガーは、アリストテレスがロゴスを結合と分離とに還元した点を評価しつつも、結合と分離が、①「拘束性を進んで差し出すこと」、②「全体形成」、③「存在者の存在の露呈」という三重の根本生起を前提にしていることを見ていなかったと鋭く批判する。①は拘束的なものに対して自らを拘束させることである。一九三一／三二学期講義『真理の本質について』においてハイデガーは、プラトンの洞窟の比喩を解釈しつつ、洞窟という「束縛からの解放」が消極的な自由でしかないのに対して、「光の直視」こそ積極的自由と捉えた（HGA. 34, 58f.）。すでに与えられた拘束からの自由ではなく、そもそも拘束自体をも自己自身に、自己自身で与えることができてこそ本来の自由と言えよう。光の直視とは、自己を光へと拘束することであり、それは存在了解の比喩である。②は存在者をつねに前もって「全体における」へと向けて「全体形成（Ergänzung）」する働きであり、それは現存在の企投によるものである（HGA. 29/30, 506）。企投とは「可能ならしめる働きに対して自らを開くこと」である（ebd., 529）。したがって可能性も現実性も企投の対象ではない。そもそも可能ならしめる働きによる露呈としての企投によって初めて存在論的差異が生起するのである。企投とはしたがって、存在と存在者、可能性と現実性との「あいだ」を「裂開」しつつ、「互いを関連づける」ことである（ebd., 530）。したがって、企投ないし世界企投というのは、意味と存在の区別自体が湧出してくる場そのものを形成する働きであり、フッサールにおける意味地平の形成と単純に同一視することはできないであろう。

フィンクは一九四九年の夏学期に『世界と有限性』という題目で講義を行っている。編者のシュヴァルツによれば、この講義は『形而上学の根本諸概念――世界―有限性―孤独』でハイデガーが示した道をフィンクなりに辿り直したものであり、それ故ハイデガーに対する「返礼」のような意味を持っている（WE, 213f.）。フィンクはこの講義の中で、『存在と時間』から『根拠の本質について』に至るハイデガーの世界概念を「実存論的世界概念」と特徴づけ、その主観主義的性格を批判している。

フィンクによれば、ハイデガーの世界論が決定的な転回をとげるのは、『芸術作品の根源』（一九三五／三六年）においてである。真理は人間、ないし了解世界からではなく、存在者そのものから解釈されるようになる。ハイデガーによれば、真理は「世界と大地の抗争」のうちに「ある」。つまり真理の本質には、そこにおいて了解が活動する「明るめられた開け」が属しているだけではなく、そのような開けを担う、「了解不可能なもの」として了解された根拠としての大地もまた属している（WE, 174）。ハイデガーは大地をフォア・ゾクラティカーの言うピュシスと同じものと考えた。つまり〈大地＝ピュシス〉は、「諸事物と人間を開けのうちへと置き、同時に自らのうちへと帰趨し、己れを閉じ込め、その閉鎖性（Verschlossenheit）そのものが再び開けへと浮上する」（ebd., 178）。フィンクはまさにこの〈大地＝ピュシス〉を「コスモス的な意味での世界概念」とみなすことで、ハイデガー自身による実存論的世界概念の克服を見てとる。

さらに『ヒューマニズムを超えて』（一九四六年）においてハイデガーは、真理を「存在の明るみ」として捉えている（ebd., 183）。したがって世界とは存在の明るみのことである。人間の本質は、存在から了解されねばならない。人間は存在の明るみへと出で立つことのできる存在者である。しかし明るみとしての世界は、『根拠の本質について』で語られていたような人間的現存在の超越ないし企投によって形成されるわけではない。むしろ人間がすでに明るみの内に立っているからこそ、人間の存在論的企投が可能になるのである。したがって被投性の概念もまた、もはや「実存する現存在が存在的に出来するという事実」ではなく、「存在の明るみに内立するという原事実」として捉え直されている点をフィンクは高く評価している（ebd., 186f.）。『世界と有限性』では触れられていないが、ハイデガーの世界論は、一九四九年のブレーメン講演「事物」等で展開されている「四方界（Geviert）」の議論において最終的な境位に達する。四方界とは「天空」、「大地」、「神々しきもの」、「死すべきもの」としての「人間存在」という四つのものを意味する。事物とはこれらの四者が、互いに鏡映し合いながら取り集められることによって事物となる。一九五二年にムッゲンブルンで開催されたコロキウムにおいて、世界と事物というコスモロギー的差異が「存在と存在者との形而上学的な区別化を類比的に把握したもの」にすぎないのではないかという疑義を呈したハイデガーに対して、フィンクは事物を「天空と大地」の「取り集め」として捉える自らのコスモロギー的思索が、「振舞い（Gebärde）」という後期ハイデガーの考え方と重なることをアピールしている[22]。このことは、フィンクが四方界の議論を念頭においていることの査証ともなる。というのも、ハイデガーにおいて「振舞い」という概念は、事物が事物としてあることにより、四方界としての世界を担う「配定（Austrag）」の働きを意味する古いドイツ語として言及されているからである（HGA. 12, 19）。そしてハイデガーもまた、このような世界についての考え方が形而上学的なものではないというフィンクの見解に同意し、ここで言われる事物というのが「物理的」なものでも「実体」でもないことを改めて確認する[23]。なるほど、フィンクの場合、基本的には天空と大地という世界の二重性のみが問題となっている。しかし死すべきものとしての人間存在は、天空と大地の間を生きる媒介者として語られている。「神々しきもの」についてはどうであろうか。ここで四方界の議論を髣髴とさせるフィンクの「有意義性（Bedeutsamkeit）」に関する考察を簡単に見ておきたい。

「有意義性」といえば、ハイデガーが『存在と時間』の中で、道具の手許存在性という存在様式として語っていたものである。フィンクによれば、そこで語られている有意義性は、あくまで存在者に即した世界性格が語られているにすぎず、世界の世界性は、「道具間の指示関係の遊動空間」、すなわちあらゆる存在者を「適所性」という存在様式によって結び付けている「意味の網目」にすぎない（EC, 100）。しかも手許存在する道具を問題とする限り、事物は「労働」という「限定された領域」からのみ捉えられてしまうことになる。フィンクにおいて労働は、人間が世界へと関わる際にとりうる五つのあり方の内の一つでしかない。しかし有意義性は、本来一つの領域のうちに局在化されるものではない。たとえばテーブルは、単なる「食事の場所」にとどまらず、「大地」を人間達へと身体化する「礼拝所」でもある。テーブルにおいて人間は、汲みつくしがたい大地の贈与を消費する反面、「天空」の恵みと「超人間的な力」、すなわち「神々」の恩恵を切に願う（ebd., 101f.）。ベッドは、単に寝る場所であるのみならず、「男女が一体となる」場所であり、「分娩」の場所であり、そしてまた「死」の床でもある。つまりベッドは、「愛と誕生と死に関する永遠の密儀の場所」であり、その意味で「人間存在の根本的過程」がそこに映し出されているわけである（ebd., 102）。テーブルもベッドも現前すると同時に「現前しないもの」、すなわち「目立たないもの」の次元でもって引き裂かれている。事物は、そのような「引き裂かれた半分」として見通されたとき、「象徴」として輝くのである。有意義性とは、たいていは有限的存在者によって隠されてはいるものの、「あらゆる有限的なものの〈無―限〉の深さ」として煌めく「ひとつの世界性格」なのである（ebd., 101）。

フィンクによれば、人類の歴史の黎明期において世界は神々に満ちており、あらゆる事物は世界的に深かった。すべての事物は象徴的に輝いていた。しかし時の経過とともにそうした神聖さや事物の世界的な深さが失われてしまった。そこで必要とされたのが祭祀であった。つまり祭祀というのは、事物の「根源的な世界の光を再び取り戻す試み」だったのである（SW, 130）。

（c） ロムバッハの構造存在論

以上のように、フィンクのコスモロギーは、フッサールとハイデガーの世界論を批判的に継承することによって成立したわけであるが、他方で後の現象学の展開にも多大なる影響を与えることとなった。とりわけ、「構造存在論」という独自の現象学を標榜したロムバッハは、フィンクのコスモロギーをもっとも生産的な形で発展させた第一人者といっても過言ではない。ロムバッハにとっても、フィンクと同様、「世界」はもっとも重要なテーマであった。しかしフィンクがフォア・ゾクラティカーの思索に世界の問の端緒を見出したのに対して、ロムバッハにとって世界問題は、すぐれて近世的な問題であった。フィンクとハイデガーが、近世を主観的表象主義の元凶としてネガティヴに扱うのに対して、ロムバッハは近世における「普遍数学（mathesis universalis）」としての「世界知」を積極的に評価する。ロムバッハによれば、マテーシスの対象としての世界は、事物と全く異なったあり方をしており、事物よりも「先なるもの」であり、「根本的なもの」である。ということは、コスモロギー的差異の思想は、ロムバッハからすれば近世の存在論においてこそ顕著に見られるということになる。しかしロムバッハが「世界」と言うとき、それは決してギリシャ的な「コスモス」のことを意味しない[24]。コスモスとは「秩序の観念」のことである。秩序は物から自立的なものとして区別されている。しかしそうなるとコスモスはカオスという反対概念を持つことになる。世界とは「いかなる反対概念ももたない」のであるからこれは背理だとロムバッハは言う[25]。なるほどフィンクの言うところのコスモスは、物同士の間に成り立つ秩序ではなく、物と世界との間に成り立つ秩序のことであるから、ロムバッハの考えに決して抵触するものではない。むしろその徹底的な「事物存在論」批判において両者は軌を一にしていると言えよう。

ロムバッハによれば、何ものも自己自身で存在をもつことはできない。存在とは「関係性」である。関係性とは「諸機能の存在体制」であり、機能とは「〜への関わり」を意味する。[26] しかし事物が予め実体として存在し、しかる後に関係が結ばれるのではない。関係項よりも関係の方が先行する。そして諸々の関係の複合をロムバッハは「世界」と呼ぶ。彼によると、世界は「地平」でも「開け」でもなく、またその総体を「包囲している（umgeben）」わけでもない。[27] それぞれフッサール、ハイデガー、フィンクに対する批判と解釈することもできよう。[28] ロムバッハからすれば、関係と関係項、全体と部分、地平と物、そして存在と存在者すらも実体論的な発想に拘束されたカテゴリーでしかない。世界はむしろ「存在と存在者との区別の彼方」にある。[29] しかしさらにロムバッハは、世界一般と内世界的な存在者との相違さえもないと言う。[30] まるでフィンクを挑発するかのような発言である。

いかなる存在者も、自己自身のみからでは理解されえず、つねに他の存在者すべてとの関係においてはじめて了解可能となる。機能というのもつまるところ「或る事物が、他のものの内に作用することにおいて出現する」ことであり、「他のものにおける存在」を意味する。したがって世界内のどの存在者も「世界全体を代表」していることになる。個は一切を自己のうちで鏡映し、結局は「すべてがすべてのうちに」入り込んでいることになる。したがって徹底的に機能的な観点をとるなら、たしかに内部世界的存在者と世界全体の区別はほとんど意味をなさない。「全体とその各諸契機との同一性」、これが「機能存在論の根本命題」である。[31] しかしそうだとすると、個は単なる仮象としてことごとく差異なき一元的な世界の闇に呑み込まれてしまうのであろうか。世界の多様性は一体どこで確保されるのであろうか。そこでロムバッハが持ち出してくるのが「現出」の差異性である。

しかし現出の差異性はそもそも如何にして生じるのであろうか[32]。現出が単なる仮象ではなく、あくまで現出であることの根拠はいかにして示されうるのであろうか。

ここでわれわれは、ロムバッハが機能主義の先駆者と呼んでいるクザーヌスについて検討することにしたい[33]。これまではもっぱら個々の存在者と世界との関係のみを議論してきた。しかしその限りでは、ロムバッハがコスモロギー的差異を批判し、現出の差異性を唱える理由が依然不明確である。クザーヌスの場合、個と世界のみならず、神をも含めた三者の相互関係において現出概念の意味が決定される。しかしそうだとすると、ロムバッハがコスモロギー的差異を解消することができたのは、神と世界との差異性という担保があったからなのではないかと考えることもできる。

ハイデガーが存在と存在者との存在論的差異を問題にしたのに対して、ロムバッハはクザーヌスに依拠しつつ神と存在の差異に注意を向ける。ロムバッハによれば、前者が古代哲学を内側から動かしている問題であるのに対して、後者はキリスト教固有の論理である。クザーヌスによれば、被造的な存在者が他者との境界づけにおいて存在するのに対して、神は他者によって境界づけられてはじめて規定されるわけではない。被造物の存在意味が「被区別性（Abgehobenheit）」であるのに対して、神はそうした被区別性ないし他者性そのものを超越しており、その意味で「非他者（non aliud）」と呼ばれる[34]。あらゆる被造的存在者がつねに他の存在者との「比較の内に立つ」のに対して、神は非他者として比較を絶している。

被区別性という規定は、単に存在者同士のみならず、存在者と存在の間にも成り立つ[35]。もちろん後者のほうが前者の基礎となるが、ここで再び存在論的差異の思想へと逢着する。ロムバッハによれば、存在論的差異は、存在者が存在では無いこともできる、つまり「存在することができない」ということを含意する。このことは、存在者を取り去ってもなお、存在者のための「可能空間」が残ることを意味する[36]。そうでないと存在を存在者の非存在として語れなくなるというわけである。一切の存在者には「可能性」の「地平」が先行し、その現実化において存在者は自らの存在を獲得する。これに対して神自身には可能と現実の図式は当てはまらないのである[37]。クザーヌスは、神の無限との比較において、有限的存在者の無限性を、「無際限性」として規定している。世界の限界は、本来踏み越え不可能であり、そもそも世界に関して限界はあるともないとも言えない。したがって世界の可能性というのも「事実的な空間を越えて拡がっているのではない」。むしろ「世界の可能性は、その現実性と同じだけしか及ばない」のである[38]。換言すれば、世界は「その中で可能性として計画されているものをすべて現実性において充実している」のである[39]。

クザーヌスは、神と世界という二つの異なる無限者から個の成立を説明した。これら二つの無限者を繋ぐものこそ有名な「縮限」という機能である。個物は世界を媒介として神の自己縮限によって成立する。クザーヌスによれば、あらゆる個物は「絶対的何性」と「縮限的何性」から成り立っている。たとえば太陽と月は、それらが現に存在する限り、その存在はどちらも共に神に由来する。したがって絶対的何性においては太陽と月は区別されない。しかしながら太陽と月は、その本質において、つまり縮限的何性において区別される。つまり縮限された何性としての世界は、太陽と月においてそれぞれ別様の仕方で縮限するのである。縮限とは先に述べた「現出」のことであり、現出の差異は、このように神と世界の緊張関係から成り立っている。ロムバッハは、世界を徹底的な機能主義において捉えることによって、個物と世界との差異を解消した。しかしその現出論的多様性を確保する際には、やはり神という「世界とは別種の無限性」を要請せざるを得ない。個物と世界だけで機能主義を語ってしまう限り、現出論的多様性が確保できないことは確かである。クザーヌスは、世界概念を神と個物の媒介として持ち出すことによって、一方で汎神論を回避することができ、他方で個物を仮象から救い出すこともできた。脱神学化して語るなら、非他者というのは、一切を他者との関係の網の目に解消する機能主義的観点をとる際に隠れて機能する操作概念といってよいであろう。ロムバッハからすれば、徹底した機能主義を採りながら、単なる無差別に陥ることなく、現出の多様性と個物のリアリティーを確保するためには、世界概念が不可欠だったのである。

以上のことから、ロムバッハが、世界と内部世界的存在者とのコスモロギー的差異を解消し、徹底的な機能主義を展開するためには、神的無限者という担保があってこそ可能であった、と言うこともできる。そのように考えてみると、ロムバッハのフィンクに対する批判的な挙措は見かけ上のものであり、両者は案外近い地点にいることが理解されてくる。前章で見たように、フィンクにおいてもまた、内部世界的存在者が否定を介して互いに限定的に関わりあいつつ世界全体を含み、代現するといった機能主義的な発想はあった。しかしここでいくつかの注意が必要である。

ロムバッハの機能主義において、世界全体は個の変化と同時に変化するのに対して、フィンクのコスモロギー的世界は、個の変化に左右されることはない。フィンクの世界は、時間空間という個体化の原理として現実存在の連関を形成する。機能主義における世界論は、主観性の実体化を解体する点において地平論とは異なるが、やはりなお意味の連関であることには変わらない(40)。しかもさらに重要なのは、フィンクの世界がダイナミックな「運動」であるということである。機能主義とは言っても、少なくとも「体系」の発想では、機能そのものの生成が語れない。もっとも、厳密に言えばロムバッハにおいて機能主義は構造論と同じではない。構造論は、機能主義ではあるが、体系思想と異なり、構造ないし機能そのものの生成を語ろうとするものである(41)。

ロムバッハによれば、構造思想は、クザーヌスによって発見されたのにもかかわらず、その後近世・近代を通じて体系思想が支配的となる。[42] ロムバッハが体系思想の端緒として挙げているのはジョルダーノ・ブルーノである。彼は、ブルーノが世界の無限性の思想に至ったことで、世界が「脱形態化（Entstaltung）」されたと評価する。[43] ブルーノの世界は、絶対的な尺度を持たない、相対的な関係が輻輳する網の目であり、その点でなるほど古代の実体論は乗り越えられている。もっとも、ブルーノの世界は単なる尺度なき戯れではない。ロムバッハによれば、ここで導入される尺度というのが、後にライプニッツのモナド論に多大な影響を与えた「モナス」という概念である。それはたとえば、線に対する点、生命に対する物体のように、その都度それぞれの存在領域に対する相対的尺度として機能する。[44] そして世界全体は、運動、中心、上下、重さといった内世界的範疇を逸脱するものとして捉えられる。しかしブルーノにおいてただ一つ「大きさ」の範疇だけは例外と見なされており、ロムバッハはそこに「実体性の形而上学の残滓」を見て取るのである。[45] ロムバッハの標榜する機能主義においては、すべての範疇が相対化されねばならない。しかしブルーノにおいて空間は絶対的範疇として無限である。これに対してクザーヌスの世界は、延長のない世界であり、有限的無限とはいっても、どこかで限界づけられるという意味ではなく、ただ単に神の無限性に対する依存性を意味しているにすぎない。ブルーノの世界論は一元論的な「汎神論」となることによって、クザーヌスの縮限の思想において重要な役割を演じる世界の媒介機能を見失うことになるのである。[46]

このことから、構造思想において、クザーヌスが要請した神と世界という二つの無限者の差異性は、体系思想と袂を分かつ重要なポイントとなっていることが理解されてくる。逆に体系思想はブルーノによる世界の一元化によって成立するとロムバッハは考えた。これに対してフィンクは、むしろブルーノの世界概念の二元性格を強調し、これを自らの考える「世界の内的差異性」と重ね合わせている。ブルーノの世界は、一者、無限、不動である。しかしフィンクによれば、それは数的一、無際限、運動の欠如としての静止を意味しない。フィンクはここで、尺度や数量のような内世界的なカテゴリーでは世界は捉えられないとし（EW, 131）、ロムバッハが注意を払った「大きさ」の範疇を巡る問題を、簡単に素通りしてしまう。しかし「中心は周縁」、「最大は最小」といったいわゆる「反対物の一致」が、世界と世界内部存在者とのコスモロギー的差異を承認することによってはじめて理解可能となるのも事実である。しかしこのような意味での宇宙概念は、内部世界的カテゴリーを払拭するという消極的な仕方でしか語り得ないのであろうか。ブルーノは宇宙を、「宇宙魂」と「宇宙質料」の織り成す動的な有機的生命として語っている（ebd., 130）。フィンクはこの二元性に注目する。しかし両者の関係は、魂と身体のアナロギーや、テクネーモデルでは十分に捉えられず、そこで宇宙魂の〈類—種〉系列を超えた全体性と世界質料そのものの非現象性、思弁的性格が指摘されることになる（ebd., 129f.）。ブルーノは、宇宙魂を「太陽」ないし「自発的に行為する」「男性」の、世界質料を「大地」ないし「堪え忍びつつ産む」「女性」の象徴として語っている（ebd., 130）。

クザーヌスにおける神と世界の差異にせよ、ブルーノにおける宇宙魂と宇宙質料の差異にせよ、問題は無限者そのものが孕む差異性の果たす機能である。フィンクもまた、単なる内部世界的存在者と世界とのコスモロギー的関係にとどまらず、天空と大地という無限者の二重性によって個体の成立を思惟していた。コスモロギー的差異の思想においては、内部世界的存在者のあり方を語る際、どうしても実体論的な臭みを残してしまう。それを機能化していくには、必然的にコスモロギー的差異の解消が犠牲とならざるを得ず、個体は世界という大海に呑み込まれてしまう危機に晒されることになる。天空と大地という世界の内的差異性という発想は、そうしたアポリアを打開する救済策として解釈することもできる。個物は、天空と大地の抗争そのものを映し出している限りでのみ存在することができるのである。

一九八〇年代以降になってロムバッハは、「ヘルメス知（Hermetik）」という独自の思索を展開するようになる。すでに述べたように、かつてロムバッハは、世界は「いかなる反対概念ももたない」と明言していた。しかし彼は「反世界」というものを積極的に語るようになる。「西洋の歴史ははじめから光と存在との思惟に支配されている」という、フィンクの「光の形而上学」批判を髣髴させるテーゼをもとに、世界を「昼の世界」、すなわち「存在」、「非覆蔵性」の領域として、他方で反世界を「夜の世界」、すなわち「無」、「覆蔵性」の領域として語り、後者の先行性を説いている。光が光たりうるためには、「包括的な闇から輝き現れねばならないのではないか」とロムバッハは言う。ヘルメス知は、昼の世界を探求する「解釈学（Hermeneutik）」とは異なり、夜の反世界を探求する知という点でフィンクと同一の課題を共有することになる。しかしロムバッハは、言語解釈にとどまらず、絵や彫刻などをも解釈の題材とする「形象哲学」という独自の道を歩むことになる。

最後に、ロムバッハとは少し別の形でフィンクとの対決を通じて「非主観的現象学」を展開したパトチカについても触れておきたい[47]。フィンクとパトチカの世界論は、①世界をその全体性において捉えようとする点、②世界を現象の現象性、つまり「現象野」として捉えている点、③しかもそれを非主観的なものとする点において共通している。ノボトニーは、パトチカがフィンクのコスモロギー的差異を「現出野」と「現出者」との現象学的差異によって置き換えた結果、「世界全体と人間世界」の対立を現象学的に媒介することが可能になったと言う[48]。さらにブレッヒャによれば、フィンクの世界概念が個別的存在者や人間を外部から個体化する「諸関係の網目」であるのに対して、パトチカの世界概念は、個別的存在者の運動を通じて内側から開かれてくるような「地平」

である。[49] つまりわれわれの実存の運動こそが諸可能性の選択と諸要請の受け入れをはじめて可能にし、世界にあらゆる意義を与える。したがってパトチカの世界概念は徹頭徹尾「歴史的」なものとして、われわれ人間に「責任」を要求するものである。そうした観点からブレッヒャはフィンクの思弁的遊戯論がもつ「無責任さ」を批判している。[50] しかしデリダが注意を促しているように、フィンクにとって重要なのは、世界の中での遊戯ではなく、あくまで世界そのものの遊戯である。[51] フィンクは内部世界的存在者についてはむしろ目的論、歴史性を認めており、その意味でパトチカの主張と決して矛盾するものではない。むしろパトチカの世界論は、主観性を関係の網目のうちに解体したロムバッハの構造存在論と対極的である。たしかにパトチカは、現象野としての世界を「非主観的」なものと見なしているものの、意識と世界を媒介する身体性の実践的機能を重視するという点でロムバッハよりもむしろフィンクに近いと言えよう。[52]

第二章　光と闇の現象学

一九五二年、ムッゲンブルンにおいて「弁証法」をテーマとしたコロキウムが開催された。ハイデガー、フィンク、マックス・ミュラー、フォルクマン＝シュルック、ビーメル夫妻、アンリ・ビローといった忽々たる顔ぶれが一同に会して行われた共同討議は、現象学史上でも類を見ない特筆すべきビッグ・イベントである。この討議の中でフィンクは、弁証法が「存在者の存在」のうちに根拠づけられるとし、「存在者の存在」と「存在者の全体」という二つの形而上学的問題と並んで、「存在全体（Seinsganze）」を「コスモロギー的問題設定」として提起している(1)。たとえば、カントのコスモロギーは「存在全体」の弁証論であるとフィンクは言う。そしてハイデガーに対して「あなたは存在者の存在を、開かれた存在者において現前する存在として見てはいるが、存在全体としては見ていない」と批判する。フィンクの言う「世界」というのは要するにこの「存在全体」のことである。たしかにハイデガーは「全体における存在者」という言い方をするが、この言葉が「存在者の全体」なのか、それとも「存在全体」と解釈されるべきなのか、曖昧な印象が拭いきれない。しかしハイデガーは、この点について明確には答えず、むしろ逆に、フィンクの言うコスモロギー的差異を、「存在と存在者との形而上学的区別から類比的に把握したもの」にすぎないと批判する(2)。

一九六六／六七年冬学期にフライブルク大学で行われたハイデガーとフィンクの共同演習『ヘラクレイトス』

において、存在論的差異とコスモロギー的差異が如何なる点で異なるのかという問が改めてハイデガーによって提起されている（HS, 175）。フィンクはヘラクレイトスのヘンを天空や光に、パーンを大地や闇夜に、パンタを内部世界的存在者にそれぞれ対応させ、存在の取り集めつつ絶滅させる力について語る。しかしフィンクがコスモスをパンタの全体接合として語ると、それはギリシャ的コスモス概念ではないとハイデガーから指摘される。そこでフィンクは、自分がこのような表現をするのはカントに由来すると切り抜ける（ebd., 176）。ハイデガーはこの点についてそれ以上の追求は避けているが、一九六六年のル・トールでの演習において彼は、ディールスに倣い、ヘラクレイトスのコスモス概念が、カント的な世界概念の意味を持っていないことを確認している（HGA. 15, 281）。なるほど、語義解釈的問題としては、フィンクの方にいくつかの不備があったことは認めざるを得ないが、いずれにしてもフィンクが強調したかったのは、あくまで存在の絶滅させる力、没落、破壊、覆蔵性、つまりパーンという闇の側面に他ならない(3)。

第一節　フィンクの光の形而上学批判

フィンクの形而上学批判は「事物存在論」批判、「光の形而上学」批判という二つの観点からなされている。前者は内部世界的存在者と世界とのコスモロギー的差異、後者は天空と大地という世界の内的差異の了解によって支えられている。もとより「光の形而上学」という言葉は、二〇世紀初頭にクレメンス・ボイムカーによってはじめて用いられた言葉である。ボイムカーは、この「光の形而上学」という観点からプラトニズムの系譜を浮き彫りにしたわけであるが、とりたてて闇に対する光の優位を説いているわけでもなければ、形而上学に対して批判的ニュアンスを込めているわけでもない。ボイムカーは、浩瀚な著書『ヴィテロ――一三世紀の哲学者と自然研究者』（一九〇八年）において、光の言語に関して、感性的表象では把握されえないものに対するメタファーの用法と区別して、むしろ光の知的側面を原像とし、光の質料的現出をその模像として捉える「類比的」用法の意義を強調した。(4) 後にブルーメンベルクは『真理のメタファーとしての光』（一九五七年）において、単なるメタファーとしての光が、やがて形而上学的意味内容を帯びるようになる過程を描いている。(5) 彼によると、プラトンにおいて真理とは「存在そのものにおける光」であり、したがって存在とは「存在者の自己呈示」を意味する。光の源泉である太陽は、善のイデアのメタファーであるが、他のあらゆるものに可視性を与える光は、それ自身対象的になることはできない。光はそれによって照らされる存在者の可視性とともに、それに付随してはじめて現れる。光は自らの照らす存在者と異なる。そしてこの差異こそが「超越」を特徴付ける。その意味で、光の形而上学は光のメタファーに基礎を置いている。しかしながらブルーメンベルクによれば、この基礎づけ関係はやがて逆転し、感性的な光のほうがむしろイデアの光からの類比として捉えられるようになる。

フィンクがこのような諸説を十分踏まえたうえで「光の形而上学」という語を使用しているのか否かについては定かではない。しかし彼にとっても、類比的な逆転が極めて重要な意味を持っていたことは確かである。以下では、光の形而上学に関するフィンクのある程度まとまった論述がなされている『教育の形而上学』（一九七〇年）を参照することから始めることにしたい。

(a)　存在と光

悲劇的ないしディオニソス的な世界了解が、ソクラテスとプラトンによって反駁されたことは、ニーチェを通じてすでによく知られたギリシャ解釈であるが、フィンクによれば、彼らの反駁は世界の支配についての新たな経験に根を持っている（ME, 21）。それはどのような経験なのか。コスモスは、取り集めつつ接合するロゴスの感性的秩序の力によって支配されている。秩序とは、光において事物が輪郭を帯び、多数に個別化されつつ輝くことである。つまりロゴスは光と密接に連関している。人間の語りや了解は、こうしたコスモス的秩序に基づき、それをあとからなぞるだけである。各存在者は、あらゆる事物が共通に現前する場である世界という光の領域へと出現する。それらは、覆蔵されることなく、隈なく光によって照らされる。人間は光そのものへと入り込み、存在という光において存在者を存在者として了解する。しかしこのようなソクラテス的、プラトン的世界了解は、フィンクからすれば、「世界の一面」を捉えているにすぎない（ebd., 21）。そのようなコスモスの明るさへの出現は、本来「形態無き母なる夜」に由来する。この夜においてあらゆるものは一つである。しかしソクラテスやプラトンにおいて、光は存在の一側面としては自覚されていない。そこでは「光＝存在」という等式が暗黙裡に成立している。

プラトンの思惟は光への根本的関係のうちに立っている[6]。光と存在との間には、本質的な対応が成り立っている。われわれは光においてものを見る。光は眼の中にも、対象の傍らにも無い。光は主観的でも客観的でもない。しかし単なる「間現象」でもない。そもそも光は見ることと色の被照明そのものを可能にしている。われわれは光の内でものを見るのであって、光そのものに注意を払っているわけではない。光とはその意味で「透過的なもの」である（ebd., 37）。

プラトンによれば、可視的世界はイデア世界の模像である。模写は光によって条件づけられている。光において諸事物は影を投げかけられる。天空のもとで諸事物は、光空間のうちへと取り集められて輝く。あらゆるものを包括する明るみの開けにおいて、個々の事物はエイドス、外観、輪郭、刻印、形態を獲得する（ebd., 32）。存在の光は存在者を境界づけつつ、自らは境界づけられることがない。存在と存在者との存在論的差異は、プラトンにおいて、「光」と「光によって照らされたもの」という象徴的モデルで考えられている。ただし光は単なる可視的世界からの転用としての比喩ではなく、むしろ可視的な光の方が似姿であることをフィンクは強調している（ebd., 39）。ボイムカーの言う類比的な用法とはまさにこのことである。

このように、イデアと感覚物との二元論は、「存在と光の等値」というプラトンの一元的解釈に由来するとフィンクは見ている。プラトンはさらに太陽を「善のイデア」の比喩として語っている。光が存在の象徴であるのに対して、善のイデアは「存在せしめるもの」の象徴として「ウーシアの彼方」にある（ebd., 29）。神秘主義や否定神学はこのモチーフをくりかえし強化した。フィンクによれば、「存在せしめるもの」とは「時間」のことである。古代において光は時間と密接な連関をもち、ヘリオスは「時間を測定するもの」を意味した。フィンクによれば、すでにイデアと感覚物というプラトン的差異自体が、「恒常的に存在するもの（アエイ・オン）」と「生成するもの」という「テンポラールな区別」でもって「操作」されている（ebd., 33f.）。光の形而上学は、存在のみならず時間の了解にまで根を下ろしていたのである。

では一体、光の闇に対する優位という発想そのものは如何にして成立したのであろうか。フィンクによれば、プラトンは、太古における「エレウシスの密儀」といういわば「闇の知恵」との戦いにおいて「太陽の世界原理」を獲得したという（ebd., 57）。エレウシスの密儀において、聖別された者達はさまざまなイニシエーションの段階を経て「死と再生」を経験すると言われている。つまり、刹那の現出の皮相な領域からの「恍惚的な脱出」を果たし、生と死、「ペルセフォネーの立ち去りと回帰との統一」、「ディオニソスとハデスの同一性」を経験する（ebd., 55）。祭祀に使われる血と葡萄酒のサクラメントは「永遠なる生」の象徴である。もっともここで言われる永遠なる生というのは、個別的な生命の延命を意味するものではない。祭祀において経験されるのは「大地という永遠の母なる存在」である。大地から出現する植物を、大地は再び取り返し、仮初の死と没落において新たな生命を準備する。永遠は生成の彼方ではなく、生成の内に見出される。その生成とは、生の流れの大波である。それはあらゆる有限的存在者を貫いて流れており、祭祀的聖別において「ヘン・カイ・パーン」として出現する（ebd., 56）。地下の洞窟の中でデメーテルの知恵を共有する祭祀共同体は、夜の松明の光のもとに集まる。日の明るみから引き籠もるこの祭祀は、「母なる自然の永遠なる生」において生きているあらゆるものの統一を「究極の秘密」として把握する。祭祀の参加者は、こうした秘密を洞察することによって、決定的な変貌を遂げ、死への恐れをも克服することができると言われている。

フィンクによれば、プラトンの洞窟の比喩によって語られる「哲学的パイデイア」は「裏返しのエレウシス」である。その際、洞窟とは「光を求める人間の大地への囚われに対する象徴」である（ebd., 54）。大地とは「暗い世界原理」、「女性的世界原理」を意味する。「すべてが一つになる母なる夜の地上的な暗い知恵」に対してプラトンは、「光へのラディカルな対向において獲得される知恵」を対置する。大地の洞窟という地下の牢獄では、暗黒の力が支配し、光を濁らせている（ebd., 53）。洞窟はいわば「母胎の比喩」であり、囚人達を繋いでいるのは「臍の緒」である（ebd., 56）。彼らが洞窟の外へと向けて徐々に向かう行程は「誕生」に似ている。つまり洞窟の比喩というのは「純粋な光へ向けての人間の再生の比喩」であり（ebd., 56）、「覆蔵しつつ―閉じこもる大地の本質」から背を向けて、「露現するヘリオスの本質」へと向かう歩みを象徴しているとフィンクは解釈する（ebd., 57）。フィンクによれば、プラトンにとってパイデイアとは、知識の理論的集積ではなく、「人間性のメタモルフォーゼ」、「人間的実存の変貌」を意味する（ebd., 61）。それは闇から光への運動のことである。光とは「精神的なもの」、「恒常的―存在者」の象徴であり、闇とは「感覚的なもの」、「生成する―運動体」の象徴である（ebd., 61）。光（フォース）も闇（スコトス）も、ともにそれ自体としては不可視であるが、両者の間には多くの「度合い」や「段階」が存在する。フィンクによれば、プラトンの功績は見る能力そのものの解釈というよりは、むしろ見ることを「フォースとスコトスの協働遊戯」という観点から考察したという点にある（ebd., 62）。

フィンクによれば、このような「太陽の世界原理の勝利」は、光（フォース）や真理（アレテイア）の密儀という新たな密儀の宣告を意味する（ebd., 59）。神話からロゴスへというお決まりの単純図式は、もはやここでは成り立たない。結局「太陽神話」という新たな神話が支持されたにすぎないのである。しかしながらフィンクは、世界了解の可能性を神話的世界へと向けて無闇に「拡張」する試みには批判的である。なるほど、「啓蒙を通過」し、「疑い深く、批判的で、不信仰」になってしまったわれわれにとって、神話的世界観への単純な回帰はほとんど不可能である（ebd., 221）。あくまで、光と闇、天空と大地という世界契機の矛盾を概念的に思考しつつ「耐え抜く」のでなければならない（ebd., 225）。神話は、形而上学とは別の新たな知の領土というよりは、むしろ形而上学における世界了解の独断的固定化を流動化する視点を提供する役割を果たしているのである。

（b）ピュシスとロゴス――ハイデガーにおける覆蔵性の問題

フィンクは、一九五六年の現象学国際会議講演「世界と歴史」において、ハイデガーの言う「存在の覆蔵」が、「光を欠いた深淵の闇夜」ではなく、「光に属する影」でしかないと批判している（ND, 176）。たしかにハイデガーのテクストには光の比喩が頻出している。ハイデガーは、イデア視を存在了解として解釈している。「本」

や「机」という「視相（Anblick）」、すなわちイデアは、感性的な色の組み合わせによって認取されることはない。個別的な本を見るには予め本の「何存在」と「如何存在」、つまり存在者の「存在」が了解されているのでなければならない（HGA. 34, 52fff.）。しかるに、色や輝きの知覚は明るさを前提とする。明るさは、視覚そのものを可能にする条件として、それ自身透視的な媒体の役割を果たしている。存在者は光に照らされることによって見られる。見る眼もまた温められることによってのみ「見る」という機能を獲得する。その意味で眼は太陽的でなければならない。しかし眼は光源ではない。光源はあくまで太陽である。眼は太陽へといわば「相即する（entsprechen）」（ebd., 104）。しかしハイデガーは、他方でこのような太陽への相即、つまりイデアという光への視点の相即を、「向正性（オルトテース）」としての真理観が発生する温床としても語っている（HGA. 9, 230f.）。イデア論的視覚モデルは、すでに「恒存性」を前提しており、しかも善のイデアは後の「存在=価値」という形而上学的等式を導く。つまりハイデガーは、存在の意味としての「テンポラリテートの光」への問を、光の形而上学という言葉自体は使わずともそうした含みをもって自己批判していたと言えよう(7)。

ハイデガーの思索の歩みは、すでに一九三〇年の『真理の本質について』あたりを境に「存在の意味」から、いわゆる「存在の真理」の立場へと移行しつつあった。そこでは、「全体としての存在者の覆蔵性はまた、存在せしめることそれ自身より一層古い」（HGA. 9, 194）と言われるように、真理の本質として覆蔵性の契機が強調されていた。以下では『講演と論文』（一九五四年）に所収されている「アレーテイア」、「ロゴス」、及びこれらの小論のもととなっている一九四三年夏学期講義、一九四四年夏学期講義を参照しつつ、ハイデガーのヘラクレイトス解釈を検討する作業を通じて、存在の覆蔵性に関する彼の思索の深まりを追うことにしたい(8)。

ハイデガーは、ヘラクレイトスの断片一六「決して没することのない者を前にして、ひとはどう身をくらます事ができるというものだ」において語られている「ト・デュノン」という言葉が「分詞形」であることに着目する。(9) 形而上学がそれを名詞的に「没するもの」、つまり没落に陥る「実体」として理解したのに対して、ヘラクレイトスは、それを「別の仕方」において、つまり「動詞的なもの」として経験し、思索しているとハイデガーは言う。そしてハイデガーは、この「決して没しないこと」を肯定的に「不断に立ち現れること」と読み替えることによって、これをピュシスの概念へと結びつける（VA, 259）。

ピュシスというのは、なんらかの「もの」が、現れたり没したりすることではない。あるいはたとえ動詞的に立ち現れることと没することを問題にしたとしても、それらが交替的に起こっているわけではない。あくまで「立ち現れることはそれ自身においてひとつの没すること」（HGA55, 118）なのである。立ち現れることと覆蔵することは、互いの本質を授与するという「恵み（ピリア）」のうちに、互いを越えていく。つまり、両者は「反対に—行きながら接合している」（ebd., 146）のである。その接合のあり方は、ヘラクレイトス自身が語るように、さながら弓や竪琴の如くである。立ち現れることを、没する力から「離脱」していく動きとしてイメージしてしまうことは、弓の弦の片側がとれることによって、弓が張りを失うようなものである。立ち現れとは、没することから離れることではなく、むしろ自らの本質を可能にするものである自己覆蔵のうちへと自らを繋ぎとめることに他ならない。そしてこのことが、対立そのものの継続を保証する機能を果たしているのである。「決して没しないこと」、すなわち「立ち現れること」は、没することへの関係の抹消ではなく、むしろそうした関係が途絶えることなく統べることを言い表している。つまりピュシスは自己覆蔵に対する関係項ばかりでなく、同時に自らをその関係項として含んだ接合という関係そのもの（ピレイン）をも表していることになる（ebd., 158）。

立ち現れと覆蔵の対立そのものの継続を保証する機能は、立ち現れへの動きを自己覆蔵へと繋ぎ止める方向性にのみ認められるわけではない。当然覆蔵の側からのベクトルも考えられる。ピレインはあくまで相互的である[10]。ハイデガーによれば、「覆蔵」という言葉は二義的であり、単に隠したり消滅させたりするという意味だけではなく、なんらかの庇護のもとに「収容」したり、「保有」したりといった意味合いもある。後者のような意味での覆蔵に対してハイデガーは「守蔵（Bergen）」の語を用いる。覆蔵とは、単に「覆蔵に帰服して、覆蔵のうちに消え去ること」（VA, 264）を意味しない。もし仮に覆蔵が単に没するだけのことだとすると、いずれはすべてが消滅し、立ち現れも存続しえなくなるであろう。しかし覆蔵の働きには、「守蔵」としての、つまり自らの覆蔵する傾向を「抑制」する働きがあり、そうすることで立ち現れの継続が「保障」されるのである。

問題なのは抗争そのものの継続である。その継続の機構を、ハイデガーは立ち現れと覆蔵に伴う守蔵として、フィンクは天空と大地の抗争の「不和性」として表現した。独楽は回転し続けることによって倒れることなく安定を保っている。なんらかの不均衡の上で絶えずそれを克服しては追い越し、互いに凌駕しあうという仕方で抗争は継続しているのである。

ハイデガーによれば、立ち現れと覆蔵の接合関係そのものは「目立たない（unscheinbar）」。とはいえ目に見えないものでは決してない。否むしろ原初的には見られている（HGA. 55, 143）。つまり覆蔵を覆蔵として気づいていているということである。守蔵というのも、要するにこうした「気づき」の働きをあらわしている。立ち現れと覆蔵の動きに外側から気づくのではない。自らそうした動きに参入することに気づく、というより参入すること自体が気づく働きなのである。ハイデガーによれば、人間は単に光に曝され、眺められたものでなく、明るみを一緒にもたらし、明るみをその存続において保ち伝える「目立たないもの」として明るみに属している。明るみによって照らされているのでも、いわんや明るみと覆蔵の双方を外側から眺めているのでもない。むしろハイデガーはまさに明るみをその内部において完遂するような視点から語っている。明るみはすべてを明るくする。しかし人間のみがその立ち現れと同時に覆蔵する動きに差し向けられている。たいていの場合それに気づかないが、この目立たない輝きに気づいている者として、ヘラクレイトスは「暗い人」と呼ばれるとハイデガーは言う。

世界の立ち現れと覆蔵に対する人間の関わり方については、「ロゴス」論文でより詳しく検討される。ハイデガーはかつて、〈ピュシスの覆蔵〉と〈ロゴスによる覆蔵解除〉という単純な二元的関係を考えていた。しかしヘラクレイトス論では、ピュシスとロゴスは「同じもの」として理解される。ロゴスは単に人間のロゴスとしてピュシスをその外部から現しめるのではなく、ピュシスの動きそのものに相即するものとして語られるようになる。人間のロゴスはむしろそうした「ピュシス＝ロゴス」の相即的運動の中ではじめて自らを人間のロゴスとして自覚する。ハイデガーはピュシスと等置されるロゴスを、人間のロゴスと区別し、大文字で表記する（以下、「大ロゴス」と表記する）。人間のロゴスは、存在としての大ロゴスへの関係であり、この関係が人間の本質を規定する（HGA. 55, 358）。要するに、ロゴスは世界の現れに相即するとしても、そうした世界に対する人間の関与のあり方の側面を表していると言える。しかもこのロゴス的世界関与は、世界への単なる「盲目的沈倫や漂流」ではなく、「人間固有の本質への明知を伴う転入」であることも銘記されるべきであろう（ebd. 357）。

ハイデガーによれば、ギリシャ人にとってロゴスが比較的早くから「言うこと」や「語ること」を意味していたことは事実であるが、しかしそれらは必ずしもロゴスの根源的な意味ではない。ハイデガーは、お得意の語源探索を巧妙に駆使しつつ、ロゴスの根源的意味を「拾集（Lesen）」、「収集（Sammeln）」とする（VA, 201）。しかし収集は、取り集めるだけではなく、それを「守蔵」する働きをも併せ持つ。守蔵は「拾集」の本質的契機である。それは覆蔵して守るというよりは、むしろ「非覆蔵のうちへと守蔵すること」である（VA., 203)。ハイデガーは収集を「注意の集中（Sichsammeln)」として語っている。断片五〇において語られているロゴスを「聴くこと」、それは「注意の集中」であって、いわば「全身が耳になる（Ganz Ohr)」というような経験のことだとハイデガーは解釈する（ebd., 206f.)。耳があってそれを通して聴くのではなく、聴くからこそわれわれは耳をもつ。耳という媒体が透明化し、さらに音の雑踏を忘れ去ったとき、全身が耳となる。人間はこのような仕方で聴くことにおいて、大ロゴスへとホモロゲインする（ebd., 207)。大ロゴスの収集しつつ守蔵する働きをハイデガーは「結集（Versammlung)」とも呼んでいるが、ホモロゲインとは、この結集によって大ロゴスが保持しているのと等しいものに人間が自己を収集することに他ならない。このような経験は、それ自体として純粋に取り出そうとするなら、それ相当な訓練を要するし、稀にしか起こらない特殊経験とも言える。しかしこのようなホモロゲインはつねに起こっている。つねに起こっているが故に、目立たず、それ自体として純粋に確保するのが難しいのである。ハイデガーによれば、そもそも大ロゴスの結集と人間の結集に向けての自己収集とではその仕方が異なる（HGA. 55, 280）。むしろこの差異ゆえにこそ、人間的レゲインは同じ大ロゴス、つまりはピュシスに関わっていくというのである。しかしそうだとすると、ピュシスの立ち現れと覆蔵性の同時的生起そのものの継続を保証する守蔵の働きは、ロゴスそのもののもつ差異性となんらかの仕方でリンクしているように思われる。

ハイデガーは存在の自己覆蔵を結局は明るみに帰属させてしまう（VA, 119)。フィンクはそれを光の形而上学と批判する。なるほど、光と闇の間でバランスをとろうとする感じはわからなくもないし、守蔵を軸に据えて、立ち現れに対する覆蔵の優位を語ることも論理的には可能である。しかしハイデガーが立ち現れることの「優位」について語るのは、論理的な問題ではなく、事実の問題であったことにも留意すべきであろう。

一九六四年のユネスコ討論講演に寄せた「哲学の終末と思索の課題」において、ハイデガーはあきらかにフィンクの批判に応えるかのように、レーテーがアレーテイアに属しているのは、「影が光に属しているようにではなく」、「アレーテイアの心臓部に属する」と述べている（ZS, 78）。つまり、「守蔵すること（Bergen）」によって初めて非覆蔵性が授けられるのであってその逆ではないというのである。しかし単純に存在の覆蔵の先行性が語られているわけではない。ハイデガーにとって非覆蔵性と覆蔵性との同時抗争が起こる「現場（Da）」は、それ自体として決して光でも闇でもなく、まさに両者を可能にする「開け」なのである（ebd., 74）。

（c）闇の現象学

このような周到かつ強靭なハイデガーの思索力を改めて前にして、それでもなおフィンクは何を主張しうるのであろうか。容易に答えられる問題ではなさそうである。しかしフィンクが光の形而上学批判を通じて主張したかったことの一つとして、〈ロゴスから身体性への視点変更〉という論点をここで挙げておきたい。すでに述べたように、ロゴスはピュシスの動きに相即するが、ピュシスへのとりわけ人間の参与のあり方を示す語であった。しかしフィンクからすると、人間の世界参与を言語的ロゴスに限定するのは一面的である。フィンクによれば、人間の世界参与のあり方には、おもに、労働、支配、死、愛、遊戯といった五つの根本現象がある。人間の天空への関わりは「労働」と「支配」として、大地への関わりは「愛」と「死」として、そして両者の対立そのものへの関わりは「遊戯」として円現する。もっとも、ハイデガーのロゴスは言語に限定されるものではない。しかし抽象的との誹りは免れ得ないであろう。その点、フィンクの分析は具体的である。フィンクにとってロゴスは、万物を取り集める働きとしてヘンと密接に関わる。これに対して、彼はパーンの契機を強調する。ヘン・カイ・

パーンのパーンとはフィンクにとっては、身体のとりわけ「接触」機能において「隔たり無く」感覚される「暗い根底としての大地」であり、「生の暗さ」としての「愛」と「死」に他ならない。

フィンクによれば、人間は常に「死の影」のうちに住んでいる（GD, 110）。とりたてて暗い気分のときではなくても、喜んでいるときや高揚した祝祭的気分のときでも死を何らかの仕方でつねに意識している。死はいつ来るかはわからないとしても、いつか来ることだけは確実である。この確信は実際の死の到来まで続く。死は「不断の同道者」（ebd., 132）である。死は内部世界的な現象ではない。自分の死を体験することはできない（ebd., 144）。というのも、死とはそもそも「『現前』一般の全領域からの退去」（ebd., 140）であり、「世界内存在」全体の消滅であり、現前者がそれとして現れてくる地平そのものの崩壊を意味するからである。ここで留意すべきなのは、消滅するのはあくまで世界内存在であって、内世界存在者そのものではないという点である。しかも人間の死において本質的なのは、そうした「消滅そのものへと関わっている」ということである（ebd., 114）。死そのものは体験できないが、死との関わりというアスペクトからすると、それはつねに「差し迫ったもの」（ebd., 146）として未来と緊張を孕んだ関係におかれる。死は現象ではないが、しかし「人間の生の全現象に働きかけ、それに影を落としている」のである。

われわれは死において自らの個別性から逃れることができる。死は個々人を「最極端の孤独」に曝す反面、「〈全―一者〉の保護する原根拠」へと連れ戻し、「個別化から解放」する（ebd., 193）。個々人は、自らを貫流する超個人的な生の流れにおいて実存する。この生の流れとは、エロスの秘儀、男女の生殖によって形成される世代的連鎖のことである。フィンクによれば、そうした世代的意識のうちには、「『永遠』への、『恒常性』への衝動」、「不死への憧憬」が支配している（ebd.,345）。愛の恍惚の瞬間において人間は、「死を越えて突き抜け、超個人的な生と邂逅し、人間の生の不滅性を「世代の連鎖」として悟る（ebd., 346）。したがって愛もまた「〈原─一的〉な不滅的生の根拠へのパーン的経験」（ebd., 349）として本質的に死と関連しているのである。

死と愛の問題は、『第六省察』においては「構築的現象学」の問題として企図されており、「超越論的弁証論」として位置づけられていた。すでに見たように、フィンクは、カントの超越論的理想を脱神学化し、他方で魂の不死性を要請する代わりに「地上的不死性」としての世代性の問題を持ち出してくる。愛と死も、この世代性の問題との関連で問われ、後に「実存論的人間学」の主題となる。「魂の不死性」を「世代性」へと読み換える作業は、超越論的理想を脱神学化して世界として捉えなおす作業と、実は表裏一体のものである。ここで伝統的特殊形而上学の構図は解体し、世界の問へと一元化される。しかも世界は、「存在の闇」を含む「存在の地平」である。したがってフィンクのコスモロギーは一般形而上学としての存在の問に先立つものである。

第一部第一章で確認したように、フッサールの形而上学構想は、基本的にはカントの実践哲学に定位するものであった。フィンクはカント的実践形而上学をさらに徹底化させ、超越論的理想を愛と死といった「存在の闇」へと根付かせた。こうした思惟の推移は、カント的な定言命法に従った倫理的努力の根底に、フィヒテ的な愛の形而上学への方向をも見出しつつあったフッサールの歩みとも重なるものがある。フィンクによれば、カントの倫理学はエロスとしての愛を排除してしまった。つまりカントは共同体というものを「自由」という観点からのみ思惟しようとしたために、「性」は「単に外的な自然的規定」となり、「エロス的欲望」も単なる「享受」へと矮小化されてしまったというのである（EC, 162）。

フィンクによれば、カントの「人倫の形而上学」は、「道徳」へと制限されたものであり、理性諸原理にしたがって自己を意識し規定するような「自由な人格」の倫理学となる（ebd., 183）。それはいわば「個別化」へと関連づけられている。しかしフィンクが指摘するところによれば、このようなカント的倫理学は、「人倫的生の一面的な形態」に過ぎない（ebd., 184）。フィンクはここで別の人倫性を持ち出して単純に「補足」しようとしているのではなく、人倫の概念そのものを問い質し、それを「人間存在の世界関係」として解釈しようとしているのである。彼は、悲劇「アンティゴネー」に注目し、クレオンが従った「人間の掟」とアンティゴネーが遵守した「神々の掟」という二つの人倫について考察する。彼女は人間の掟に背いて、国家の反逆者である兄ポリュネイケスを埋葬する。彼女の行為は、死者を地下の形態なき領域へと埋葬することによって、神聖さを欠いたものを再び神聖なものに変える。神々の掟とは、「大地の掟」、「地下的なものの掟」、「夜の掟」、「血縁者の人倫」とでも言うべきものである（ebd., 171）。たとえば「母と子」は、単なる人格的な関係というよりは「血の共同体」である（ebd., 170）[11]。血の結びつきは固有の人倫世界を有しており、とりわけ「ピエテの感情」によって支えられている（ebd., 170）。母の愛のみならず、死者への追憶、子供や子孫への配慮、男と女のエロス的関係などもこのような人倫性に関わるものである（ebd., 170f.）。フィンクによれば、神々の掟は、旧約の神がアブラハムに課したような無理な要求ではない（NFW, 87）。旧約の神の要求は血縁の絆を引き裂くものであり、その点でむしろ神々の掟に違反するものである。ここで神々の掟と言われる時の神性とはというのは、「ヘン・カイ・パーンという意味での神性」であり、「全における唯一的生の神聖性」に他ならない（ebd., 87）。たしかにギリシャの神々は、とりわけ「美しいもの」や「恐ろしいもの」において「顕現（Epiphanie）」するという点で汎神論的性格をもっている。たとえばデメーテルやペルセフォネーは、「滋養を供給する大地」において、ポセイドンは「滔々たる流れの大波と滑らかさ」において、ゼウスは「太陽の輝きと煌く稲妻」において顕現する。しかし重要なのはこれらの神々が、顕現と同時に「謎めいた無」を常に指し示しているということである。フィンクによれば、神々や死者の「非―存在」は、「消極的無」ではなく、いわば「あらゆる現出することに先立ち、あらゆる個体化に先立って存する存在の〈原―深さ〉をヴェールで覆っている謎めいた無」なのである（EC, 110）。このような無は、「真に途方もなく巨大な力」として「人間の世界」を「徹頭徹尾気分づけ」ており、「不可視の神々の影」において、「死者の墓」の上で、「あらゆる人間の住処」が建てられ、そしてつねにその住処の周りには「無が戯れている」と彼は言う（ebd., 111）。フィンクが初期からずっと問い続けてきたメー・オンの正体とはまさにこうした無性だったとは言えないであろうか。(12)

第二節　触覚と視覚

(a)　フランス現象学における光と闇

光の形而上学が視覚モデルに定位していたのに対して、フィンクにおける闇の現象学は、触覚モデルを要求する。光と闇のメタファーは、レヴィナスやアンリといったフランスの現象学者達においても重要な役割を果たしていた。両者は、ギリシャに端を発する伝統的形而上学の内に、光と視覚を優位に置くモチーフを看破し、闇の次元へと沈潜する。興味深いことに、彼らもまた闇の次元を触覚モデルで語っている。

たとえばアンリが「現象学的方法」（一九九〇年）においておこなった、『存在と時間』第七節における現象学の定義を巡る解釈は、極めて興味深いものである。ハイデガーによれば、現象概念は「己を示すこと」を意味するファイネスタイというギリシャ語から派生したものである（SZ, 28）。ファイネスタイという語は、「日の光の下にもたらす」という意味の動詞ファイノーの中動相であり、ファ、フォースは光、明るみを意味する。つまりギリシャにおいて現れることは、光の中で見えるようになることとして、つまり「可視性の地平」において理解されている。[13] このように現象概念は、文献学的検討からギリシャ的な或る特定の制限されたパースペクティヴから解釈されているにすぎないにもかかわらず、そうした制限が、形式的な位相にとどまらずに実質的場面にまで及んでしまったことをアンリは鋭く批判する。[14]

『存在と時間』において〈現れるもの〉と〈現れること〉の関係は、〈照らされるもの〉と〈照らす光〉の関係との類比において思惟されている。この現出論的差異は現れることがそのこととして差異であることに基づく。光は「それ自身とは異なるものの前におかれ、距離を隔てて外に置かれるもの」だけを照らす。[15] 照らされて現れるものは、つねにこの距離化を前提として光において輝くというわけである。アンリは一九六三年の主著『現出の本質』の中で、このようなギリシャ的現象性に基づく形而上学を「存在一元論」として批判し、それとは別の現象性として、距離なき自己触発において現れる「情感性」の次元を闇、触覚のメタファーで語っている。

他方レヴィナスは、フィンクと同様、愛と死を闇の次元として語っている。レヴィナスにとって死とは、「光にまつわる言葉では言い表せない未知のもの」である。[16] とはいえ、死は何人もそこから立ち戻れないからという理由で未知なのではない。そもそも死との関係は光のなかでは生じることがないのである。総じて経験というのは、たとえそれが受動的だったり、未知なものであったりしても、光という媒介を経て、能動的なものとなり、了解可能なものとなりうる。これに対して死の経験は、「絶対に認識不可能なもの」として「いかなる光とも無縁」なのである。[17] 死は決して今ではない。しかしそれは死が虚無だという意味ではなく、私が死を「把捉できない（insaisissable）」という意味においてそうなのである。[18] 死はわれわれの力を超えるだけではない。死の接近においてより本質的なのは、その瞬間において「もはやなしうるということがなしえなくなる」ということである。[19]

死は絶対的な他なるものとの関わりである。死のうちで告知されてくる他なるものは、私の実存を支配するが、私の実存と融即することはなく、「いかなる光にも抗する認識不可能なもの」として何処までも神秘的なものにとどまる。[20]

しかるに愛の本質は、レヴィナスによれば、「融合（fusion）」ではなく、「悲壮（pathétique）」のうちに見られる。[21]性差は相補的な二元性ではない。相補的な二項は一つの全体を前提とする。レヴィナスにとって性的二元性はむしろ超克不可能である。超克不可能な二元性の論理そのものはフィンクも語っているが、それをエロスそのもののうちには見てとってはおらず、むしろ性差を相補的な象徴の論理で思考し、エロスの本質を融合として捉えているという点で、レヴィナスとはむしろ対照的であるといえよう。レヴィナスにとって〈性的なもの＝他なるもの〉は、神秘の内に退却する。女性的なものの神秘は、冒瀆によっては廃棄されえない。そもそも冒瀆自体が神秘との関わりかたの一つなのである。女性的なものを特徴づけているのは、単なる認識不可能というより、「光を前にしての逃亡」である。[22]女性的なものは、「光への超越」においてではなく、「恥じらい」の中で成就されるのである。[23]

このように光を暴力として告発するレヴィナスを、デリダは一九六四年の論文「暴力と形而上学」において厳しく批判している。デリダによれば、「光が暴力の境位なら、最悪の暴力、つまり言論に先行し、言論を抑圧する無言と夜の暴力を避けるために、ある別の光をもってこの光と戦わねばならない。[24]」全くの非暴力ではなく、最小の暴力によって暴力に立ち向かうというのが、デリダの基本戦略である。そもそも彼の基本発想からすれば、全く純粋な非暴力などというものは事実上ありえない。

デリダは、最晩年の著書『ジャン＝リュック・ナンシーに触れる』（二〇〇〇年）のなかで、プラトンをはじめ、プロティノス、バークリ、ビラン、ベルクソン、フッサールに至る直観主義の系譜を「触覚中心主義的形而上学」として批判している。デリダはこうした思想が、連続性と分割不可能性という二つの基本的イメージによって支えられていることを指摘し、「分割＝共有」、「非連続性」、「中断」等について語ったナンシーを高く評価する。通常であれば、直観主義は、むしろ視覚の特権化に結びつくものと考えられている。しかしデリダによれば、そこではあくまで「視覚的現前の完成、充満、充実が接触に達する点」、つまり「盲点」に触れることが問題となっているのである。[25] つまり直観というのは、あたかも目がものそのものに触れているかのような「合致」の経験であり、いわば「視覚が触覚へと生成」するような経験である。[26] デリダの触覚形而上学批判は、「直観的・無媒介的・顕在的・確実な充実」を基調とした思考への批判である。[27] 彼が批判したいのは、視覚に対する触覚の優位そのものというよりは、触覚における直接的無媒介性格に他ならない。その意味で彼がかつてより告発してきた「現前の形而上学」批判の発展形態とみてよい。

触れることのできないものは、触れ得ないことによってこそ触れうる。このような論理をデリダはレヴィナスの「愛撫（caresse）」の分析を通じて検討する。すでに述べたように、愛撫とは単なる接触には還元されえないような側面がある。レヴィナスによればそれは「接触を越えた接触」である。接触は感性的な光の世界を超越している。愛撫というのは、接触しつつも、そうした感覚的接触の彼方に越えて触れようとする営みに他ならない。愛撫される女性は、その裸出性において触れることができない。

レヴィナスの愛撫が一方的な接触経験であるのに対して、神との接触における「相互性」を主張したのはクレティアンである。[28] クレティアンによれば、聖トマスは、そもそも触覚というものが感性とは無関係であり、むしろその直接性という点では知的なものであるとし、知的接触の優位を主張した。[29] 通常の被造物レベルでの感性的接触は、神的知性の自己点火によってはじめて可能となるというのである。デリダはここで点火された炎の比喩に注目する。デリダによれば、炎とは、いわば「触覚的な光」である。[30] しかも炎の自らを焼き尽くす働きは、偶像破壊性格をも物語っている。クレティアンはこうした事態を「像なき再現前化なき現前」[31] と表現しているが、デリダはこうした性格こそ「触覚一般の最高規定」[32] であると述べている。クレティアンによれば、それは「決して所有には転化しない内密な近さ」として、「把捉不可能なものに裸出した露呈」へと開かれている。「私が触れかつ私に触れるもの」は、私の中で閉鎖域を形成することなく、それ自体私には把握不可能な無限なる神が介入していることを示している。しかしそれは思弁的に要請されるのではなく、「私に対する過剰」として「愛撫」という具体的経験の中で示されるとクレティアンは言う。

もとより、このような発想をクレティアンはスペインの神秘思想家、十字架のヨハネから借りてきている。[33] 十字架のヨハネによれば、「神の手」＝「神の子」＝「御言葉」が魂に触れることによって実現される変容によって「眼が聴き、耳が聴き、肉が聴く」ことができる。[34] 神的接触は、もはや「媒質も隔たりもない」接触であり、「直接的で充実した、それ故直観的な霊的接触」である。[35] しかしここで重要なのは、このような「触覚的な直接性の充実」が「無限の次元に属している」ということである。[36] しかるに感性的次元においては、間隔、たとえば皮膜なしに触れることは成立しない。しかしこの媒介は隠され、忘却されてしまう。デリダは、接触の直接性という幻想が発生してくる由来をここに見て取る。感性的接触は実は媒介された触覚でしかない。間隔の介在しない直接的な接触は本来無限な神の接触においてしかありえない。むしろ人間の有限な触覚の方がここからの「類比」によって語られたものなのである。[37]

(b) 触覚的差異化――夢と眠りの問題

光の形而上学に対して、闇の論理の重要性を引き出したという点において、レヴィナスとアンリもまた、フィンクと同じような問題を共有していた[38]。光が視覚、闇が触覚と結びつくという点においても彼らは共通している。しかしながら、フィンクは「自然ロマン的立場」から、人間の内なる自然や動物的衝動を宣揚するようなことはせず、自らの目的が闇ないし夜の形而上学の構築ではないと注意を促している（SM, 267）。フィンクによれば、大地や生命の底知れなさを讃えたニーチェは光の形而上学を逆転させたにすぎない（SM, 220）。かといって、フィンクは光の形而上学の一面性を単に「補完」しようとしていたわけでもない（ebd., 303）。重要なのは根本の着手点をはじめから「全体として」徹底的に吟味し、「未決状態」に置くこと、つまり光と闇の抗争そのものを「耐え抜く」ことである。

フィンクは、ハイデガーとの共同演習『ヘラクレイトス』の中で、触覚の問題をとりわけ眠りや死の問題と絡めつつ論じている。まずはヘラクレイトスの断片二六を巡るフィンクの解釈を検討することからはじめたい。

> 人は、夜中になると自分の眼光が消えるので、灯火を点火する。正者も眠っているときには死者に接し、目覚めているときには眠った者に接している[39]。

フィンクは、「昼と共に来る光」と「人間によって点火された光」を区別する（HS, 208）。太陽の明るみは、人間の見ること、自己を示すものへと見つつ自ら関わることを可能にする。しかし人間によって点火された光は、多くのものを照らすことはできても、太陽のように万物を明るめることはできない。それはいわば「夜という大いなる闇における小さな光」である。ハイデガーは、そこで言われる闇というのが、ある仕方でそれはそれでまた開性なのではないかと問い、こうした「暗い開け」がさらに「現場（Da）」という意味での「明るみ」においてのみ可能だという。これに対してフィンクは、闇の覆蔵性を現場の明るみへの関係からのみ思惟すべきではないと反論する。闇は決して開けを取り囲む単なる限界領域ではない。フィンクによれば、人間は闇においてもなお何かを見る。つまり闇が介入したところで見る能力そのものが無くなるわけではなく、ただ活動しなくなるだけであり、闇においてもなお「規定的でないもの」を見ていると彼は言う（HS, 207）。闇においてではあれ、見る能力はあくまで開かれている。一体何を見ているのか。そこでフィンクは「聞くこと」を例に取り上げる。なんらかの規定的な音が聞こえないところで、耳を澄ますことがある。特に何らかの音が無くてもなにかを聞いている。耳を澄ますこととは、「聞こうとする意志の張りつめられた覚醒性」である（ebd., 208）。静寂のなかにも、その空間には強度が張りつめている。その意味で耳を澄ますことは、「聞くことの可能性の条件」としての積極的な意義をもつ。同様に闇もまた、見ることの可能性の条件としてそれ自体経験可能なものなのである。根拠の暗さは意識の欠如状態ではなく、「区別が無い」ことをあらわしている。つまりあらゆる区別が崩壊する場所である。しかしその場所は、自ら個体化されることはないが、あらゆるものを個体化する根拠として積極性をもつ。したがってこのような根拠は、明るめられたものとの関係から欠如的に把握されてはならない。夜は欠如的なものではなく、昼の明るみと並んだ一つの自立的契機なのである。

たしかにハイデガーは、このような意味での闇もなお、「現場」の「明るみ」において可能だと言いたかったのであろう。対してフィンクは、そのような光と闇の対立を越えた次元をさらなる根源的な闇として語りたかったと言うこともできる。しかしフィンクが真に批判したかったのは、光と闇が前提としている可視性という枠組みそのものだったのではないだろうか。そこでフィンクが持ち出してくるのが「接触すること」のもつ開示機能である。フィンクにとって「現場」とは、見ることの場であるだけでなく、接触することそのものでもあり、その意味で、優れて身体的なものなのである。フィンクが周縁的な闇を積極的に語ることができたのも、そうした接触経験による裏打ちあってこそと言えよう。

フィンクは、断片二六の中で「点火する」と「接触する」という二つの意味で訳されているハプテタイという語に注目する。フィンクによれば、「接触すること（Anrühren）」は、①光の力へと接触すること、②暗い力へと接触することという二つの側面をもつ。①は明るみのうちに立つことであり、見ることと深くかかわる。視感覚は、遠感覚として、見られたものとの間に間隔を必要とする。したがって見ることは、間隔化されて接することである（ebd., 226）。これに対して②は間隔なく接することであり、接触感覚と関わる。触れるものと触れられるものとの間には、媒介を必要とせず、「直接的な近さ」が成り立っている（ebd., 228）。それは「内立的」な「暗い了解」であり、「存在的近さ」に基づく（ebd., 233）[40]。

一見してアンリの議論を髣髴させると同時にデリダから批判を受けそうな記述であるが、フィンクの議論の味噌は②だけでなく、①をも接することと見なしている点である。接することにおいて、この接することそれ自体が二重化するのである。点火というのは、接触することによって光を灯す。つまり接触によって見ることというそれ自体として接触不可能な次元が開かれてくるのである。フィンクはこのような事態を、「眠り、夢」の問題と交差させることによって、より明確に語りうる活路を見出すに至る。

眠ることにおいて眠る自我は眠りに接触する。この接触することにおいて点火された光は夢の世界における光となる。それは夢見る自我、つまり眠る自我にとってではなく、夢の中での自我にとっての光である。フィンクは夢見ることにおいて「夢見る自我（träumendes Ich）」＝「眠る自我（schlafendes Ich）」と「夢の中での自我」とを区別する[41]。夢世界に光を点火したのは、夢の中での自我ではない。かといって眠る自我が夢において光を点火しているわけでもなく、夢世界的なものが自らに光を点火したとしか言いようがない。これを夢の中での自我が点火したことにしてしまうと、眠る自我と夢の中での自我との間に成立する現象学的区別がぼやけてしまう。〈覚醒しているときの現実世界〉と〈夢の世界〉を自由に往来できるような視点は基本的にありえない。夢の中では、気づいたときにはすでに視覚世界が開かれてしまっている。つまり光は灯されてしまっている。しかもそれまでいた現実世界のことはまるで覚えていない。自らの入り口はすでに塞がれてしまっている。

すでにフィンクは博士論文において、眠りや夢についての現象学的分析を行っていた。眠りというのが、眠る自我の意識が極限まで沈下することを意味し、このことが夢を見ることの条件となっている以上、眠りと夢の現象学的分析は極めて困難なものとなる。しかしフィンクはそこをむしろ逆手に取る。そもそも眠りを主題化できるか否かを問題にする際、そのように問うわれわれが前提としている了解構造を現象学的に分析すればよいのである。彼がひとまず注目するのは、「眠る者の世界喪失性格」である。世界喪失もそれ自身「世界所持の一様態」である（ebd., 64）。眠りの場合、それは「極限的沈下性という様態における世界所持」と性格づけられる。しかし眠りは、「世界へと向けて構成的に意味を整えていくことのない単なる内在」という意味での世界喪失とは異なる。眠りはあくまで「原的自我の現在的な世界喪失性」である（ebd., 64）。眠ること自体は「現在化の一様態」なのである。しかし眠るものが見る夢は、準現在化である。そこでフィンクは「眠りという現在性において構成された統一としての夢体験」と「夢世界」とを区別する（ebd., 65）。眠っている間夢世界における自我は、「覚醒した自我」として、空想世界を現実世界とみなしつつ生きている。

『ヘラクレイトス』演習でも同様のことが語られている(HS, 223)。眠る自我は何もみていないのにもかかわらず、やはり夢見るものとして彼は夢の中での自我をもち、その自我は体験をもつ。眠ることは強い沈下性形式をもち、眠ることにおいて眠る自我が「実的自我」の様態となるのに対して、夢世界の中での自我は、「志向的自我」の様態をとる。フィンクは眠る自我と夢の中での自我との関係を、このようにいったん実的自我の志向的自我に対する関係へと還元したうえで、そこに再想起の構造を重ね合わせてみる。再想起する者は再想起された世界の主体ではない。再想起する自我は顕在的周囲世界に属し、再想起された自我は再想起された世界に関係している。空想についても同じことが言えるであろう。再想起が措定的であるのに対して空想と夢は擬似措定的という点では同一である。となると、夢は空想とどのように異なるのであろうか。再び彼の博士論文を参照することにしたい。

夢の世界は、混乱し、連関を欠く。フィンクによれば、このような夢の性格は、夢の中の自我の視点からすると、「受動的な先構成において経過する世界経験」のようなものである(VB, 65)。もっとも、これだけのことであれば空想にも当てはまる。しかし空想世界は、「空想する自我の自由な創造」によって、「全く自らの恣意に委ねられている」。とはいえ、意識の沈下が進むにつれてこのような自由は徐々に低下していく。沈み込んだ自我は、自らの意志から脱して「隠された受動性のうちで」構成作用を行うのである。空想が能動的にも受動的にも振舞えるのに対して、夢の中の意識はもっぱら受動的である。フィンクが夢を「沈下した空想」(ebd., 63)と呼ぶ所以である。(42)

眠ることが現在化作用であるのに対して、夢はあくまで準現在化作用の一種である(ebd., 64)。フィンクによれば、準現在化である限り夢もまた「反復可能性」(ebd., 65)という入れ子構造をもつ。夢は途切れずに進行する限り、現実世界とみなされているわけであるが、新たな夢の出現においてはじめてそれまでの世界が単なる夢として事後的に把握される。しかしこのような反復構造は、あらかじめ存在する基づけ層のうちで構成されるのではない。「基づけること」そのものが、「新たな夢の構成と一つになって」構成されるのである（ebd., 66）。今自分の生きている世界がもしかしたら夢なのではないかという仄かな直感は、こうした夢の反復構造そのものの経験に由来するのであろう。ただしこのような反復構造の議論は、「たとえ世界が錯覚だとしても、錯覚する知覚作用は現実存在する」ということとは位相が異なる。「私の世界知覚作用が夢だとする」と仮定した場合、現実存在するのは私の世界知覚作用ではなく、あくまで夢見る作用だからである。錯覚する知覚作用が実的であるのに対して、夢見る現在化作用は「実的ではない」。先に「眠ることにおいて眠る自我が実的自我の様態となる」と述べたが、それは覚醒した視点から語ったものであり、夢の中の視点からするならやはりそれは「非実的」と言うべきであろう。夢見る作用は、そこにおいて夢という準現在化作用を遂行しつつも、それ自体としては現在化作用であり、夢の中での私には知られていないものである。その意味で、夢見る現在化作用は「実的ではない」と言われるのである（ZII, 48b. EFG. 175）。けだしこのような夢見る自我の非実的性格は、ある意味で、超越論的傍観者の非世界的、非構成的性格と類比的である。眠る自我は、夢世界の構成に全く参与することなく、むしろ夢世界の平面から身を退けることにおいて夢世界の構成そのものを可能にしている。フィンクにとって常に問題だったのは、単に対象的世界の錯覚から錯覚する知覚への還元ではなく、両者を含んだ厳密な意味での世界そのものの還元に他ならない。

意識の消失によって眠りに「到達」したとたん、夢という別の経験世界に位相が移るという構造は、接触経験と視覚経験の関係にもそのまま当て嵌まる。つまり接触と同時にそれ自体としては接触不可能な視覚世界が開かれてくるわけであるが、新たな視覚世界への到達は、同時にその到達点ないし接触点としての入り口をも塞いでしまう。[43] こうした事態は、「点火」という「接触」によって蝋燭が周囲を照らし「見る」ことが可能となるというう比喩によって見事に表現されている。フィンクによれば、接触することは「把握できないものを把握することと」であり、「接触しえないものに接触すること」である (ebd., 244)。つまり触覚は、徹頭徹尾差異を孕んでいる。しかしフィンクにとって問題なのは、接触するものと接触されるものとの間の差異ではなく、あくまで接触することと自身が孕んでいる差異性に他ならない。ハイデガー的な意味での現場の「明るみ」は、まさにこうした闇における触覚的差異化によってはじめて可能となるのではないだろうか。

結びにかえて

本書の内容を簡単に振り返ってみよう。

フッサールの現象学は当初「反形而上学」という決意表明のもとで出発したが、それは理論理性の枠内でのことであって、後にカントからフィヒテに至る実践哲学の路線を意識しつつ、現象学的形而上学を構想するに至る。フィンクはこうした問題意識を引き継ぎながらも、ヘーゲル的観念論との接点に重点を据えつつ、そこからさらに新プラトン主義へと遡り、両者を結ぶ「ヘン・カイ・パーン」のモチーフを現象学的に換骨奪胎することによって「非存在論」という独自の構想を抱懐する。

フィンクにとって問題なのは、意識主観にとっての「個別的存在者」の現れではなく、あくまでそうした志向的関係そのものが成り立つ場である「世界」の現れを問う学である。彼は、世界の現れをドイツ観念論風に「絶対者の現象」として語り、さらにその現象様式を否定神学に倣って「無の脱無化」という二重否定によって表現する。つまり世界の背後に実体として存在する絶対者が自らの外部に世界を創造するのではなく、「絶対者＝非存在」自らが無を脱することによって世界として自己現象するのである。フィンクによれば、人間はこの絶対者の脱無化によってはじめてその動きと相即的に自らを無化する。人間の無化というのは、人間が自らを「世界構成的主観」として自覚すべく、人間存在が前提とする世界地平の象面そのものを内側から突破する「現象学的還元」の営みを表している。

非存在論は、志向性の成立する場である世界そのものの発生を問う限りで、ハイデガーの存在論ともリンクする。ハイデガーはフッサールに対して「意識の存在」、「存在の意味」という二つの問を等閑に付していると批判した。フィンクは前者の問に深く関わるハイデガーの現存在分析論に対しては終始批判的であった。しかし非存在論は、「存在の意味」、すなわち「時間」の問をフッサール現象学の枠組みにおいて語り直したものである。フィンクはフッサールの「生ける現在」論に見られる自我論的な現前主義を解体し、把持や予持の機能に重要な意義を認め、そうした時間地平そのものを形成する「脱現在化」や、その発生的様式である「時間揺動」へと分析を深めていく。それは「存在せしめること」と「存在を受け入れること」との間を揺動しつつ、自我にとって意のままにはならない「世界」という場を開く、最も根源的な時間化の機能に他ならない。

戦後に至ってフィンクは、コスモロギー的現象学という独自の思想を展開する。フィンクは、「絶対者」の概念に含意されているキリスト教的、精神的、非感性的要素を脱構築し、世界の現れをとりわけニーチェの「永劫回帰」やヘラクレイトスの「ピュシス」概念に引き付けて思索するようになる。コスモロギーの主題は、内世界的存在者と世界の「コスモロギー的差異」である。あらゆる内世界的存在者は「世界」という「絶対的媒体」において現れては消滅する。しかし世界は内世界的存在者と離れてその底層にやすらう実在領域ではなく、あくまで内世界的存在者において自らを映し出しているのである。

しかしフィンクにとっての本来的問題は、コスモロギー的差異というより、むしろ世界そのものが内的に孕む差異である。フィンクはそれを「天空と大地の対抗遊戯」という神話的象徴によって語る。存在は天空という光の側面のみならず大地という闇の側面をも持っている。フィンクは、このような洞察に基づき、プラトンからハイデガーへと至る存在論を「光の形而上学」として批判する。もっとも、ハイデガーもまた「存在の覆蔵性」について語ってはいる。しかしフィンクからすれば、ハイデガーは人間の世界参与のあり方をロゴスに限定してしまったため、「存在の覆蔵性」について語ったところで所詮それは「光に属する影」のようなものでしかない。フィンクによれば、人間の世界参与のあり方には、労働、支配、死、愛、遊戯といった五つの根本現象がある。人間の天空への関わりは「労働」と「支配」として、大地への関わりは「愛」と「死」として、そして両者の対立そのものへの関わりは「遊戯」として円現する。ロゴスは、万物を取り集める働きとしてヘンと密接に関わる。これに対して、フィンクはパーンの契機を強調する。彼にとってパーンとは、身体の「接触」機能において感覚される「暗い根底としての大地」を意味している。

ギリシャ的な光の暴力を告発し、とりわけ触覚という観点から闇の論理を積極的に語ろうとする発想は、レヴィナスやアンリにも見られる。しかし他方でデリダが最晩年において行った「触覚中心主義的形而上学」批判も見逃せない。デリダによれば、直観主義的思考における無媒介性格は触覚モデルに由来するものである。しかしフィンクにおいて触覚は、徹頭徹尾媒介を含むものとして語られている。しかも彼にとって問題なのは、接触するものと接触されるものとの間の差異ではなく、あくまで接触すること自身が孕んでいる差異性に他ならない。

フィンクによれば、ハイデガーは開示性の「現場（Da）」を視覚モデルで捉えてしまったために、闇に対する語りが消極的なものにとどまった。一九六六／六七年冬学期にフライブルク大学で行われたハイデガーとの共同演習『ヘラクレイトス』においてフィンクは、触覚モデルに定位した開示性のあり方を模索している。彼はヘラクレイトスの断片からヒントを得て、接触経験に眠りと夢の構造と重ね合わせ、〈点火としての接触＝眠りの到達〉と同時にそれ自体としては接触不可能な〈視覚世界＝夢〉が開かれてくるという独特の差異化機能を見出すことになる。フィンクからすれば、ハイデガー的な意味での現場の「明るみ」は、まさにこうした闇における触覚的差異化によってはじめて可能となるのである。

前期から後期にかけてフィンクが一貫して問うていたモチーフは、つまるところ「ヘン・カイ・パーン」の問題である。前期の非存在論においてはヘンの超越性格が強く出ていたのに対して、後期コスモロギーではパーンへの内在性格に重点が置かれるようになる。いずれにせよ問題なのは、絶対者と世界、天空と大地という差異が生成してくるところの現場である。非存在論は、存在の意味への問を絶対者の時間化の問として定式化し、カント的構想力の根底に脱現在化、時間揺動の機能を見出した。それは意識の深層における像の産出機能であり、揺動の動きにおいて絶対者と世界が差異化する。

後期コスモロギーにおいて絶対者と世界の差異性は、世界そのものの内的差異性として捉え直され、「天空と大地の対抗遊戯」という神話的象徴によって語られるようになる。ここで言われる対抗遊戯とは、非存在論で語られた「時間揺動」の発展型と考えてよいだろう。遊戯とは世界が像を自己産出するあり方を示している。フィンクは、原像と模像といった伝統的模写図式を解体し、むしろ原像と模写、現実性と非現実性との区別そのものが湧出してくる場面を問題とする。フッサールにおける現実的世界時間と空想的擬似時間の分析は、すでに両者の区分を遂行し終えた時点から事後的に語られているかのような印象も払拭しきれない。これに対してフィンクにおける遊戯としてのイメージ世界は、人間の遊戯における脱自といった無意識的位相において接近可能であり、遊戯そのものは遊戯の呪縛の内でもなお了解されている。

無意識的位相における想像力の問題について最も果敢に取り組んだ思想家としてはユングの名を挙げることができる。従来の現象学研究において無意識の問題が扱われる際、フロイトは取りざたされることはあったものの、ユングについて言及されることはほとんど皆無といってよい。しかしユング派の中には、現象学への接近を試みる者も少なくない。その代表かジェイムズ・ヒルマンである(1)。ヒルマンは、アンリ・コルバンの「想像界(mundus imaginalis)」論とユングの「元型」論を折衷し、元型心理学という独自の理論を展開している(2)。ユングはヌーメノン的な元型自体とファイノメノン的な元型的イメージを区別したが、元型心理学は、もっぱら後者のみを問題とする。無意識そのものに直接接近することはできないが、無意識のイメージであれば、現象学的に考察可能である。

元型心理学の目的は「魂(Soul)」ないし「心(Psyche)」を「作ること」である。魂とはイメージの場であり、イメージしていく活動そのものである。元型心理学は知覚に対するイメージの先行性を主張する。しかしこのことを現象学の用語で語り直す際、知覚に対する空想の先行性ということにはならない。それはむしろ現在化に対する脱現在化の先行性として語られるべきである。

ヒルマンによれば、魂は人間や私の所有物ではない。むしろ人間の方が魂の場の中に置かれている。このことは、ユングの「魂内存在(esse in anima)」という言葉に端的に表現されている(3)。魂とはむしろ世界そのものであり、プラトン、新プラトン主義からルネサンス魔術思想を経てドイツロマン主義に至るまで極めて重要な役割を果たしてきたかの「世界魂(anima mundi)」のことである(4)。世界魂は、すでに成立した意識が自らを世界に投影する擬人化の産物ではなく、無意識の投影によって形成される。それは意識にとっては異他的であり、むしろ逆に無意識の投影こそが主体的自己の成立を可能にしているのである。フィンクにとってもイメージの産出は主観的なものではない。脱現在化は自我の作用ではない。コスモロギー的な遊戯世界もまた、はじめからイメージに満ち溢れる世界であり、そこへと巻き込まれるような仕方で人間主観は遊戯的に脱自する。元型心理学的な表現で語るなら、世界魂の元型が、意識を眩惑し、意識を自分自身のスタンスに対して盲目にさせる。意識の構造そのものが、元型の強大な力と憑依によって形成されるのである。[5]

ヒルマンは、自らの元型心理学と現象学の共通点として次の二点を挙げている。第一に「事象そのものに向かい、事象自身に己が何であるかを語らせる」という点、第二に「本質的観念あるいは意識のスタイルという観点から、生起している事物の本質を見出そうとする」という点である。しかし彼は、現象学が「空想イメージ」こそ意識の本質であることを認識していないと批判している。そこでヒルマンは、「現象学的還元」を「神話的パターン及び人物たちへの回帰」、すなわち「元型的転回」として改釈する。[6]

たしかにフッサールの現象学は、基本的に概念を記述の手段とするが、フィンクのコスモロギーにおける神話的語りは、この「元型的転回」という企図に重なるものがある。ヒルマンによれば、神話的隠喩こそ元型について語る正しい方法である。神々とは、「人物化された元型」であり、「経験の仕方の隠喩」である。神話的隠喩は、定義や説明ではなく、むしろそれらを開くものであり、現象を一義的に字義化することを防ぎ、多様なパースペクティヴにおいて記述することを促す。ヒルマンが神話の多神教的性格を重視するのもこのためである。ヒルマンからすれば、科学や形而上学、そして現象学もまた字義主義的であるが、字義主義は、それはそれで「神々を上演する方法」の一つでしかなく、「距離を置くこと」、「情念に左右されないこと」といったいわば「アポローン元型」を前提にしている。

逆に字義的に理解してしまうと、全く不可解なものとして、たとえば錬金術、占星術、魔術などが挙げられる。七つの惑星から目的に即した効果を引き出すフィチーノの自然魔術も、字義的に捉えてしまえば単なる疑似科学でしかない。ヴァールブルクの思想史研究者D・P・ウォーカーが言うように、各惑星は「心理学的類型」、すなわち「感情の状態や傾向の象徴」として捉えられるべきである。(7)ウォーカーは惑星の影響力を引き寄せる媒体であるスピリトゥスの概念を丹念に追っているが、元型心理学者のトマス・ムーアは、それを「イメージづくり」の働きとして解釈している。(8)魔術師というのはそうした象徴の力に対して想像力を通じて接近し、しかもその力を自在にコントロールすることができる。同様のことは、召喚魔術にも当て嵌まる。ユングの錬金術論を下敷きに魔術全般を元型論的に考察したルッツ・ミュラーは、天使や悪魔のような霊的存在を、「集合的無意識の自立的な元型的コンプレックス」として捉える。(9)元型は情動的な憑依効果をもち、その効果が霊的存在として象徴的に語られるのであって、字義的に物理的現象として考えられるべきではない。召喚儀式はこうした元型を直視し自己を形成していくためのいわば心理療法の起源として注目される。さらに主体間で行われる魔術でもイメージの機能は重要である。コルバンの薫陶を受けたクリアーノは、ジョルダーノ・ブルーノの「絆」論を頂点とするルネサンス的エロス魔術を、応用心理社会学、大衆心理学、すなわち広報・宣伝、スパイ活動、政治といった大衆イメージ操作術の先駆と見なしている。(10)

フィンクは一者の非存在論を構想したが、問題なのは一者の無的性格そのものというより、その現象のあり方である。フィンクはそれを時間論として具体化し、構想力の問題として受け止め、さらには世界遊戯論として展開した。それは一者の非存在論というよりはむしろ「世界魂の非存在論」と言ってよいかもしれない。すでに心理学の分野で豊かな展開を遂げている無意識的な元型的想像力の問題に対して、現象学はどのような対応をすべきであろうか。その具体的な展開は今後に譲ることにしたい。

あとがき

本書は、二〇〇七年に東洋大学大学院文学研究科に提出された博士論文「現象学と形而上学――オイゲン・フィンクの「世界」問題を中心に」がもとになっている。本書の成立にあたって、実に多くの方々にお世話になった。

まずは院生の頃よりずっとご指導頂いている東洋大学名誉教授・新田義弘先生に心より御礼申し上げたい。新田先生の「深さの現象学」に感銘を受け、是非とも先生の教えを乞いたいと東洋大学大学院に入学しておよそ二十年近くたつ。現象学研究の世界的重鎮でおられる先生はまさに憧れの存在であり、入学当初はお話するのも畏れおおく、ひたすら先生の書かれた論文を片端から探し出しては何度も繰り返し読み、勉強したものである。そもそも本書の中心的主題である「世界」、「像」、「時間」といった諸問題について考えるようになったのも、新田先生からの影響である。博士課程に入学したあたりから先生と直に接する機会が増え、公私にわたり本当にお世話になった。先生からは、学問的知識はもとより、現象学的な問いのたて方、そしてなにより哲学することの姿勢を学ばせて頂いた。いつも私の未熟な議論を熱心に聞いてくださり、研究の節目に突き当たるたびに私を適切な問へと導いてくださった。

次に博士論文の主査をご快諾くださった山口一郎先生（東洋大学）に感謝申し上げたい。大変親身なご指導を頂き心より感謝している。とくに時間論の箇所については、何度もメールでのやりとりがあり、厳しいご批判、貴重なご意見を頂いた。博士論文ばかりでなくドイツ語の論文作成においてもどんなに助けられたことか計り知れない。

副査の河本英夫先生（東洋大学）と村上勝三先生（東洋大学）からは、院生の頃より、様々な研究会で鍛えて頂いた。河本先生の斬新で真に迫る思索からは多くのヒントを頂き、村上先生の緻密で強靭な思索からは哲学することの厳しさを学んだ。東洋大学哲学科の諸先生方からはいつも温かく見守って頂いた。心より感謝申し上げたい。

さらに本書を執筆するうえで、テーマ上多大な影響を与えてくださった先生方、とくに日本のフィンク研究のパイオニア的存在でおられる千田義光先生（国学院大学）、「現象学的形而上学」という問題領域を開いてくださった谷徹先生（立命館大学）、現象学の神学的転回を批判的に継承され、「イマジナルの現象学」という独自の思索を展開しておられる永井晋先生（東洋大学）に感謝申し上げたい。

新田先生のゼミでは、多くの優秀な先輩方と出会い、現象学を研究する上で最高の環境であった。テキスト読解力を鍛えてくださり、最も身近に面倒を見てくださった鈴木琢磨先生（日本文理大学）、いつも叱咤激励頂き、私に良き手本を示してくださった日暮陽一先生（東洋大学）、重野豊隆先生（星薬科大学）、本石修二先生（東洋大学）、大石学先生（東洋大学）、丹木博一先生（聖母大学）、村井則夫先生（明星大学）、そして修士の頃よりずっと共に研鑽しあってきた朋友である田口茂氏（山形大学）に感謝申し上げたい。

若手世代で身近にお世話になった方々として、稲垣諭氏（東洋大学）、吉川孝氏（高知女子大学）、陶久明日香氏（学習院大学）、さらに私が助手を務めていたころに、いつも激論を戦わせていた仲間である伊藤淳氏（東洋大学）、秋元博喜氏、不京丈晶氏、紙谷充子氏に感謝申し上げたい。そして面倒な索引作りを手伝って下さった東洋大学大学院生の武藤伸司氏に御礼申し上げたい。

フィンクの未公開草稿を閲覧する便宜をはかってくださり、お会いする度に励ましの言葉をかけて下さったズザンネ・フィンク夫人をはじめ、フィンク・アルヒーフの関係者の方々、とりわけブルジーナ先生（ケンタッキー大学）、ゼップ先生（プラハ・カール大学）、シュヴァルツ先生に感謝申し上げたい。

知泉書館の小山光夫氏には、本書の出版をご快諾頂いたばかりか、ずっと温かく見守って頂き、何度も励ましのお言葉をかけてくださり心より厚く御礼申し上げたい。

最後に、これまで私を育ててくれた父と母に感謝したい。

なお、本書は、平成二一年度「井上円了記念研究助成金」を受けて出版されたことを付記しておく。

二〇一〇年一月一二日

武　内　大

初出一覧

本書のもとになった論文は以下の諸論文であるが、大幅に加筆・修正を行なったことをお断りしておきたい。

序　形而上学と世界問題（書き下ろし）

第Ｉ部　現象学的形而上学としての非存在論

第一章　絶対者の現象学としての非存在論

第一節　現象学的形而上学の構想

（a）フッサールにおける形而上学と神の問題（書き下ろし）

（b）フィンクの非存在論と超越論的方法論（「非存在論から宇宙論へ——オイゲン・フィンクにおける「絶対者」と「否定性」の問題」『理想』第六六一号、理想社、一九九八年）

第二節　フィンクの非存在論

（a）非存在論と伝統的形而上学（「非存在論と時間分析——フィンクとハイデガーにおける「存在の意味」への問」『白山哲学』第三四号、東洋大学文学部紀要哲学科編、二〇〇〇年）

（b）超越論的傍観者と生としての絶対者（「オイゲン・フィンクの「生命」概念」『近代日本思想を読み直す』実存思想論叢一七、理想社、二〇〇二年）

第二章　非存在論と時間分析

第一節　志向性の存在への問（書き下ろし）

第二節　存在の意味の問としての時間分析

（a）フッサールにおける世界時間と個体化の問題　（「フッサールにおける客観的時間の問題」『東洋大学大学院紀要』第三〇集、一九九四年）

（b）脱現在化と揺動　初期フィンクの時間分析　（「非存在論と時間分析——フィンクとハイデガーにおける「存在の意味」への問」『白山哲学』第三四号、二〇〇〇年）

（c）構想力と世界の問題　フィンクのハイデガー批判　（「非存在論と時間分析——フィンクとハイデガーにおける「存在の意味」への問」『白山哲学』第三四号、二〇〇〇年）

第Ⅱ部　コスモロギーと現象学的世界論の展開

第一章　コスモロギー的世界論の成立

第一節　フィンクのコスモロギー

（a）現象の現象性としての世界　（「フィンクの思弁的コスモロギー——現象学的世界論の課題と展望」『東洋大学大学院紀要』第三二集、一九九六年、「空間—時間—運動——フッサールとフィンクの世界概念を巡って」『現象学年報』第一二号、日本現象学会編、一九九七年）

（b）像と遊戯　（「フィンクにおけ「像」の問題」『哲学』第五〇号、日本哲学会編、法政大学出版局、一九九九年）

第二節　伝統的形而上学のコスモロギー的解釈

（a）超越論的範疇と超越論的理想　（書き下ろし）

（b）コスモロギー的差異と世界の不和的二重性　（「オイゲン・フィンクの「生命」概念」『近代日本思想を読み直す』実存思想論叢XVIII、理想社、二〇〇二年）

第三節　現象学における世界の問題

初出一覧

（a）フッサールの空間論（「フッサールにおける身体と自然の問題」『東洋大学大学院紀要』第三一集、一九九五年、「キネステーゼと大地」『自己意識の理論』新田義弘・河本英夫編、世界思想社、二〇〇五年）

（b）ハイデガーの真理論（書き下ろし）

（c）ロムバッハの構造存在論（書き下ろし）

第二章　光と闇の現象学（書き下ろし）

結びにかえて（書き下ろし）

武内　大（たけうち・だい）

1968年東京生まれ。1991年中央大学文学部哲学科哲学専攻卒業。1996年東洋大学大学院文学研究科哲学専攻博士後期課程単位取得退学。東洋大学文学部哲学科助手を経て，現在同大学文学部哲学科非常勤講師。文学博士。
〔主要論文〕„Sein und Welt: Das Problem des "Lebens" bei Eugen Fink," in *Leben als Phänomen,* hrsg. v. Hans Rainer Sepp, & Ichiro Yamaguchi, Königshausen & Neumann, 2006.
〔邦訳〕ハンス・ライナー・ゼップ著「〈脱―固有化〉を通じての〈固有化〉？――現象学的還元のパラドックス」『思想』第916号，岩波書店，2000年。

〔現象学と形而上学〕　ISBN978-4-86285-076-8

2010年 2 月10日　第 1 刷印刷
2010年 2 月15日　第 1 刷発行

著　者　武　内　　大
発行者　小　山　光　夫
印刷者　藤　原　愛　子

発行所　〒113-0033 東京都文京区本郷1-13-2　電話03(3814)6161 振替00120-6-117170　http://www.chisen.co.jp　株式会社 知泉書館

Printed in Japan　印刷・製本／藤原印刷

人名索引

（n は注ページ）

アウグスティヌス（Aurelius Augustinus）
12n, 20n, 21n
有賀鐵太郎（Ariga Tetsutaro） 21n
アリストテレス（Aristotle） xiv, 6, 24, 37, 43, 52, 97, 108, 119-22, 11n, 15n, 20n
アンリ（Michel Henry） xi, 151, 152, 156, 158, 165
ウォーカー（Daniel Pickering Walker） 169
エックハルト（Meister Eckhart） 27, 21n
エリウゲナ（Johannes Scotus Eriugena） 27, 28, 20n, 21n

カー（David Carr） xiii
ガダマー（Hans-Georg Gadammer） 105
ガタリ（Pierre-Félix Guattari） 36n
カッシーラー（Ernst Cassirer） 7
加藤守道（Kato Morimichi） 33n
カブカ（Martin Kavka） 21n
ガリレイ（Galileo Galilei） 33n
河合俊雄（Kawai Toshio） 38n
河本英夫（Kawamoto Hideo） 38n
カント（Immanuel Kant） 7-11, 13-16, 23, 35, 39, 44, 45, 52, 62, 63, 70, 71, 73, 80, 96-99, 135, 136, 149, 150, 163, 16n-18n, 25n
キューン（Rolf Kühn） 14n
クザーヌス（Nicolaus Cusanus） 23, 27, 28, 128, 129, 131, 132, 13n, 31n-33n, 35n
クリアーノ（Ioan Peter Couliano） 169
グリム（Adolph Grimm） 8
クルティーヌ（Jean-François Courtine） xiv
グレゴリウス（Gregorius Nyssenus） 21n
クレティアン（Jean-Louis Chretien） 154, 155
クロウェル（Steven Crowell） xiii
ケアンズ（Dorion Cairns） 81
ケイシー（Edward S Casey） 38n
ゲーテ（Johann Wolfgang von Goethe） 53
ケーラー（Dieter Köhler） 25n
ケルクホーフェン（Guy von Kerckhoven） xviii, 18n
ケルン（Iso Kern） 7
ケレーニイ（Karl Kerényi） 36n
コーエン（Hermann Cohen） 23-25, 20n
古東哲明（Koto Tetsuaki） 30n
コペルニクス（Nicolaus Copernicus） 33n
コルバン（Henry Corbin） 167, 169, 38n
コント（Auguste Comte） 11n
酒井潔（Sakai Kiyoshi） 31n
ザハヴィ（Dan Zahavi） xii, xiii
シェーラー（Max Scheler） 36n
シェリング（Friedrich Wilhelm Joseph von Schelling） 25, 28, 35, 22n, 33n
シェルベル（Martina Scherbel） 15, 16, 18n, 19n
ジャニコー（Dominique Janicaud） xi
シュヴァルツ（Franz-Anton Schwarz） 122
シュタイン（Edith Stein） 41, 37n
シュテンガー（Georg Stenger） 24n
シュトラッサー（Stephan Strasser） 15n, 33n, 34n
シュルツェ（Gottlob Ernst Schulze）

34
ショーレム（Gershom Scholem） 21n
スタインボック（Anthony Steinbock） xvii
スピノザ（Baruch De Spinoza） 35, 33n
ゼップ（Hans Rainer Sepp） xviii, 105
ゼノン（Zeno of Elea） 88
ソクラテス（Socrates） 137, 138, 37n

谷徹（Tani Toru） 14n, 24n
千田義光（Chida Yoshiteru） 18n
偽ディオニティウス・アレオパギタ（Dionysius Pseudo-Areopagita） xv, 27, 21n, 32n
ディールス（Hermann Diels） 136
ティリッヒ（Paul Johannes Tillich） 11n
ディルタイ（Wilhelm Christian Ludwig Dilthey） 11n
テオフィロス（Theophilos） 21n
デカルト（René Descartes） 41-43, 12n, 33n
デリダ（Jacque Derrida） 134, 153-55, 158, 165, 12n, 36n
テンゲイ（Laszlo Tengelyi） 89
ドゥプラズ（Natalie Depraz） xvii, 33, 13n, 29n
ドゥルーズ（Gilles Deleuze） 107, 29n, 30n, 36n
トマス（Thomas Aquinas） xvi, 154, 11n, 12n

中井章子（Nakai Ayako） 25n
永井晋（Nagai Shin） 3n, 38n
ナンシー（Jean-Luc Nancy） 154, 14n
ニーチェ（Friedrich Wilhelm Nietzsche） 80, 96, 100, 107, 137, 156, 164, 11n, 30n
ニールセン（Cathrin Nielsen） xviii
新田義弘（Nitta Yoshihiro） 13n, 24n, 28n, 31n, 33n, 35n
ノヴァーリス（Novalis） 25n
ノボトニー（Karel Novotný） 133
バークリ（George Berkeley） 154
ハイデガー（Martin Heidegger） xiii-xix, 21-23, 37-52, 61, 62, 68-71, 73-75, 96, 101-03, 105, 107, 116-24, 126-28, 135, 136, 141-47, 151, 156, 157, 162, 164-66, 11n, 13n, 17n, 22n-25n, 27n, 30n, 34n, 35n, 37n-39n
バシレイデス（Basilides） 21n
パスカル（Blaise Pascal） 33n
パトチカ（Jan Patočka） 133, 134, 24n, 25n, 32n, 33n
パネンベルク（Wolfhart Pannenberg） 11n
バルト（Karl Barth） 11n
パルメニデス（Parmenides） 25
ビーメル（Walter Biemel） 135
ヒューム（David Hume） 8
ビロー（Henri Birault） 135
ビラン（Maine de Biran） 154
ヒルマン（James Hillman） 167, 168
フィチーノ（Marsilio Ficino） 168
フィヒテ（Johann Gottlieb Fichte） 7-11, 28, 149, 163, 13n, 16n, 17n, 25n, 31n
フィンク（Eugen Fink） xvii-xix, 11-13, 15-35, 37, 41, 49-51, 55, 61-68, 70, 73-75, 79-110, 115-18, 120, 122-27, 130-41, 144, 146-53, 156-69, 14n, 15n, 17n-19n, 22n, 24n-28n, 30n, 32n-34n, 36n-38n
フィンク（Susanne Fink） 18n
フォルクマン＝シュルック（Karl-Heinz Volkmann-Schluck） 135
フッサール（Edmund Gustav Albrecht Husserl） xii-xiv, xvii-xix, 5-13, 19, 21, 23, 37-39, 41-43, 46-48, 50-62, 73, 75, 81, 82, 86, 87, 89, 96, 101, 108, 110-16, 122, 126, 127, 149, 154, 163, 164, 166, 168, 12n, 13n, 15n-18n, 23n-25n, 28n, 29n, 33n, 34n, 38n
プラトン（Plato） 6, 25, 27, 91, 122, 137-41, 153, 164, 167, 12n, 26n, 37n
ブラント（Gerd Brand） 23n
ブルーノ（Giordano Bruno） 131, 132,

169, 28n, 33n, 34n
ブルーメンベルク（Hans Blumenberg） 137
ブルジーナ（Ronald Bruzina） xviii, xix, 11, 14, 19, 68, 18n, 28n
ブレッヒャ（Ivan Blecha） 133, 134
フレデギスス（Fredegisus） 21n
フロイト（Sigmund Freud） xvii, 167
プロティノス（Plotin） 23, 24, 27, 154, 29n, 30n, 47n
ヘーゲル（Georg Wilhelm Friedrich Hegel） 13, 17, 18, 23, 28, 29, 34, 35, 80, 96, 100-05, 118, 163, 18n, 29n, 30n, 33n, 45参
ベーム（Rudolf Böhm） 15n
ベーメ（Jakob Böhme） 27, 21n
ヘラクレイトス（Herakleitos） 35, 80, 96, 107, 136, 142, 143, 145, 156, 164, 165, 27n, 35n
ベルクソン（Henri-Louis Bergson） 154
ヘルダーリン（Johann Christian Friedrich Hölderlin） xv, 35
ヘルト（Klaus Held） 41, 15n, 16n
ベルネット（Rudolf Bernet） xvii, 62, 24n, 28n
ヘルマン（Friedrich-Wilhelm von Hermann） 82
ヘンリッヒ（Dieter Henrich） 11n
ボイムカー（Clemens Baeumker） 136, 137, 139, 37n
ホーレンシュタイン（Elmar Holenstein） 62
ボス（Medard Boss） 38n
細川亮一（Hosokawa Ryoichi） 35n
ボナヴェントゥラ（Bonaventura） xv
ホワイトヘッド（Alfred North Whitehead） 11n

マリオン（Jean-Luc Marion） xi, xv, xvi, 12n
マルクス（Werner Marx） 24n

ミュラー（Max Müller） 135
ミュラー（Lutz Müller） 169
ムーア（Thomas Moore） 169
村井則夫（Murai Norio） 30n
メルロ＝ポンティ（Maurice Merleau-Ponty） 17, 18n
モラン（Dermot Moran） 28, 17n, 18n, 20n, 21n

ヤコービ（Friedrich Heinrich Jacobi） 35
山口一郎（Yamaguchi Ichiro） 14n, 24n
山口誠一（Yamaguchi Seiichi） 19n
山田晶（Yamada Akira） 21n
ユスティノス（Ioustinos） 21n
ユング（Carl Gustav Jung） 166, 167, 169, 37n, 39n
吉川孝（Yoshikawa Takashi） 17n

ライプニッツ（Gottfried Wilhelm Leibniz） 7, 49, 88, 131, 16n, 29n, 30n, 33n
ラントグレーベ（Ludwig Landgrebe） 41, 60, 61, 12n, 24n, 34n
リシール（Marc Richir） xvii, 14n
リッケルト（Heinrich John Rickert） 31
ルイス（Clive Staples Lewis） 54
ルフト（Sebastian Luft） 18n
レヴィナス（Emmanuel Levinas） xi, 151-54, 156, 165, 34n
ロト（Alois Roth） 8
ロムバッハ（Heinrich Rombach） 126-34, 32n-34n
ロムバッハ（Siegfried Rombach） 52, 31n, 32n

事項索引

（n は注ページ）

ア　行

カ　行

サ　行

タ・ナ 行

ハ　行

マ　行

ヤ　行

ラ・ワ　行

注

序　論

1）もっとも，神学ないし形而上学の復興という機運は，現象学のみならず，20世紀後半における哲学思想全体の趨勢であったということもできる。ヴォルフハルト・パネンベルクは1988年に『形而上学と神の思想』という著書の中で，コント，ニーチェ，ディルタイ，論理実証主義のような反形而上学的傾向を指摘する一方で，超越論的トマス主義，ティリッヒ，バルトらの福音主義，イギリスのヘーゲル主義，ヘンリッヒをはじめとするドイツのハイデルベルク学派，アメリカのホワイトヘッドなどを「形而上学の革新」に与する動きとして積極的に評価している。

Vgl., Wolfhart Pannenberg: *Metaphysik und Gottesgedanke*, Göttingen, 1988.（『形而上学と神の思想』座子田豊・諸岡道比古訳，法政大学出版局，1990年）

2）Dominique Janicaud: “The Theological Turn of French Phenomenology”, in *Phenomenology and the Theological Turn. The French Debate*, New York, 2000,（『現代フランス現象学10　その神学的転回』北村晋・阿部文彦・本郷均訳，文化書房博文社，1994年）

3）Dominique Janicaud, ebd., p. 41.

4）Vgl., Dan Zahavi: *Metaphysics, facticity, interpretation: phenomenology in the Nordic countries*, Dan Zahavi, Sara Heinamaa and Hans Ruin (ed.), Dordrecht/Boston: Kluwer Academic Publishers, 2003.

5）Jean-Francois Courtine: “L'idee de la phénoménologie et la problématique de la reduction”, in *Phénoménologie et métaphysique*, par Walter Biemel; publie sous la direction de Jean-Luc Marion et Guy Planty-Bonjour, Paris: Presses universitaires de France, 1984, p. 228.（『現象学と形而上学』三上真司・重永哲也・桧垣立哉訳，法政大学出版局，1994年）

6）ハイデガーによれば，その後中世では，アラビア哲学に媒介されて，キリスト教とアリストテレスの同化が進んでいく（HGA. 29/30, 65）。しかしそこで問題となっていた神学は創造神や人格神への信仰の神学ではなく，理性の神学，合理神学であった。超感覚的なものはすでに啓示と教会の教えによって証明済みということになっていた。トマス・アクィナスにおいて神学は，形而上学から自立し，しかも創造神については，存在者一般を考察する形而上学とは別ものとなった第一哲学で扱われることになる（ebd., 75）。ハイデガーによれば，トマスの形而上学がもっぱら存在論的であったのに対して，スアレスのそれは神学的である。彼の形而上学において，超感覚的なものの認識は感覚的なものの認識よりも「後」であり，ここで〈探究の順序において「後」としてのメタ〉と〈感覚を超えるという意味でのメタ〉という二つの意味が重なり合う

（ebd., 81）。

7） 形而上学に対する神学固有の意味と現象学的な知の性格を，両者の相互関係において規定するという試み自体は，この時期になって初めてなされたというわけではない。代表格としてはエディット・シュタインとルードヴィッヒ・ラントグレーベを挙げることができる。シュタインは，1929年に刊行された『現象学研究年報』の補巻，「フッサール70歳記念論集」に「フッサールの現象学と聖トマス・アクィナスの哲学，対決の試み」という論文を寄稿している。この論文において彼女は，現象学をも含めた自然的理性の限界を画定するには，その外部の視点が必要であり，それは神の啓示としての「至福直観」において保障されると述べ，フッサールのデカルト主義的な自我中心的意識内在哲学を，トマスの神学によって基礎付けようとした。彼女によると両者の違いは，つまるところ「世界」の捉え方の違いに還元されうる。つまり，フッサールが可能的諸世界の解明へと向かったのに対して，トマスは我々の生きている現実のこの世界の可能な限り完全な像の獲得をめざしたというのである。これに対してラントグレーベは，1949年の論文「現象学的意識分析と形而上学」の中で，トマスよりもアウグスティヌスの系譜を重視する。ラントグレーベによれば，当初フッサールが依拠していたデカルト的エゴの明証性は，アウグスティヌス的な神との人格的邂逅という「汝」の経験の明証性，ないし神の呼びかけの理解に内在する「信仰の確実性」を前提とする。1976年の論文「反省の限界としての事実性と信の問題」によれば，宗教的な信は，あらゆる判断の確実性の地盤となる先行的肯定としての「世界信」とも異なり，「絶対的に優越した力」の「触発」を受け入れる「絶対的事実性」を意味する。

Vgl., Edith Stein: „Husserls Phänomenologie und die Philosophie des hl. Thomas v. Aquino: Versuch einer Gegenüberstellung," in *Jahrbuch für Philosophie und phänomenologische Forschung*. Ergänzungsband, 1929.

Vgl., Ludwig Landgrebe: *Der Weg der Phanomenologie: das Problem einer ursprunglichen Erfahrung*, Gerd Mohn: Gutersloh, 1963.

8） Jean-Luc Marion: *God without being*: hors-texte, translated by Thomas A. Carlson; with a foreword by David Tracy, Chicago: University of Chicago Press, 1995. p. 73.

尚，ハーヤー動詞については以下の文献参照。有賀鐵太郎『キリスト教思想における存在論の問題』創文社，1969年

9） Jean-Luc Marion, ebd., p. 74f.

このように否定神学を重視するマリオンに対してデリダは批判的である。デリダは自らの脱構築を否定神学の論理との類似において語る一方で，両者を截然と区別する。彼が否定神学的な神と対極的な位置においたのは，プラトンの「コーラ」という概念である。コーラとは英知的でも感性的でもない。「父」としての「形相」に対する「入れ物」としての「母」という隠喩で語られることもあるが，本来コーラを隠喩で扱うことはできない。というのも隠喩的な扱いは英知的なものに感性的な似像を提供することに等しいからである。否定神学が，上へと超えて超本質的源泉としての善なるものを探究し，この光の中で感性的事物が，英知的範型のコピーとみなされるのとは対蹠的に，デリダ

の脱構築は，下へと向けて探求を進める中で，あらゆる構築可能なものや脱構築可能なものが構成される空間としてそれ自体は脱構築できないコーラへと逢着する。上方の英知的範型が「起源」であるとすれば，下方の制御しがたい必然性としてのコーラは，あらゆるものが書き込まれる場でありながら，起源として実体化されえないものであり，いわば差延が後退するときに残していく痕跡の一つと言える。

Vgl., Jacque Derrida: *Wie nicht sprechen: Verneinungen*, hrsg. von Peter Engelmann, Passagen Verlag, 1989.

Vgl., John D. Caput: *God, the Gift, and Postmodernism*, J. D. Caput and M. J. Scanlon, indiana, 1999.

10）Jean-Luc Marion: a. a. O., p. 46.

11）もちろん，ハイデガー自身が神学の本来あるべき姿をどのように考えていたかは別問題である。1920/21年冬学期講義『宗教現象学入門』においてハイデガーは事実的生の経験を，原始キリスト教思想を範として語り出そうとしている。

12）Marion, Jean-Luc: *Reduction et donation: recherches sur Husserl, eidegger et la phenomenologie*, Paris: Presses universitaires de France, 1989.

13）マリオンについては以下の文献が大変参考になった。

鈴木泉「ジャン＝リュック・マリオンの思索を巡って（一）」『愛知』第11号，神戸大学哲学懇話会，1995年。

永井晋『現象学の転回』知泉書館，2007年。特に第四章参照。

Vgl., Robyn Horner: *Rethinking God as Gift, Marion, Derrida, and the Limits of Phenomenology*, Fordham, 2001.

Vgl., Robyn Horner: *Jean-Luc Marion: A Theo-logical Introduction,* Ashgate, 2005.

14）ナタリー・ドゥプラズは，神秘体験という具体的な身体的実践の場面から独自の現象学を展開している。永井晋は，おなじく神秘主義でも，とりわけユダヤのカバラ思想やイスラムのスーフィズムに目を向けることで，イメージや言語の問題へと肉薄している。

ナタリー・ドゥプラズ「認知科学とグノーシス的形而上学の試練を受けて　超越論的経験論としての現象学の実践的展開」永井晋訳，『思想』No. 962，2004年

永井晋『現象学の転回』知泉書館，2007年

15）新田義弘は，ハイデガーの真理論を，クザーヌスから後期フィヒテへと至る映像論の展開の延長上に位置づけることによって独自の「媒体性の現象学」を構想し，真理における現れと隠れの同時的媒体機能を，後期フッサールの分析を手がかりに，他者と機能するわれわれ性，自我と時間性，世界と身体性といった三幅対の具体的事象のうちに見出した。

Vgl., Nitta Yoshihiro: „Der Weg zu einer Phänomenologie der Unscheinbaren," in *Zur philosophischen Aktualität Heideggers*, Bd. II., hrsg. V. O. Pöggeler, V. Klostermann, 1990.

Vgl., Nitta Yoshihiro: „Das anonyme Medium in der Konstitution von mehrdimensionalem Wissen," in *Phänomenologische Forschungen* 24/25, Freiburg/München,

Verlag Alber, 1991.

16) Vgl., Anthony J. Steinbock: *Home and beyond: generative phenomenology after Husserl*, Evanston, Ill.: Northwestern University Press, 1995. Vgl., Rudolf Bernet, "Husserl's notion of phantasy-consciousness as foundation of Freud's notion of unconsciousness", in *Shiso* [Thought]. No. 916, 2000.

無意識の問題は，さらにリシールにおいては「象徴制度」，キューンや山口一郎においては「衝動志向性」の問題との関連で豊かな展開を遂げていった。また，誕生や死の問題については谷徹の優れた研究がある。

Vgl., Marc Richir: *Phänomenologische Meditationen*, Turia & Kant, 2001.

Vgl., Rolf Kühn: *Husserls Begriff der Passivität: zur Kritik der passiven Synthesis in der genetischen Phänomenologie*, Freiburg/München: K. Alber, 1998

Vgl., Ichiro Yamaguchi: *Passive Synthesis und Intersubjektivität bei Edmund Husserl*, Phänomenologica. 86, Den Haag, 1982.

Vgl., Toru Tani: „Phänomenologie des Lebens und des Todes" in: *Leben als Phänomen: Die Freiburger Phänomenologie im Ost*-West-Dialog, hrsg. v. Hans Rainer Sepp, Ichiro Yamaguchi, Königshausen + Neumann, 2006.

17) Vgl., *Eugen Fink: actes du colloque de Cerisy*-la-Salle, 23-30 juillet 1994, organise et ed. par Natalie Depraz, Amsterdam: Rodopi. 1997.

このときのコロキウムについては以下の文献参照。永井晋「書評『アルテール』」，『現象学年報』日本現象学会編10，1994年。

なお，1990年のフィンク・コロキウムについての詳しい報告もある。酒井潔「オイゲン・フィンク・コロキウム（1990年）の印象」『岡山大学文学部紀要』第15号，1991年。

18) 世界論と神学の関係について徹底的な討究を行った人物としてジャン＝リュック・ナンシーの名を挙げることができる。彼によると，グロバリゼーションが進む現代において，世界が次第に画一化され，多様性を失いつつあるばかりでなく，その発信元である「西洋なるもの」も消滅しようとしている。ナンシーは，多様な諸世界が「分割共有」し，相互に露呈しあうようなあり方を模索する。そこで彼は「現象学的手法」によって，一神教，あるいはキリスト教の脱構築を遂行する。というのも西洋化の歴史は，キリスト教によって構造化され，突き動かされてきたとナンシーは考えているからである。この脱構築の核心部分をなす創造論に関してナンシーは，一神教の神が，創造以前に先在する世界の支配的根拠ではなく，創造と一体化しつつ自ら「退引」するのであり，この神の「退引」において開かれるのが世界の開放性だと言う。しかしこの開けは，創設でも起源でもない。神はあくまで退引する。この開けは諸々の実存者を根拠の一体性へと統合することなく，それらの「共出現を織り成す」世界を意味している。

ジャン＝リュック・ナンシー『神的な様々の場』大西雅一郎訳，松籟社，1987年。

ジャン＝リュック・ナンシー『世界の創造あるいは世界化』大西雅一郎・松下彩子・吉田はるみ訳，現代企画室，2002年。

19) Vgl., Guy van Kerckhoven: *Mundanisierung und Individuation bei Edmund Husserl*

und Eugen Fink: die sechste Cartesianische Meditation und ihr "Einsatz", aus dem Franzosischen von Gerhard Hammerschmied und Artur R. Bölderl. Würzburg: Königshausen & Neumann, 2003.

Vgl., Ronald Bruzina, *Edmund Husserl and Eugen Fink: Beginnings and Ends in Phenomenology, 1928-1938,* New Haven: & London Yale University Press, 2004.

20) Vgl., *Eugen Fink: Sozialphilosophie? Anthropologie? Kosmologie? Padagogik? Methodik. Zum 100. Geburtstag von Eugen Fink*: hrg. v. Anselm Böhmer, Königshausen + Neumann, 2006.

21) フィンク全集の計画については以下の文献参照。Vgl., Cathrin Nielsen u. Hans Rainer Sepp: Das Projekt einer Gesamtausgabe der Werke Eugen Finks (+ Hans Rainer Sepp), in *Eugen Fink: Sozialphilosophie? Anthropologie? Kosmologie? Padagogik? Methodik. Zum 100. Geburtstag von Eugen Fink*: hrg. v. Anselm Böhmer, Königshausen + Neumann, 2006.

第Ⅰ部　現象学的形而上学としての非存在論

第１章　絶対者の現象学としての非存在論

1) Vgl., Rudolf Bernet, Iso Kern, Eduard Marbach: *Edmund Husserl: Darstellung seines Denkens*, Hamburg: Felix Meiner, 1989（R. ベルネ，I. ケルン，E. マールバッハ著『フッサールの思想』千田義光・鈴木琢真・徳永哲郎訳，哲書房，1994年）

2) アリストテレスにおいて第二哲学は「感性的なる実体に関わる研究」，つまり「自然学」を意味する。フッサールがそれを事実学として解釈するのは理解できるが，しかしそれを「形而上学」という名のもとに位置づけてしまうのは，いたずらに混乱を招くおそれがある。

3) 『イデーンⅠ』において神は現象学的還元による遮断の対象とされていた（Hua. III, 110fff.)。神は意識にとって超越的である。しかし神は，超越的世界とは別の意味で超越的である（ebd., 111)。そればかりか，超越論的意識という絶対者ともその超越のあり方において異なる。フッサール曰く，「われわれが還元によって取り出した超越論的『絶対者』は真に究極的なものではない。それはそれ自身或る深く全く独自の意味において構成されるものであり，或る究極の真の絶対者にその根源的源泉をもつものである」(ebd., 182)。ベームはここで言われている「究極の真の絶対者」を「神」と解釈した。この解釈はシュトラッサーによっていち早く批判されたが，やはりこれはヘルトのように「究極的に機能する生ける現在」として解釈するべきであろう。

Vgl., Rudolf Böhm: „Zum Begriff des 'Absoluten' bei Husserl," in *Zeitschrift für philosophische Forschung,* Bd. XIII, 1959, S. 240f.

シュトラッサーは，もしベームのような解釈が正しければ，フッサールは，ストレートに「神」と表現するはずであり，わざわざ「絶対者」，「超越者」といったようなもったいぶった表現は用いないはずだと考える。

Vgl., Stephan Strasser: „Das Gottesproblem in der Spätphilosophie E. Husserls," in *Philosophisches Jahrbuch* 67, 1958, S. 130.

ヘルトが『生ける現在』の中で指摘しているように，フッサールは「私は作動する」という超越論的原事実性の持つ「目的論的合理性の根拠」を神とした。「世界を経験する自我」の機能現在そのものに対して自我は責任を負わざるをえない。そのつどの私が機能現在であること自体は，私の自由によって左右できるものではない。自我はそれを原事実として受け入れねばならない。1911年の講義において神は理念として捉えられていた。しかしヘルトによれば，「絶対的全一性」という極理念は，到達しがたいとはいえ，全時間的に構成されたものに過ぎない。むしろ神は構成の働きそのものの原事実的根拠として，いかなる意味でも構成されえない。神は外的な構成体としての極理念ではなく，むしろ自我そのものが孕んでいる「内なる他者」に他ならない。神は，超越論的自我の内で隠れた仕方で「共現在」しているのである。ヘルトによれば，この神の共現在は，超越論的自我が他者の共現在を媒介として自己了解可能であるのと類比的に，「他者の共現在」を「迂路」としてはじめて経験可能となる。

Vgl., Klaus Held: *Lebendige Gegenwart: die Frage nach der Seinsweise des transzendentalen Ich bei Edmund Husserl, entwickelt am Leitfaden der Zeitproblematik,* Den Haag: M. Nijhoff, 1966.

4） ライプニッツとの関連でフッサールの神の問題を扱った最近の研究として以下の論文が優れている。

Vgl., Julia Iribarne V.: „Husserls Gottesauffassung und ihre Beziehung zu Leibniz", in *Phänomenologie und Leibniz,* Hrsg. v. Renato Cristin u. Kiyoshi Sakai, Orbis Phänomenologicus, Perspektiven Bd. 2, 2000.

5） Iso Kern: *Husserl und Kant,* Den Haag, Nijhoff, 1964. S. 302.

6） Iso Kern: ebd., S. 302.

7） 1923年２月の草稿「生の価値。世界の価値。人倫性（徳）と至福」でフッサールは，カントの道徳神学と真正面から対決している。この草稿がフッサール現象学においてもつ意味については，以下の文献を参照。

吉川孝「志向性と自己創造――フッサールの定言命法論」『倫理学年報』第56集，日本倫理学会，2007年。

8） 例えば，カントにおける「魂の不死性」の問題は，フッサールにおいては「世代性」という此岸的問題として受け止められている。

9） Alois Roth: *Husserl's Ethische Untersuchungen,* Den Haag: Martinus Nijhoff, 1960, S. 168.

10） フィヒテによれば，カント的定言命法は「法則の熱情」，「一切の愛と傾向性」をことごとく拒否する「冷たく厳格な当為」である。なおカントは道徳法則に対する「尊敬」といった理性感情を問題にしていたわけであるが，フィヒテは，道徳に対する尊敬感情が，自らに対する軽蔑の念を引き起こすか，少なくとも積極的には自らを尊敬せしめるに至らないと批判する。

11) フッサールもまた，自我を単なる認識主体として捉えていたわけではない。自由に活動すると同時に，自らに対して責任を負う行為論的な自我を彼は「人格的自我」として考察している。人格は環境世界に対して志向的に関わる。ここでの志向性は，とりわけ「動機付け」という性格をもつ。動機付けはさらに受動的次元において「連合」として捉えられ，それにともない環境世界の地平としての機能が解明される。連合とはかつての理性作用が沈殿して習慣を形成し，さらに新たな先行的枠組みを描出する。『受動的総合の分析』（1925／26）では，この連合の機能が意識の「内在的発生の形式と規則」として超越論的に解明されている。意識は出来上がった事実として前提されてしまうのではなく，さらに意識そのものの時間的発生が問われている。意識を単なる事実として承認し，その構造を静態的に分析する限り，ヒュレーはすでに出来上がったものとしてノエシス的意識作用に対峙される素材にすぎない。しかしだからといってその由来を物自体からの触発に訴えるわけにもいかない。意識そのものを歴史的，ないし時間的なものと捉える発生的現象学において，意識は活動的なものとして捉えられ，ヒュレーもまた，意識活動によって受動的に構造化されたものとして捉えられるようになる。能動的意識の平面からするとすでにそこに与えられているように見えるヒュレーも，実は統覚以前の受動的志向性，たとえばキネステーゼなどのような活動的意識によって構造化されたものなのである。

12) 「芸術家の創造的意識」において神性が自己を啓示する場面では「動機としての定言的命法も，自尊心への使命も，目標となる感性的傾向との闘いも不要である」と述べられている。真の芸術家は，自らによって駆り立てられるのであり，芸術家の創作行為を導いているのは，ひたすら「神の理念」としての「美」への「愛」である（Hua. XXV, 288)。その意味で芸術家は「最も高次の意味で道徳的な者」と言われる。

しかしここで美の問題が絡んでくる際，注意が必要である。フッサールは，美学的価値と倫理的価値を截然と区別している。美学的価値は，倫理的価値とは異なり，「なんら現実化を要求しない」し，その価値性格のうちに「絶対的当為は存しない」。しかもその行為主体は，美学的価値に対して「無関心」に振舞う。しかし倫理的価値に対して行為する主体は「どうでもよいというわけにはいかない」Ebd., S. 121ff.。

13) Alois Roth, a. a. O., S. 122.

14) Ebd., S. 118.

15) 吉川孝は，フッサール現象学にとって，学問を通じてフィヒテ的な「浄福なる生」を送ることが理性論の課題であることを示した。吉川孝「フッサールにおける生の浄福——感情の現象学のために」『哲学』58号，日本哲学会，2007年。

16) ルーヴァンのフッサール文庫のホーム・ページによれば，草稿 EIII1 では「形而上学，目的論」が扱われているが，現在のところ未公開である。Vgl., http://www.hiw.kuleuven.be/hiw/eng/husserl/E.php

17) さらに「非存在論（meontology)」という観点から新プラトン主義の流れを詳細に追っているデルモット・モランの諸研究も参照したい。モランの非存在論は，ハイデガー的な存在史観を脱構築するという点で，フィンクと共通の問題意識をもっていると言

えよう。Vgl., Dermot Moran: *The Philosophy of John Scottus Eriugena.: A Study of Idealism in the Middle Ages.* Cambridge: Cambridge University Press, 1989.

なお，モランには現象学に関する大著もある。Vgl., Dermot Moran, *Introduction to Phenomenology.* London & New York: Routledge, 2000.

18) 基本的にはほとんどのフィンク研究がそのような解釈をしている。その発端となったのはメルロ＝ポンティであり，最近ではルフトの研究が代表的なものとして挙げられる。しかしブルツィーナの遺稿研究によって，非存在論との関連において『第六省察』を読む可能性も開かれた。ただしそのためには『第六省察』におけるカントやヘーゲルのモチーフを最大限に引き出し，かつ絶対的学問の構想という観点から読む作業が必須となろう。その意味で，とくにシェルベルの研究はわれわれの方向と近い解釈路線にある。

Vgl., Sebastian Luft, *Phanomenologie der Phanomenologie: Systematik und Methodologie der Phanomenologie in der Auseinandersetzung zwischen Husserl und Fink.* Dordrecht: Kluwer Academic Publishers. 2002

Vgl., Martina Scherbel, *Phanomenologie als absolute Wissenschaft: die systembildende Funktion des Zuschauers in Eugen Finks VI. Cartesianischer Meditation*: Amsterdam: Rodopi.-1999.

Vgl., Martina Scherbel, Eugen Finks Begriffsbildung einer absoluten Wissenschaft in der VI. Cartesianischen Meditation. In: *Perspektiven der Philosophie 23*, 1997.

もっとも，超越論的方法論そのものの意義を否定するつもりはない。ただその重要性を如何なる点に見てとるかである。例えば，超越論的方法論を「現象学的営為の存在の意味の問」とみなし，さらにそれを「知的自己責任」の問へと繋げた千田義光の解釈は極めて示唆に富んでいる。

千田義光「超越論的現象学における存在の問い」，『國學院雑誌』第92巻第11号，1991年。

Vgl., Chida Yoshiteru, „Sein des Phanomenologisierens und Sein der Welt bei Eugen Fink“, In: *Eugen Fink: Sozialphilosophie? Anthropologie? Kosmologie? Padagogik? Methodik. Zum 100. Geburtstag von Eugen Fink*: hrg. v. Anselm Böhmer, Königshausen + Neumann, Mai 2006.

19) 1930年に『準現在化と像』というタイトルで第一部のみが公刊されたフィンクの博士論文もまた，一見してフッサールの志向分析の枠を大きく越え出るものではなく，とりたてて独創的な内容とは言い難いものの，しかし公刊されなかった第二部では，「絶対的超越論的主観性の存在様式の地平」が，時間分析という形で解明される予定になっていた（vgl., Z-I. 89a, in EFG, 3/1, S. 64.）。

なお，ズザンネ・フィンク夫人の証言によれば，博士論文第二部は執筆されてはいたものの，紛失してしまったということである。

20) この論点についてはすでにケルクホーフェンとシェルベルによって論及されているが，ここでは主にシェルベルの解釈に耳を傾けてみることにしたい。Vgl., Martina Scherbel: *Phanomenologie als absolute Wissenschaft: die systembildende Funktion des*

Zuschauers in Eugen Finks VI. Cartesianischer Meditation: Amsterdam: Rodopi. 1999. Vgl., Guy van Kerckhoven, Mundanisierung und Individuation bei Edmund Husserl und Eugen Fink: die sechste Cartesianische Meditation und ihr “Einsatz”; aus dem Franzosischen von Gerhard Hammerschmied und Artur R. Boelderl. Würzburg: Königshausen & Neumann, 2003.

21) Immanuel Kant: Kritik der reinen Vernunft Hamburg: F. Meiner, c1956. S. 735.

22) Zitiert nach Ronald Bruzina: „Die Notizen Eugen Finks zur Umarbeitung von Edmund Husserls Cartesianischen Meditationen“, in, *Husserl Studies 6*, 1989, S. 103.

23) Zitiert nach Ronald Bruzina: a. a. O., S. 105.

24) Martina Scherbel: a. a. O., S. 80..

25) Ebd., S. 81.

26) Nicht-ontisch という語であれば，本文中に一箇所使われている（CM1, 157）。

27) Zitiert nach Ronald Bruzina: „Hinter der Ausgeschriebenen Finkschen Meditation: Meontik-Pädagogik,“ in *Grundfragen der Phänomenologischen Methode und Wissenschaft,* ed. S. Fink, F. Graf, & F-A. Schwarz, Freiburg: Eugen-Fink-Archiv, 1990, S. 9.

28) In EFG. 3/2, S. 122f.

29) In EFG. 3/2, S. 123.

30) Zitiert nach Ronald Bruzina, „Die Notizen Eugen Finks zur Umarbeitung von Edmund Husserls Cartesianischen Meditationen“, in, *Husserl Studies* 6 1989, S. 117f.

31) たしかに，フィンクは他方で死の問題を非存在論の課題として扱おうとしていた。しかし死の無的性格は，絶対者の非存在的性格とは単純に同一視できない（Z-IV. 40a-b; in EFG. 3/1, S. 229f.）。しかし後のコスモロギーにおいて，絶対者は世界の構造契機へと取り込まれ，その具体層として死が語られるようになる。

32) シェルベルがいみじくも述べているように，絶対者への還帰，すなわち非存在論は方法論，構築的現象学は原理論に属する問題である。Martina Scherbel, „Die transzendentale Subjektivität-eine “spekulative Niete”? Eugen Finks Interpretation des transzendentalen Scheins.“ In: *Perspektiven der Philosophie 28*, 2002. S. 170.

33) In EFG. 3/1, S. 72.

34) In EFG. 3/2, S. 140.

35) In EFG. 3/2, S. 115.

36) In EFG. 3/2, S. 126.

37) In EFG. 3/2, S. 278.

38) In EFG. 3/2, S. 108.

39) In: EFG. 3/1, S. 235.

40) 山口誠一によれば，プロティノスは「ヘン・カイ・パーン」ではなく「ト・ヘン・パン」という語を使用していたそうである。山口誠一『ヘーゲルのギリシャ哲学論』創文社，1998年，170頁参照。

なお，この書ではドイツ観念論への新プラトン主義からの影響が極めて綿密に辿られ

ており，筆者自身多くの示唆を受けた。

41) In: EFG. 3/1, S. 246.

42) In: EFG. 3/1, S. 246.

43) Hermann Cohen: *Logik der reinen Erkenntnis*; Berlin: B. Cassirer, 1922, S. 31.

44) In EFG. 3/1, S. 357.

45) In EFG. 3/1, S. 97.

46) In EFG. 3/1, S. 246. もっとも，コーエンは，感覚の独立性までは認めないにせよ，感覚において表される要求，すなわち呼びかけそのものは認めている。感覚とはいわば一つの「疑問符」であり，思惟に対して絶えず問題を課すものなのである。その意味で，彼の超越論的観念論は主観的観念論ではないと解釈することも出来る。

47) Hermann Cohen: a. a. O., S. 83f.

48) Ebd., S. 84. コーエンの非存在論については以下の文献参照。石川文康『カント第三の思考　法廷モデルと無限判断』名古屋大学出版会，1996年

49) Cohen, Hermann: Ebd., S. 86.

50) 高津春繁『基礎ギリシア語文法: 文法篇』要書房，1951年，187ページ参照。

51) In EFG. 3/2, S. 61.

52) In EFG. 3/2, S. 297.

53) In EFG. 3/2, S. 45.

54) In EFG. 3/1, S. 302.

55) In EFG. 3/2, S. 296. たとえば「空虚な思惟内容」，「動機付けられた推測」，「直観的虚構」，「本質可能性」，「生得的理念」，「あるものに対する存在者の能力としての能力可能性」，「できる」，「力」，「力動性」などが挙げられている（Z-XV. 79a, in: EFG. 3/2, S. 296）。

56) 伝統的形而上学の歴史の中で非存在の問題は，虚偽，創造，悪，質料，自由，偶然性，無限等，様々な諸問題と結びつきながら問われ続けてきた。アリストテレスは『形而上学』の中で「非存在者ということもまた多様に語られる」（1089a）と述べている。モランによれば，一般にアウグスティヌスをはじめとするラテン的伝統において，非存在はネガティヴに扱われるのに対して，ギリシャの新プラトン主義的伝統ではポジティヴに扱われる。エリウゲナは『ペリピュセオン』において存在と非存在に関して五つの解釈を挙げている。非存在は，第一の解釈では，われわれの感覚や知性を超えた神に関して，第三の解釈では可能態として，第四の解釈ではイデアに対する感覚物とされている。

熊田陽一郎『プラトニズムの水脈』世界書院，1996年。

Dermot Moran: *The Philosophy of John Scottus Eriugena. A Study of Idealism in the Middle Ages.* Cambridge: Cambridge University Press, 1989.

57) Enneades, tome VI2., S. 178-30.『プロティノス全集』，水地宗明・田之頭安彦訳，中央公論社，1986.11-1988.5，第4巻「善なるもの一なるもの」57頁参照。

58) プロティノスについては主に以下の文献を参照。

今義博「プロティノスにおける異他性」『文化と哲学』，2003年。

Vgl., Werner Beierwaltes: *Denken des Einen: Studien zur neuplatonischen Philosophie und ihrer Wirkungsgeschichte* , Frankfurt am Main: V. Klostermann, 1985.

59）「無からの創造」思想は，古くは紀元前1世紀の「第二マカベア書」や「ソロモンの智慧」にまで遡るが，ト・メー・オンの語が使われたのは140年「ヘルマスの牧羊者」が最初と言われている。有賀鐵太郎によれば，無からの創造は，ユスティノスにおいてプラトン的形成論との類比において語られていたが，テオフィロスは非存在的な素材そのものもまた被造物とみなすことによって神の絶対的な自由を主張した。これら二つの見方は，段階的に考えることもできる。山田晶によれば，アウグスティヌスは，そのように考えていた。というのも，神の善性と現実の悪とを矛盾なく理解するためには質料の積極性も創造論に盛り込む必要があったからである。

有賀鐵太郎『キリスト教思想における存在論の問題』創文社，1969年。

山田晶『アウグスティヌスの根本問題――中世哲学研究第一』創文社，1977年参照。

60） ショーレムは「神は無である」という思想の代表例として，バシレイデス，偽ディオニシウス・アレオパギタ，エリウゲナ，エックハルト，ベーメなどを挙げている。一方，モランによれば，カッパドキアのギリシャ教父達は，非存在を神の名の一つと見なし，例えばニュッサのグレゴリウスは，創造された世界の外部の無を神自身と同一視したという。

なお，モランは，エリウゲナとほぼ同時代に活躍したカロリング・ルネッサンス期のフレデギススにも注目する。フレデギススによれば，無は何物かを表すものである。しかるにあらゆる被造物は無から創造されたものである。とすれば無とは実に偉大な何物かを指示することになる。フレデギススはこの偉大な非存在を神そのものと同一視している。

Vgl., Gershom Scholem: Schöpfung aus Nichts und Selbstverschränkung Gottes, *Eranos Jahrbuch 1956, Band 25-Der Mensch und das Schöpferische,* Zürich: Rhein-Verlag, 1933-

Vgl., Dermot Moran: *The Philosophy of John Scottus Eriugena. A Study of Idealism in the Middle Ages.* Cambridge: Cambridge University Press, 1989.

カブカは最近の著書の中で，現象学の知見も踏まえつつ，メー・オン論のギリシャ的伝統とユダヤ的伝統をそれぞれ丹念に追っている。Vgl., Martin Kavka, *Jewish Messianism and the History of Philosophy*, Cambridge University Press (Sd), 2004.

61） Dermot Moran, "Pantheism in Eriugena and Nicholas of Cusa," *American Catholic Philosophical Quarterly (formerly New Scholasticism)* Vol. LXIV No. 1 1990, p. 141.

62） Dermot Moran: *The Philosophy of John Scottus Eriugena. A Study of Idealism in the Middle Ages.* Cambridge: Cambridge University Press, 1989. S. 236ff.

63） In: EFG. 3/2, S. 49.

64） In: EFG. 3/2, S. 44.

65） 脱無化は「まだ存在していないもの，決して存在しなかったもの，決して存在することはないであろうものの脱無化」である限りにおいて「知的直観」と同一視される。

（Z-VII. XVII/31a; in EFG. 3/2, S. 44）

66） In EFG. 3/2, S. 284.

67） In EFG. 3/2, S. 309. シェリングの絶対者もまた，フィンクによれば，それ自身においては「無力」であるが，「自己自身の反対となる」ことによって「力を獲得する」。つまり力なき非存在的な絶対者が自らを否定し，自らに対立することによって世界を力動的に産出する。

68） In EFG. 3/1, S. 306.

69） In EFG. 3/2, S. 25.

70） In EFG. 3/2, S. 26.

71） 「ヒュプリス」というよりは「われわれの内での神の世界への悲しみ」であり，それは「哲学の根本気分」だとフィンクは言う。

72） In EFG. 3/2, S. 86.

73） Ronald Bruzina, „Unterwegs zur Letzten Meditation“, in *Eugen-Fink-Symposion 1985*, Ed. Ferdinand Graf, Schriftenreihe der Pädagogische Hochschule Freiburg 1987, S. 87.

74） In EFG. 3/2, S. 107.

75） In EFG. 3/2, S. 111.

76） Natalie Depraz: „Zur Ontologie der Inter-Individuation: Husserl zwischen Fink und Landgrebe“. in Helmuth Vetter (Hrsg.): *Lebenswelten: Ludwig Landgrebe*-Eugen Fink-Jan Patočka. Wiener Tagungen zur Phaeomenologie 2002. Frankfurt am Main: Lang, 2003, S. 51

77） Georg Wilhelm Friedrich Hegel: *Jenear Schriften G. W. F. Hegel. Werke2*, Suhrkamp Verlag, Frankfurt a. M., S. 220.

78） Vgl., Friedrich Heinrich Jacobi: *Über die Lehre des Spinoza in Briefen an den Herrn Moses Mendelssohn. Spinoza und der deutsche Idealismus*, hrsg. v. Manfred Walter, KN, 1992.

第2章　非存在論と時間分析

1） ハイデガーの形而上学構想については以下の文献参照。細川亮一『意味・真理・場所』創文社，1992年

2） Vgl., Vgl., Edith Stein: „Husserls Phänomenologie und die Philosophie des hl. Thomas v. Aquino: Versuch einer Gegenüberstellung.“, in *Jahrbuch für Philosophie und phänomenologische Forschung*. Erganzungsband, 1929, p. 315-338.

Vgl., Ludwig Landgrebe: *Der Weg der Phanomenologie: das Problem einer ursprunglichen Erfahrung* , Gerd Mohn: Gutersloh, 1963.

Vgl., Klaus., Held: *Lebendige Gegenwart: die Frage nach der Seinsweise des transzendentalen Ich bei Edmund Husserl, entwickelt am Leitfaden der Zeitproblematik*, Den Haag: M. Nijhoff, 1966.

3） 志向性の前提としての存在了解や超越という事象に相当する次元をフッサール現象学の枠組みの中に見出し，ハイデガーへの再反論を企てることはもちろん可能である。ハイデガーからすれば，存在了解は，フッサールが「第六研究」で語ったカテゴリー的直観に相当するが，後にフッサールは，カテゴリーそのものの発生の次元を受動的志向性の位相において克明に分析している。

4） In EFG. 3/1, S. 278.

5） In EFG. 3/2, S. 118.

6） In EFG. 3/1, S. 279.

7） In EFG. 3/2, S. 307.

8） In EFG. 3/2, S. 201.

9） In EFG. 3/2, S. 202.

10） テンポラリテートの問題についてはとくに以下の文献参照。

相楽勉「時の光――「存在と時」への問いの端緒」，『白山哲学』，東洋大学文学部哲学研究室，1993年。

Vgl., Marion Heinz: *Zeitlichkeit und Temporalität. Die Konstitution der Existenz und die Grundlegung der Ontologie im Frühwerk Martin Heideggers*, Würzburg, 1982.

11） Siegfried Rombach: „Gegenstandskonstitution und Seinsentwurf als Verzeitigung. Über die zeitliche Konstitution der Gegenstandstypen bei Husserl und den zeitlichen Entwürf" in *Husserl Studies*, 2004; 20 (1), S. 29ff.

12） ハイデガーは『存在と時間』第７節の注において以下のように述べている。「フッサールは著者のフライブルク修業時代に，立ち入った個人指導によって，また，未発表の諸探求を極めて自由に見せてくれたことによって，現象学研究のこの上なく様々な領域に親しませてくれた。」(SZ, 38)

13） Siegfried Rombach: a. a. O., S. 26f.

14） こうした論点を強調した解釈として以下の研究書がある。細川亮一『意味・真理・場所』創文社，1992年。

15） ディーマーは，客観的時間を二つの位相に分類している。

① 相互主観的に構成された客観的世界の時間，すなわち時計等で測定されうるような自然科学的に同質的な時間としての「客観的な客観的時間」

② 主観によって構成された超越的客観の時間，すなわち「第一次的世界」の時間としての「主観的な客観的時間」

Alwin Diemer: *Edmund Husserl: Versuch einer systematischen Darstellung seiner Phänomenologie*; Meisenheim am Glan: A. Hain, 1956, S. 134f.

16） Zitiert nach Klaus Held: *Lebendige Gegenwart: die Frage nach der Seinsweise des transzendentalen Ich bei Edmund Husserl, entwickelt am Leitfaden der Zeitproblematik*, Den Haag: M. Nijhoff, 1966, S. 89.

ブラントは次のように注意を促している。「フッサールがこのようにことさら客観的時間という場合にも，彼にとって時間とは，常に客観的であることを忘れてはならない。

世界時間ばかりでなく，私自身の時間もそれが第一の客観的自体存在的時間である以上，やはり客観的である。」Gerd Brand: *Welt, Ich und Zeit: nach unveroffentlichten Manuskripten Edmund Husserls*, Den Haag: Nijhoff, 1969, S. 138.

17） Jan Patočka: *Die natürliche Welt als philosophisches Problem*: herausgegeben von Klaus Nellen und Jiri Nemec; übersetzt von Eliska und Ralph Melville. Stuttgart: Klett-Cotta, 1990, S. 128.

18） Ludwig Landgrebe: *Faktizitat und Individuation: Studien zu den Grundfragen der Phanomenologie*, Hamburg: Meiner, 1982, S. 51.

19） Ebd., S. 51.

20） 山口一郎は，自我に対する流れることの先行性を説いている。これはフィンクの方向性と親和的なフッサール解釈と言える。逆に脱主観化した流れることが具体的にどのようなものなのかをフィンクは十分に示しているとは言いがたいが，山口はその具体相を衝動志向性として詳らかに分析している。山口一郎『存在から生成へ』知泉書館，2005年，第三部第一章参照。

21） Franz-Anton Schwarz: „Zum Weltproblem Eugen Finks“, in *Eugen-Fink-Symposion 1985,* Ed. Ferdinand Graf, Schriftenreihe der Pädagogische Hochschule Freiburg, Freiburg: Pädagogische Hochschule Freiburg, 1987, S. 61f.

22） In: EFG. 3/2, S. 100

23） Rudolf Bernet: „Die Frage nach dem Ursprung der Zeit bei Husserl und Heidegger“, in: *Heidegger. Studies,* vol. III/IV, Duncker & Humblot, 1987/88, S. 102f.

この論文においてベルネットは，フッサールが世界時間を「因果的に規定された自然的実在性の「客観的時間」」と同一視し，世界時間の持つ重要な意義を汲み取っていないと批判し，この点にハイデガーとの分岐点をみている。しかし，その後の論文では，とりわけ「ベルナウ」草稿をも考慮しつつ，フッサールにおける世界時間の議論を積極的にとりあげていることも付言しておきたい。Vgl., Rudolf Bernet, “Real Time and Imaginary Time. Temporal Individuation according to the Bernau Manuscripts”, in *The second International meeting for Husserl studies in Japan Proceedings*, Inter-University Seminar Hause, 2003.

世界時間の問題は，単なるフッサール解釈上の問題を超えて，現象学的時間論を考える上でも極めて重要である。フィンク，パトチカ，ラントグレーベの他にも，新田義弘，ヴェルナー・マルクス，フォン・ヘルマン，谷徹も世界時間の重要性について積極的に論じている。

新田義弘『現象学とは何か』 紀伊国屋書店，1968年。特に第二章３参照。

Vgl., Werner Marx, *Die Phanomenologie Edmund Husserls: eine Einfuhrung*, München: W. Fink, 1987.（『フッサール現象学入門』佐藤真理人・田口茂訳，文化書房博文社，1994年）

Vgl., Friedrich-Wilhelm von Hermann, *Bewusstsein, Zeit und Weltverstandnis*, Frankfurt am Main: V. Klostermann, 1971.

谷徹『意識の自然』勁草書房，1998年。

24) すでに1908にフッサールはカントの三つの総合についての解釈を行っている。Elmar Holenstein: *Phanomenologie der Assoziation: Zu Struktur und Funktion eines Grundprinzips der passiven Genesis bei E. Husserl*, Den Haag: Nijhoff, 1972, S. 239.

25) Ebd., S. 242.

26) Ebd., S. 243.

27) In: EFG. 3/1, S. 296.

フィンクであれ，ハイデガーであれ，その揺動の概念は，カントよりもむしろフィヒテ，さらにはノヴァーリスの構想力概念を髣髴とさせる。彼らもまた構想力を「動揺（Schweben）」として語っていた。フィヒテにおいて構想力は自我の無限と有限の絶えざる動揺として語られている。それは自我の自己自身との「抗争」であり，合一不可能なものを合一しようとして追い越し追い越されることによって自己自身をたえず「再生産」する。さらにノヴァーリスは，フィヒテの構想力概念を受け継ぎながらも，それを自我論という枠組みから開放し，感性的物質領域と知的精神領域との間の動揺として捉えなおしていく。ノヴァーリスからすれば，フィヒテにおいては具体化，つまり知的精神的なものを，構想力によって象徴化する方向が欠けていた。中井章子によれば，ノヴァーリスの所謂「魔術的観念論」は，失われた世界の意味を回復すべく，世界の「ロマン化」を企図しており，その方法として，抽象化と具体化という二つの操作を自在に動揺する構想力の機能を重視する。

Vgl., Wolfgang Janke; *Vom Bilde des Absoluten,* W. de Gruyter, Berlin/New York, 1993.

中井章子『ノヴァーリスと自然神秘思想――自然学から詩学へ』創文社，1998年。

久野昭『魔術的観念論の研究』理想社，1976年。

なお，ケーラーもまた，フィヒテにおける構想力の動揺概念に注目し，ハイデガーのカント解釈との接点を模索している。しかしハイデガーの揺動概念が検討されていない。

Vgl., Dietmar Köhler, „Die Einbildungskraft und das Schematismusproblem. Kant-Fichte-Heidegger“, in *Fichte*-Studien. Vol. 13, 1997.

フィンクとハイデガーの揺動概念については以下の文献を参照。

Vgl., Marc Richir, Schwingung et phénoménalisation (Heidegger, Fink, Husserl, Patočka) In: Natalie Depraz; Marc Richir (Hrsg.): *Eugen Fink: Actes du Colloque de Cerisy*-la-Salle 23-30 juillet 1994. Amsterdam: Rodopi, 1997.

ちなみにパトチカは，カントの構想力を「主観的力ではなく，現出平面の根本構造」と解釈している。*Vom Erscheinen als solchem*; Hrsg. v. Helga Blaschek-Hahn und Karel Novotny, Orbis Phaenomenologicus2-3, Kark Alber Freiburg/Munchen, 2000, S. 98.

28) In EFG. 3/2, S. 17.

29) In EFG. 3/1, S. 220.

30) In EFG. 3/2, S. 34.

31) In EFG. 3/1, S. 290.

32） In EFG. 3/2, S. 101.
33） In EFG. 3/1, S. 95.
34） In EFG. 3/1, S. 95.
35） In EFG. 3/1, S. 287.
36） In EFG. 3/2, S. 15.
37） In EFG. 3/2, S. 45.
38） フィンクは，博士論文では「自我論的態度」で分析がなされていたため，脱現在化を世界との連関で問うことができずにいたと振り返っている。Z-VII. XXI/7a, in EFG. 3/2, S. 60.
39） In EFG. 3/2, S. 16f.
40） In EFG. 3/2, S. 39.
41） In EFG. 3/2, S. 68.
42） In EFG. 3/2, S. 52.
43） In EFG. 3/1, S. 289.
「現実性と可能性は，原初的には対象性の諸様態ではなく，時間化の様態なのである。」（Z-V. III/9a, in EFG. 3/1, S. 289）
44） Zitiert nach Ronald Bruzina: "The Revision of the Bernau Time-Consciousness Manuscripts: New Ideas-Freiburg, 1930-1933", *Alter No. 2*, 1994, S. 379.
45） In EFG. 3/2, S. 28.
46） In EFG. 3/2, S. 311.
47） In EFG. 3/2, S. 67.
48） In EFG. 3/2, S. 66.
49） In EFG. 3/1, S. 286.
50） In EFG. 3/2, S. 66.
51） Vgl., Ronald Bruzina, a. a. O., S. 378f.
52） 辞書的語義からすれば，er という接頭語は，揺動運動の発動，勢力，進化の過程を意味し，ver は揺動運動の所産，終局的過程を意味する。
53） In EFG. 3/1, S. 416.
54） In EFG. 3/2, S. 58.
55） In EFG. 3/2, S. 27.
56） In EFG. 3/1, S. 302.
57） In EFG. 3/2, S. 294.
58） In EFG. 3/2, S. 282.
59） In EFG. 3/2, S. 201.
60） In EFG. 3/1, S. 301.
61） こうした解釈はブラントにも見られる。Vgl., Gerd Brand, *Welt, Ich und Zeit: nach unveroffentlichten Manuskripten Edmund Husserls*, Den Haag: Nijhoff, 1969.
62） もっともハイデガーの「揺動」概念は，超越による地平形成という次元には回収さ

れえない射程を有する。この問題は，『哲学への寄与』において，さらに立ち入って考究されることになる。彼によると，「性起についての語りだされていない予感が前面に出るという仕方で，かつ同時に歴史的な想起（ウーシア＝パルーシア）のうちで，自らをテンポラリテートとしてあらわす」(HGA. 65, 73f.)。つまりテンポラリテートの分析は，「性起」，つまり「存在の真理」の問として受け継がれていったのである。『哲学への寄与』では真理の本質としての根拠が根拠として根源的に現成してくるあり方が，「時間—空間」として語られている。

ハイデガーによれば，現実存在と本質存在の区別は最初の始元，つまり形而上学の主導的問いの中で生じてきた。この区別の大元となるウーシアの時間性格が恒常的現存性であることは，『存在と時間』でも語られていたが，『哲学への寄与』ではさらにこの区別が生じてくる現場が時間空間に即して具体的に記述されている。ハイデガーは「恒常的現存性（beständige Anwesenheit)」を「現存化」と「恒常性」とに区別し，それらに時間と空間を交差配列的に掛け合わせる。現実存在は，恒常性の時間的側面として「耐久的持続（Ausdauer)」，すなわち「外観（Aussehen）が不在ではない「事（daß)」」，現存化の空間的側面として「空間を与えること。存立するという「事」」へと還元される（ebd., 272）。一方，本質存在は，恒常性の空間的側面にかかわり，「場を占拠するもの（Ausfüllende)」，ないし「存続をなすもの」としての「何」へと還元され，現存化の時間的側面として「外観の取り集め「何」」へと還元される。その上でさらにハイデガーは，時間と空間がそれぞれに二重化されたものの由来を，「離脱（entrücken)」と「包摂（berücken)」に求める。「離脱」は「脱我」，「包摂」は「魅了」をも意味し，それぞれ時間，空間の根源として語られている（ebd., 384）。イメージとしては，前者が拡散的な動きを示すのに対して，後者はむしろ求心的である。離脱という術語はすでに『存在と時間』や『始元的根拠』などでも語られ，この離脱の先が地平図式ないし脱自圏域のことであった。しかし揺動としての時間の自己企投は，脱自圏域へと離脱する動きばかりだけではなく，そこから回帰する動きも意味していたはずである。『哲学への寄与』で語られた包摂とはまさにこの回帰していく方向性を具体化したものなのではないだろうか。とすれば，『哲学への寄与』でも語られている「揺動」というのは，〈現—存在の存在への帰属性（離脱)〉と〈存在から現—存在への呼びかけ（包摂)〉との転回的（kehrig）往還運動を表していることになろう（ebd., 380）。

第Ⅱ部　コスモロギーと現象学的世界論の展開

1） In EFG. 3/1, S. 269.

2） In EFG. 3/2, S. 24.

3） In EFG. 3/2, S. 315.

4） フィンクは1928-1929年頃に書かれた草稿の中ですでに，「開けを与える」と同時に自己を「放棄」する「絶対者」の動きを「ピュシスは隠れることを好む」というヘラクレイトスの言葉と重ね合わせて理解していた。Z-V. VII11b, in EFG. 3/1, S. 320.

第１章　コスモロギー的世界論の成立

1）　Dorion Cairns: *Conversations with Husserl and Fink*. Edited by the Husserl-Archives in Louvain. The Hague, Netherlands: Martinus Nijhoff. 1976, S. 51.

2）　Friedrich-Wilhelm von Hermann: *Bewusstsein, Zeit und Weltverstandnis*, Frankfurt am Main, V. Klostermann, 1971. ちなみにこの著書は師フィンクに捧げられたものである。

3）　Vgl., László Tengelyi: "La "fenêtre sur l'absolu" selon Fink." In, Natalie Depraz; Marc Richir (Hrsg.): *Eugen Fink: Actes du Colloque de Cerisy-la-Salle 23-30 juillet 1994*. Amsterdam: Rodopi, 1997 (Elementa; 68), S. 11-25.

4）　フッサールの像分析は，単なる特殊問題にとどまらず，彼自身の現象学の根幹にも関わる「知覚」の志向的構造，並びに「現象学的エポケー」といった方法的操作の独自性を浮かび上がらせることに寄与している。

5）　すでにわれわれは，フッサールにおいて時間が「世界の形式」として語られていることを見た。しかしそこでの分析は，現実的世界と非現実的世界を，すでに区分を遂行し終えた時点から事後的に語っているかのような印象を払拭しきれない。原プロセスないし内的意識の具体的内実は，むしろフィンクの言う「遊戯の呪縛の内での遊戯の了解」のようなものなのではないだろうか。ベルネットは，原プロセスないし内的意識が，知覚の印象的形態と空想の再生的形態という二つの形態を含んでいることを指摘し，後者は「距離をおいて象徴的に自己表出」すると述べている。その際知覚意識は，こうした自己表出そのものの自己喪失として捉えられている。

Vgl., Rudolf Bernet, "Real Time and Imaginary Time. Temporal Individuation according to the Bernau Manuscripts." In, *The second International meeting for Husserl studies in Japan Proceedings*, Inter-University Seminar Hause, 2003.

Vgl., Rudolf Bernet, "Husserl's notion of phantasy-consciousness as foundation of Freud's notion of unconsciousness", in *Shiso* 2000, 916.

6）　新田義弘がいみじくも述べているように，現出論と目的論は「相互制約」の関係にあり，現出論なき目的論は「形而上学的独断」でしかないが，かといって現出論のみを自立化させてしまうと「人間の知は方位性と目的性を欠いた，たえざる差異の戯れにしかすぎない」。新田義弘『現代哲学 現象学と解釈学』白菁社，1997年，307頁参照。

7）　フィンクのコスモロギー的思惟に大きな影響を与えた人物として，ブルーノを忘れてはならない。ブルジーナの報告によると，フィンクの初めて読んだ哲学的著作はブルーノの『原因・原理・一者について』であった。

Ronald Bruzina, *Edmund Husserl and Eugen Fink: Beginnings and Ends in Phenomenology, 1928-1938,* New Haven: & London Yale University Press, 2004, S. 449.

8）　Zitiert nach Ronald Bruzina: „Die Auseinandersetzung Fink-Heidegger: Das Denken des letzten Ursprungs", Perspektiven der Philosophie, Neues Jahrbuch, 1996, 22, 1996, S. 41.

9）　Zitiert nach Ronald Bruzina: ebd., S. 40

10）　超越論的範疇の問題については主に以下の文献も参照。

Vgl., Hans Leisegang, „Über die Behandlung des scholastischen Satzes: “Quodlibet ens est unum, verum, bonum seu perfectum”, und seine Bedeutung in Kants Kritik der reinen Vernunft“, In: *Kant Studien* 20, 1915.

Vgl., Hinrich Knittermeyer, „Von der klassischen zur kritischen Transzendentalphilosophie.“ In: *Kant Studien* 45, 1953/54.

クラウス・リーゼンフーバー「トマス・アクィナスにおける超越論的規定の展開」，『中世における知と超越』創文社，1992年。

11）　彼のこうした問題意識から，ヘーゲルが『フィヒテとシェリングの哲学体系の差異』において提起した有名な「哲学の課題」を想起するにちがいない。「哲学の課題は，存在を非存在の中へ――生成として，分裂を絶対者の中へ――その現象として，有限者を無限者のなかへ――生として措定することにある。」Hegel: *G. W. F. Hegel. Werke* 2, Suhrkamp Verlag, Frankfurt a. M. 1971, S. 25.

12）　フッサールは1936年の草稿の中で，次のように述べている。「あらゆるものは，一においてあり，生である。世界とは生が，植物，動物，人間といった形式で自己を客観化したものである。植物，動物および人間は，産まれては死にゆくものである。生は死なない。なぜなら，生はただ生の一なる普遍性と内的統一性のうちにおいてのみあるからである」(Hua. XXIX, 334)。ここで言われる生とは，「流れつつある原初的な生」，つまり植物であれ，動物であれ，人間であれ，総じて「生きている」という出来事そのものを意味する。石のような物体にしても生にとっては必要不可欠であり，生からのみ，「環境世界」という機能意味を獲得するわけである。しかし生というのを，個々の生命体を寄せ集めた巨大な生命体のごとくイメージしてはならない。あらゆるものが即ち生なのではない。あらゆるものが，その全体性において統一的に見られたとき，「生きること」として主題化されてくるのである。ここに伝統的な全一論のモチーフを見て取ることもできる。そしてこの全一論が，生命体から動詞的な生きることへの転換の論理として語られている点は重要である。

13）　Hans-Georg Gadamer: *Wahrheit und Methode*, Tübingen, 1960. S, 336, fff.

14）　Hans Reiner Sepp: „Praktische Transzendentalität oder transzendentale Praxis? Zum Problem der Verweltlichung transzendental phänomenologischer Erkentnisse“, in *Gelehrtenrepublik-Lebenswelt*. Köln/Wien, 1995. S. 204.

15）　ドゥルーズは，差異を決して否定としては語らなかった。ドゥルーズはまず差異がカテゴリー的な類種系列内部の概念的差異に貶められ，さらに存在が類に対して類比的関係をもつことで配分的かつヒエラルキー的に機能するような，ギリシャ的な有限的かつ「組織的（organique)」な表象思考を批判する。これに対して，ライプニッツやヘーゲルは，類種系列の限界を突破して無限を思惟することによって表象を「オルジック（orgique)」なものとして捉えたという点においては評価されつつも，結局は両者ともに同一性原理へと従属させられてしまうという点で批判されることになる。なるほどへ

ーゲルにおいて差異は基底的な役割を果たしている。しかしドゥルーズによれば，ヘーゲルにとってそれは同一的なものの顕在化のためのスプリングボードでしかない。フィンクが極大の方向へと進み，差異性を同一性の頸木から開放したのとは対照的に，ドゥルーズはライプニッツ的な極小の方向へと徹底的に考察をすすめていった。しかしこれら二つの方向性はつまるところどのように関係し合うのであろうか。

Gilles Deleuze, *Differenz und Wiederholung;* aus dem Franzosischen von Joseph Vogl. München: Wilhelm Fink, 1992 (968) S. 8.

16) 古東哲明が言うように，「あらゆる瞬間が創造であり終末」なのである。古東の世界論は，主にハイデガーを解釈しつつ独自に展開したものであるが，様々な点でハイデガーよりもむしろフィンクに通じるものがある。古東哲明『〈在る〉ことの不思議』勁草書房，1992年参照。

17) 海と波の比喩はドゥルーズも好んで用いたが，彼がライプニッツから借用した「襞」の比喩とともに考え合わせるとイメージしやすい。世界は，海のごとく可塑的であり，一つ一つの波は，部分として分割されるのではなく，小さな襞として無限に折り込まれ，どんなに小さな襞でも常に凝集力を保持している。強度はこの襞の内折と展開によって表されるというわけである。

Vgl., Gilles Deleuze: *Le pli: Leibniz et le baroque;* Paris: Editions de Minuit, 1988.

18) Martin Heidegger: *Nietzsche II.* Neske.1961, S. 258.

19) 村井則夫は，力への意志そのものの仮象性格を問題とする場面として永劫回帰の思想を位置づけている。その際，仮象というのは実在の対立概念ではない。地平的規定としての「として」においてはどうしてもこのような二元論的項の分節化は避けられえない。そこで村井は「この世界は力への意志であって，それ以外の何者でもない」というニーチェの命題に含意される nichts anders als という際の「として」構造を抽出し，自己を否定的に相対化しつつも，記述する視点をも巻き込む形で，再び自己に回帰して自己肯定する機能を見出すことによって，力への意志の仮象性格にリアリティーを与え返した。ある意味で，クザーヌスの非他者論にも通じる極めて興味深い議論である。

村井則夫「仮象としての世界 －ニーチェにおける現象と表現」『思想』No. 920特集ニーチェ，2000年。

20) ドゥルーズは『差異と反復』の注において，フィンクが自分とは異なった観点から，すなわち「ハイデガーの存在論的差異の思想に関するひとつの定式」として，神的な遊戯を人間的遊戯から区別して論じていることを高く評価している。ドゥルーズによれば，人間的遊戯は，あらかじめ存在する定言的規則を前提し，サイコロ振りの結果を偶然から排除し，勝敗を「仮定」に結びついたものとして配分する。これに対して神的遊戯は，唯一の分与されない投擲の開かれた空間の中でそれ自身を配分する。ドゥルーズは，前者を定住的配分，後者を遊牧的配分と呼ぶ。神的遊戯は，みずから規則を産出し，そのつど偶然の全体が一度に肯定され，したがって遊戯から除外されるものはなにもない。しかしドゥルーズにとっての遊戯の役割は，偶然を肯定するだけではなく，さらにその必然（運命）をも肯定する。永劫回帰とはこの二番目の肯定として解釈される。しかし

必然は偶然を廃棄するものではない。第二の肯定は，第一の肯定そのものを，つまり偶然の必然を肯定しているのである。同様のことは生成の存在，多の一に関しても成り立つ。

Gilles Deleuze: *Differenz und Wiederholung,;* aus dem Franzosischen von Joseph Vogl. München: Wilhelm Fink, 1992 (1968), S. 60.

Gilles Deleuze, Nietzsche und die Philosophie; aus dem Franzosischen von Bernd Schwibs. Frankfurt am Main: Syndikat, 1985 (1962), S. 31f.

21）この「全体として」という契機は，1927年夏学期講義『現象学の根本諸問題』ではとくに言われていなかったことである。

22）Martin Heidegger: Colloquium über Dialektik (E. Fink, M. Müller, K. -H. Volkmann-Schluck, W. Biemel, M. Biemel, H. Birault). Muggenbrunn am 15. September 1952. Anhang: Letzte, nicht vorgetragene Vorlesung (XII) aus dem Sommersemester 1952. Mit einem Nachwort hrsg. von G. van Kerckhoven. In: *Hegel*-Studien Bd. 25. Bouvier, Bonn 1991, S. 14.

23）Ebd., S. 14.

24）Heinrich Rombach: *Substanz, System, Struktur: die Ontologie des Funktionalismus und der philosophische Hintergrund der modernen Wissenschaft*, Freiburg: Alber, 1981, S. 222.

25）Ebd., S. 223.

26）Ebd., S. 212.

27）Ebd., S. 215.

28）この点についてはすでに酒井潔が訳注の中で指摘している。『実体・体系・構造』酒井潔訳，ミネルヴァ書房，1999年，288頁。

29）Heinrich Rombach, a. a. O., S. 216.

30）Ebd., S. 215.

31）Heinrich Rombach: *Strukturontologie. Eine Phänomenologie der Freiheit,* Alber, Freiburg, München, 1971. S. 34.

32）Heinrich Rombach: *Substanz, System, Struktur: die Ontologie des Funktionalismus und der philosophische Hintergrund der modernen Wissenschaft*, Freiburg: Alber, 1981, S. 223.

33）新田義弘は，クザーヌスの非他者論の現象学的意義を考究しているが，ロムバッハにおいては等閑に付された「主観性の根拠」に深くかかわる問として提起することによって，とりわけフィヒテの映像論との接続を可能にした。新田義弘『現象学と近代哲学』岩波書店，1995年，特に第二部参照。

34）Heinrich Rombach: a. a. O., S. 152. ロムバッハはこの「非他者」こそ「クザーヌスの思想をもっともよく示す規定」とみなしている。この概念がフィンクの非存在論に影響を与えたことをも鑑みると，ロムバッハとフィンクの近さも見えてくる。したがってたとえば名付けというのが，何らかの比較や関係付けを意味するのだとすれば，非他者と

いう規定は，神が名をもたずに思惟されるべきだとするユダヤ的伝統や偽アレオパギタの伝統を踏襲するものである。Ebd., S. 156.

ロムバッハの「非他者」論については以下の文献も参照。Vgl., Heinrich Rombach: *Die Welt als lebendige Struktur. Probleme und Lösungen der Strukturontologie*, Freiburg i. Br. 2003

非他者の概念はパトチカの世界論にも影響を与えている。クザーヌスにとって非他者は神であるが，パトチカはそれを世界として思惟する。それは「無限定者（Indefinite）」であるが，「到達不可能な絶対者」のことではないとされる。あらゆる限定的定義の連鎖を順次辿っていく中で，その終局点として，A＝A という同一命題に逢着する。クザーヌスはこれを「A は A に他ならない」と表現する。しかしパトチカも言うように，このような非他者を含む二重否定的表現は，単なる同一性，さらには自同性とも異なる。通常の同一命題においては両項が逆転可能であるのに対して非他者性を含んだ命題においては逆転不可能である。非他者は他のあらゆる有限者を限定し，同時にみずからをもまた限定するものである。超越論的範疇である一者ですら非他者を前提とする。というのも一者は一者に他ならないからである。その意味で非他者は最も純粋な一者と言える。一方，非他者は，他の一切を限定するとはいえ，それ自身一切の彼方において一切と対立する他者ではなく，むしろ一切の内で自らを「映現」する。その際，一切の個物は非他者の部分ではないことに注意すべきである。パトチカの世界は「非—排他的な一者」であり，同一的でも相違的でもない非他者性である。そもそも同一性と相違性は，すでに個体化されたものを前提にしている。しかしパトチカによれば，一者としての非他者は全てのものの「先—存在的根拠」である。同一性か相違性かという二者択一的な排他的論理を採らないとすると，第三の領域を認めるのか。しかしこの問題は，選択肢が三択になるという単純なことでは済まないようである。そこで導入されるのが，「内包—展開」という図式である。先存在とは，したがって内包，デュナミスの意である。パトチカは，まさにこのような潜在的な「諸可能性の開かれた領野」を「世界」と呼んでいる。この領野は主観によって企投されるものではなく，眠れるモナドも射程に入れた広大にして潜在的な無数の可能世界である。主観は眠れるモナドの発展の一展相にすぎない。主観が関与するのは諸可能性からの選択による顕在化の段階においてであり，その選択に対して主観は責任を負う。自由とは可能性の企投にではなく，むしろこの行為に対する責任のうちにあるのである。しかし本文でも論じたようにクザーヌスの世界は単なる可能空間ではない。

35） Heinrich Rombach: *Substanz, System, Struktur: die Ontologie des Funktionalismus und der philosophische Hintergrund der modernen Wissenschaft,* Freiburg: Alber, 1981, S. 153.

36） Ebd., S. 154

37） Ebd., S. 155.

38） Ebd., S. 160

39） Ebd., S. 161

40) 新田義弘は，シュトラッサーの見解も踏まえつつ，フッサールの世界概念を「総体性」と「地盤」の二つに区別している。新田義弘『現象学』岩波書店，1978年，103頁参照。

Stephan Strasser: „Der Begriff der Welt in der phänomenologischen Philosophie." in *Phänomenologische Forschungen3,* Hrsg. v. E. W. Orth. K. Alber 1976, S. 156.

41) もちろん体系思想においてもヘーゲルのように生成が語られる場合はある。しかしロムバッハからすれば，それは体系内部の生成でしかないのである。むしろその生成を「分開（Ausfaltung）」と捉えるシェリングの「ポテンツ論」の方が構造存在論に近いと彼は言う。Vgl., Heinrich Rombach, *Strukturontologie. Eine Phänomenologie der Freiheit,* Alber, Freiburg, München, 1971. S. 175.

42) ロムバッハによれば，構造思想はパスカル，ライプニッツ，シェリングへと受け継がれていくのに対して，体系思想は，ブルーノにはじまり，コペルニクス，ガリレイ，デカルト，スピノザ，ヘーゲルの思想に見出されるものである。Vgl., Ebd., S. 173ff.

43) Heinrich Rombach: *Substanz, System, Struktur: die Ontologie des Funktionalismus und der philosophische Hintergrund der modernen Wissenschaft,* Freiburg: Alber, 1981, S. 273.

44) Ebd., S. 278.

45) Ebd., S. 280.

46) 加藤守道が指摘しているように，『原因・原理・一者について』の第3巻では，キリスト教・新プラトン主義，とりわけクザーヌスをモデルとしつつ，神と世界の区別が強調されているのに対して，第5巻では汎神論的傾向が強くなる。しかし加藤は，このような傾斜を，神が宇宙の内に完全に解消され尽くしてしまうこととは見なさず，あくまで「現在進行形」のものとして解釈している。

加藤守道「ジョルダーノ・ブルーノとクザーヌス――『原因・原理・一者について』における神と宇宙の関係を巡って」『クザーヌス研究』第2号，1993年参照。

なお，大変興味深いことに，加藤はブルーノ思想の中に，光の形而上学的な要素のみならず「影の思想」をも読み取っている。

加藤守道「『イデアの影』におけるジョルダーノ・ブルーノの影の思想と新プラトン主義」『ルネサンスの知の饗宴――ヒューマニズムとプラトン主義』佐藤三夫編，東信堂，1994年参照。

47) ここ最近パトチカに関する研究論文が続々と刊行され，とりわけフィンクとの関係についての関心も高まった。1998年の「哲学国際雑誌」ではフィンク・パトチカの特集が組まれ，翌年1999年には二人の書簡集が刊行されている。

Internationale Zeitschrift für Philosophie, Vol. 1, 1999.

Briefe und Dokumente: 1933-1977/Eugen Fink und Jan Patočka. Hrsg. von Michael Heitz, Freiburg; München: Alber; Prag: Oikumene. -1999. Reihe: (Orbis phaenomenologicus/2; 1)

48) Karel Novotný: „Einfuhrung Struktur des Erscheinens und endliche Freiheit," in,

Vom Erscheinen als solchem; Hrsg. v. Helga Blaschek-Hahn und Karel Novotny, Orbis Phaenomenologicus2-3, Kark Alber Freiburg/München, 2000. S. 22.

49）　Ivan Blecha: „Zeitspielraum-Erscheinungsfeld/Weltganzes Voraussetzungen in der Auffassung von Welt bei Eugen Fink und Jan Patočka“, 1999, S. 223.

50）　Ebd., S. 244f.

51）　Jacques Derrida: *De la grammatologie*, Paris, 1967, S. 73f.

52）　パトチカのような実践哲学的側面への配慮のもとに世界論を展開していった代表格として，他にラントグレーベを挙げることができる。2002年６月にはオーストリア現象学会によってフィンク，ラントグレーベ，パトチカの生活世界論をテーマとした会議がラントグレーベ生誕100年記念祭として開催され，その成果は翌年2003年に論文集として出版されている。ラントグレーベは，パトチカに比べると，形而上学的関心が強く，その意味ではフィンクに近い。しかしフィンクの言う世界の時間空間性というのも，ラントグレーベからすれば，ヒュレー，さらにはキネステーゼなくしてはありえないということになろう。ラントグレーベは，世界の形式的側面よりも，むしろその原事実的な側面を重視する。原事実性は認識の限界というよりは「認識できるものの限界」として実践的意味を持つ。彼の関心はこの原事実的な身体的現場で起こっている宗教的信と世界信との緊張関係を捉えることにあった。ラントグレーベの世界論は，目的論と交差しつつ，モナドロギー的な構想として立てられているが，そうした方向性は，シュトラッサーにも見られる。シュトラッサーは，フッサールのモナドロギーに見られる予定調和的発想に対する批判を通じて，世界を矛盾や抗争として捉えることによって，レヴィナス流の倫理学との接点を模索している。一方，ラントグレーベ門下のヘルトは，フッサールの身体論やハイデガーの気分論を基本的な道具立てとし，さらに風土論的観点も加えつつ，世界の現象様式を具体的に描く一方で，故郷世界論を手がかりに，間文化性の議論をも展開していった。最近では，ロムバッハの衣鉢を継ぎ，とりわけ師が重視した複数世界というブルーノ的モチーフを鍵概念として間文化性の問題に取り組んでいるシュテンガーの一連の仕事が注目に値する。

Vgl., *Lebenswelten: Ludwig Landgrebe-Eugen Fink-Jan Patočka. Wiener Tagungen zur Phänomenologie 2002.* Frankfurt am Main: Lang, 2003.

Vgl., Ludwig Landgrebe: *Der Weg der Phänomenologie: das Problem einer ursprunglichen Erfahrung* , Gerd Mohn: Gutersloh, 1963.

Vgl., Ludwig Landgrebe: *Faktizität und Individuation: Studien zu den Grundfragen der Phänomenologie*, Hamburg: Meiner, c1982.

Vgl., Stephan Strasser: *Welt in Widerspruch,* Kluwer Academic Publishers, 1991.

Vgl., Klaus Held: „Lebenswelt und Natur: Grundlagen einer Phänomenologie der Interkultualität“, in, *Phänomenologie der Natur,* 1999.

Vgl., Klaus Held: „Heimwelt, Fremdwelt, die eine Welt“. In, *Phänomenologische Forschungen. 24/25*, Hrsg. E. W. Orth., Alber 1991.

Vgl., Georg Stenger: “A New Turn of Phenomenology?: The mutual fecundation of

European and East Asian Thinking, (An attempt, part I)",「現象学の新たな転換？」田村京子訳,『思想』No. 968, 岩波書店, 2004年。

第２章　光と闇の現象学

1） M. Heidegger. Colloquium über Dialektik (E. Fink, M. Müller, K. -H. Volkmann-Schluck, W. Biemel, M. Biemel, H. Birault). Muggenbrunn am 15. September 1952. Anhang: Letzte, nicht vorgetragene Vorlesung (XII) aus dem Sommersemester 1952. Mit einem Nachwort hrsg. von G. van Kerckhoven. In: *Hegel-Studien* Bd. 25. Bouvier, Bonn 1991, S. 11.

2） Ebd., S. 14.

3） ムッゲンブルンのコロキウムにおいても存在の一なるものの思惟に対して，世界の「二元論」の重要性を説いてはいるが，ハイデガーからヘンは「存在の最も根源的な規定ではない」と切り返されてしまう。Ebd., S. 12.

4） Clemens Bäumker: *Witelo: Ein Philosoph und Naturforscher des XIII. Jahrhunderts*, Aschendorff, 1991. (Beitrage zur Geschichte der Philosophie und Theologie des Mittelalters: Texte und Untersuchungen; Bd. 3 Heft 2). S. 360.

なお，新プラトン主義における「光」の問題については以下の文献から多くを学んだ。熊田陽一郎『美と光　西洋思想史における光の考察』アウロラ叢書，国文社，1986年。

5） ハンス・ブルーメンベルク『光の形而上学』生松敬三・熊田陽一郎訳，朝日出版社，1979年。

6） 新田義弘は，ギリシャの光の形而上学とは異なる光の思想をとりわけクザーヌスの中に見出した。そこでは見ることの外部としての光ではなく，見ることそのものを貫き，見ることにおいて内的に語られるような光が問題となっている。新田義弘『世界と生命：媒体性の現象学へ』青土社，2001年，第六章参照。

7） ハイデガーにおける光の形而上学のモチーフについてはすでに細川亮一が詳しく考察している。細川亮一『ハイデガー哲学の射程』創文社，2000年，79ff. 頁参照。

8） 後期ハイデガーの真理論についての研究として以下の論文参照。

新田義弘「ハイデガーの真理論」『東北大学教育学部研究年報』VI，1958年。

新田義弘「ハイデガーにおける思惟と思索――言葉の問題を巡って」『東洋大学教養部紀要』第２号，東洋大学教養部，1961年。

丹木博一「『地平の現象学』から『顕現せざるものの現象学』へ」，『思想』(現象学の100年)，No. 916，2000年。

9） ヘラクレイトスの断片については以下の訳を参照。Hermann Diels (+ Kranz, Walther): *Die Fragmente der Vorsokratiker,* Weidmann, 1903（H. ディールス + W. クランツ編『ソクラテス以前哲学者断片集』内山勝利編，第１分冊，岩波書店，1996-1998。

10） 小論『アレーテイア』のほうでは，後者の方向に力点が据えられている。

11） このような「血と大地」といった発想は，ナチスの思想を彷彿とさせるが，フィンク自身はっきりと述べているように，それは生物学的な純潔主義の発想とは無縁である

（EC170)。たしかにこのような発想は，特定の国家や民族と結びつくと危険であるが，フィンクにとってそれは人類全体に関わる掟であり，どこまでも神々の掟なのであって，決して人間の掟として捉えられるべきではない。

12）フィンクの闇としての無に関する考え方は，ケレーニイの神話論にも通じるものがある。彼は神話を根拠づけているものを古代人のビオスと見なすが，しかし生にはその本質的な成分として「死」が属していることに注目する。ケレーニイは，死を生の本質的成分と考える哲学者としてマックス・シェーラーの名を挙げつつも，彼が死を人間の主観的内面世界の問題として捉えたことを批判し，むしろ死というのは世界の現実の一部をなしている限りでリアリティをもつと主張する。こうした死のリアリティをケレーニィは「非存在」と捉えた。それは昼の光と完全な光の欠如との間にある「夜」という「中間領域」であり，充溢した「萌芽状態」，幾度でも新たに産む能力を備えた「母なる大地」である。

Karl Kerényi: *Die Religion der Griechen und Römer,* München: Droemer Knaur, 1962, p. 269-287.（『神話と古代宗教』高橋英夫訳，新潮社，1972年）

13）Michel Henry: *Phénoménologie matérielle,* Presse Universitaires de France, 1990, S. 114.

14）Ebd., S. 113

15）Ebd., S. 115.

16）Emmanuel Levinas: *Le temps et l'autre* ; Paris: Presses universitaires de France, 1979, S. 56.

17）Ebd., S. 58.

18）Ebd., S. 59.

19）Ebd., S. 62.

20）Ebd., S. 63.

21）Ebd., S. 78.

22）Ebd., S. 79.

23）Ebd., S. 81.

24）Jacque, Derrida: *L'ecriture et la difference*, Paris: Editions du Seuil, 1967, S. 172.

25）Jacque Derrida: *Le toucher, Jean-Luc Nancy; accompagne de travaux de lecture de Simon Hantai.* Paris: Galilee, 2000, S. 138.

26）Ebd., S. 141. デリダによれば，このような主題はドゥルーズとガダリにも見られる。彼らはこうした事態を表現するのに tactile よりも haptique という語を好んだという。Ebd., S. 142.

27）Ebd., S. 186.

28）Jean-Louis Chretien, *The Call and the Response*: Anne A. Davenport (Translator), 2004, p. 129. Jacque Derrida, a. a. O., S. 281

29）Jean-Louis Chretien, a. a. O., S. 128.

30）Jacque Derrida, a. a. O., S. 279

31） Ebd., S. 129.

32） Ebd., S. 280.

33） 十字架のヨハネにおける触覚の比喩について詳しく扱ったものとして以下の文献が挙げられる。鶴岡賀雄『十字架のヨハネ研究』創文社，2000年。

34） Jacque Derrida, a. a. O., S. 130.

35） Ebd., S. 282f.

36） Ebd., S. 284.

37） このような類比的転用関係の逆転は，先に述べたボイムカーの類比的用法と同じものである。

38） フィンクがギリシャ存在論に始まる形而上学を「光の形而上学」として批判したのに対して，キリスト教の中に潜む光優位の発想を告発したのはC. G. ユングである。ユングによれば，キリスト教はキリストというシンボルの全体性を見失い，その闇の側面を「悪魔的敵対者」として除外してしまった。たしかに「善の欠如理論」において，キリストという形姿における全体性はかろうじて保たれたものの，そこで言われる悪は消極的なものにとどまる。これに対して悪を「善の反対」として積極的に捉え，しかもこのことを単なる思弁的論証ではなく，あくまで「心理体験」によって体得したグノーシス派をユングは高く評価する。心理的な経験領域において，善と悪，光と闇は，本来「等価的な対立物」なのであるが，キリスト教形而上学は神を「最高善」と看做すことによって，「自己の影」を排除してしまう。その結果人間は全体性としてのバランスを失うことになるが，そこに「無意識」による「補償」機能が働くことになる。Carl Gustav Jung: *Aion: Beitrage zur Symbolik des Selbst, (Gesammelte Werke C. G. Jung Bd. 9-2.)*, Olten, Walter-Verlag, 1976.

39） Hermann Diels (+ Walther kranz): Die Fragmente der Vorsokratiker, Weidmann, 1903.（H. ディールス＋W. クランツ編『ソクラテス以前哲学者断片集』内山勝利編，第1分冊，岩波書店，1996-1998年）

40） ハイデガーは「存在的近さ」という言い方に違和感を覚えたようである。それがグラスと本の隣接といったような事柄ではないことは言うまでも無い。ハイデガーは「存在論的」の間違いではないかと確認するが，フィンクの答えは否である（HS, 234）。ハイデガーは，存在的近さというのは開性の一種かと問う。たいしてフィンクは「薄明かりの開性」だという（ebd., 236）。ハイデガーは，「存在的近さ」というのが「貶められた開性」であるなら，つまり開性の消去ではなく開性の一種であるなら，それは人間における「一つの存在論的契機」ということになるが，それでも存在的と言うかと再度確認する。そこでフィンクは，ハイデガーの講義『形而上学の根本諸概念』で言われている「動物は世界貧困的である」という命題を持ち出す。ハイデガーは人間の身体を動物的なものとはみなしていないが，フィンクはそれを動物的と考えていたため，大地，夜への関わりを開性の一つとして考えることに躊躇い，「存在的近さ」という言い方に拘ったようである（ebd., 237）。

41） Träumendes Ichという語は「これから夢を見る自我」という意味であって，フィ

ンクは「眠る自我（schlafendes Ich）」と同じ意味で用いている（VB, 64）。

42）　メダルト・ボスは，夢を覚醒世界の衰弱状態とするような考え方を徹底的に峻拒し，夢を見るという営為もまた世界内存在として捉える。ただ彼は，夢において「同等なもの」に立ち戻ることはできても「同一のもの」には立ち戻ることができないと言う。フッサールにおける「世界時間の個体化」の議論と同様の考え方である。メダルト・ボス『夢 その現存在分析』三好郁男・笠原嘉・藤縄昭訳，みすず書房，1970年。

43）　このように，ある一方の行為を行うことが，とりもなおさず別の事柄の実行となるという事態を河本英夫は，「二重作動」と呼んでいる。ハイデガーが存在了解をもっぱら言語的なものとして捉え，存在をカテゴリー的直観の対象と見るのに対して，河本は存在体験とはむしろ触覚体験を基調とすると述べている。それ故，河本は存在論的差異を二重作動として解釈する際，存在の触覚的了解が，同時に存在者の視覚的認知となると言う。フィンクがハイデガーに対して言いたかったことも，おおよそこのようなことである。河本英夫『システム現象学　オートポイエーシスの第四領域』新曜社，2006年107-108，400頁。

結びにかえて

1）　エドワード・ケイシーや河合俊雄もまたヒルマンの影響を受けつつ現象学への接近を試みている。

Vgl., Edward S. Casey: *Imagining: a phenomenological study*, Indiana University Press, 1976.

Vgl., Kawai Toshio: *Bild und Sprache und ihre Beziehung zur Welt: Überlegungen zur Bedeutung von Jung und Heidegger für die Psychologie*, Königshausen & Neumann, 1988.

2）　すでに永井晋が，コルバンや井筒俊彦の問題を受け継ぎ，「イマジナルの現象学」を展開している。永井晋「イマジナルの現象学」『思想』No. 968，岩波書店，2004年，参照。

3）　C. G. Jung: *Psychologische Typen*, Gesammelte Werke Bd. 6/b, Herausgeber, Marianne Niehus-Jung, Lena Hurwitz-Eisner, Franz Riklin, Olten: Walter-Verlag, 1971, S. 53.

4）　ユングは世界魂を「集合的無意識」として解釈した。世界魂をハイデガーの四方界と関連づけるものもいる。

世界魂に関する概念史的研究としては以下の文献を参照。Heinz Robert Schlette: *Weltseele Geschichte und Hermeneutik*. Frankfurt am Main, Verlag Josef Knecht, 1993.

5）　James Hillman: Re-visioning psychology, New York: Harper Perennial, 1975.（『魂の心理学』入江良平訳，青土社，1997年）, p. xix.

6）　James Hillman, ibid., p. 138f..

7）　D. P. Walker: *Spiritual and demonic magic: from Ficino to Campanella*, Notre Dame: University of Notre Dame Press, 1958.

8） Moore, Thomas: “Planets Within: The Astrological Psychology of Marsilio Ficino”, Lindisfarne Pr; Revised edition, 1990. なお，占星術を元型心理学的な立場から考察した以下の論文を参照。

　鏡リュウジ：「ユング心理学と占星術」『プシケー〈19〉特集・ミレニアム 根源』新曜社，2000年。

9） Lutz Müller: *Magie-Tiefenpsychologischer Zugang zu den Geheimwissenschaften*, Stuttgart, 1989.（『魔術　深層意識の操作』青土社，1996年）, p. 121.

10） Ioan Peter Couliano: *Eros et magie à la Renaissance, 1484*, Paris: Flammarion, 1984.（『ルネサンスのエロスと魔術』桂芳樹訳，工作舎，1991年）

参 考 文 献

Amano Masayuki（天野正幸）:『イデアとエピステーメー　プラトン哲学の発展史的研究』東京大学出版会，1999年。

Ariga Tetsutaro（有賀鐵太郎）:『キリスト教思想における存在論の問題』創文社，1969年。

Baeumker, Clemens: *Witelo: Ein Philosoph und Naturforscher des XIII. Jahrhunderts*, Aschendorff, 1991. (Beiträge zur Geschichte der Philosophie und Theologie des Mittelalters: Texte und Untersuchungen; Bd. 3 Heft 2.).

Beierwaltes, Werner: *Identität und Differenz*, Frankfurt am Main: Klostermann, 1980.

————: *Denken des Einen: Studien zur neuplatonischen Philosophie und ihrer Wirkungsgeschichte*, Frankfurt am Main: Klostermann, 1985.

Berlinger, Rudolph: „Heraklit-eine Herausforderung: in freundschaftlichem Gedenken an Eugen Fink," in *Perspektiven der Philosophie* 22, 1996.

Bernet, Rudolf: „Die Frage nach dem Ursprung der Zeit bei Husserl und Heidegger," in *Heidegger Studies*, vol. III/IV, Duncker & Humblot, 1987/88.

————: *Edmund Husserl: Darstellung seines Denkens*, Rudolf Bernet, Iso Kern, Eduard Marbach. Hamburg: Felix Meiner, 1989.（『フッサールの思想』千田義光・鈴木琢真・徳永哲郎訳，哲書房，1994年。）

————: "Husserl's notion of phantasy-consciousness as foundation of Freud's notion of unconsciousness", in *Shiso [Thought]*. vol. 916, 2000.（「フロイトの無意識概念の基礎づけとしてのフッサールの想像意識概念」和田渡訳，『思想』No. 916，岩波書店，2000年。）

————: "Real Time and Imaginary Time. Temporal Individuation according to the Bernau Manuscripts," in *The second International meeting for Husserl studies in Japan Proceedings*, Inter-University Seminar Hause, 2003.

Blecha, Ivan: „Zeitspielraum-Erscheinungsfeld: Weltganzes Voraussetzungen in der Auffassung von Welt bei Eugen Fink und Jan Patočka," in *Metamorphose der Phänomenologie. Dreizehn Stadien von Husserl aus*, hrg. v. Sepp, H. R., Alber Phänomenologie. Kontexte, Verlag Karl Alber, Freiburg/München 1999.

————: „Das Weltganze und die Endlichkeit der menschlichen Existenz: Zur Dialektik des kosmologischen Denkens bei Eugen Fink, in *Eugen Fink: Sozialphilosophie? Anthropologie? Kosmologie? Pädagogik? Methodik. Zum 100. Geburtstag von Eugen Fink*, hrg. v. Anselm Böhmer, Königshausen + Neumann, 2006.

Blumenberg, Hans: *Licht als Metapher der Wahrheit. Im Vorfeld der philisophischen Begriffbildung*, Studium Generale 1957, Heft7, 10. Jahrgang.（『光の形而上学』生松敬

三・熊田陽一郎訳，朝日出版社，1979 年。）

Böhm, Rudolf: „Zum Begriff des 'Absoluten' bei Husserl," in *Zeitschrift für philosophische Forschung*, Bd. XIII, 1959.

Brand, Gerd: *Welt, Ich und Zeit: nach unveroffentlichten Manuskripten Edmund Husserls*, Den Haag: Nijhoff, 1969.（『世界・自我・時間―フッサール未公開草稿による研究』新田義弘・小池稔訳，国文社。）

Bruno, Giordano: *Vom unendlichen, dem All und den Welten*; verdeutscht und erlautert von Ludwig Kuhlenbeck. Berlin: H. Lustenoder, 1893.（『無限，宇宙と諸世界について』清水純一訳，現代思潮社，1967年。）

――――: *Von der Ursache, dem Prinzip und dem Einen*, aus d. Italienischen übers. von Adolf Lasson; mit e. Einl. von Werner Beierwaltes; vervollstandigt, mit Anm., Biographie, Bibliogr. u. Reg. vers. u. hrsg. von Paul Richard Blum. Hamburg: Meiner, 1977.（『原因・原理・一者について』加藤守通訳，東信堂，1998年。）

Bruzina, Ronald: „The Enworlding of Transcendental Phenomenological Reflection: A Study of Eugen Fink's Sixth Cartesian Meditation," in *Husserl*-Studies 3, 1986.

――――: „Unterwegs zur Letzten Meditation," in *Eugen-Fink-Symposion 1985,* Ed. Ferdinand Graf, Schriftenreihe der Pädagogische Hochschule Freiburg, 1987.

――――: „Die Notizen Eugen Finks zur Umarbeitung von Edmund Husserls Cartesianischen Meditationen," *Husserl Studies* 6, 1989.

――――: „Gegensätzlicher Einfluss-Integrierter Einfluss: Die Stellung Heideggers in der Entwicklung der Phänomenologie", in *Zu Philosophischer Aktualität Heideggers*, ed. D. Papenfuss & Otto Pöggeler, Vol. 2, Frankfurt: Klostermann, 1990.

――――: „Hinter der Ausgeschriebenen Finkschen Meditation: Meontik-Pädagogik," in *Grundfragen der Phänomenologischen Methode und Wissenschaft*, ed. S. Fink, F. Graf, & F-A. Schwarz, Freiburg: Eugen-Fink-Archiv, 1990.

――――: "Last Philosophy: Ideas for a Transcendental Phenomenological Metaphysics-Eugen Fink with Edmund Husserl, 1928-1938, " in *Phenomenology and Indian Philosophy*, ed. D. P. Chattopadhyaya, Lester Embree, and Jitendranath Mohanty, New Delhi: Indian Council of Philosophical Research, 1992.

――――:「世界の現象学的構造――第二の見方」小林睦訳，『思索』No. 25，東北大学，1992年。

――――: "The Revision of the Bernau Time-Consciousness Manuscripts: Status Quaestionis-Freiburg, 1928-1930," in *Alter,* No. 1., 1993.

―――― "The Revision of the Bernau Time-Consciousness Manuscripts: New Ideas-Freiburg, 1930-1933," in *Alter* No. 2, 1994.

――――:「現象学的形而上学への問い―オイゲン・フィンク『第六デカルト的省察』によせて―」酒井潔訳，『思想』７，1994年。

――――: „Antworten und Fragen: Edmund Husserl und Eugen Fink in der Freiburger

Zeit, in Freiburger Phänomenologie", hrsg. Ernst Wolfgang Orth, in *Phänomenologische Forschungen* Bd. 30, Freiburg/München: Alber, 1995.

———: „Die Auseinandersetzung Fink-Heidegger: Das Denken des letzten Ursprungs," in *Perspektiven der Philosophie, Neues Jahrbuch*, 1996.

———: "The Transcendental Theory of Method in Phenomenology; the Meontic and Deconstruction," in *Husserl Studies*, Vol. 14, No. 2, 1997.

———: „Jan Patočka-Eugen Fink, Gesprächspartner im Denken über den Schein hinaus," in *Internationale Zeitschrift für Philosophie*, Vol. 1, 1998 (but appearing in 1999).

———: *Edmund Husserl and Eugen Fink: Beginnings and Ends in Phenomenology, 1928-1938,* New Haven: & London Yale University Press, 2004.

Burchardt, Matthias: *Erziehung im Weltbezug: zur pädagogischen Anthropologie Eugen Finks*: Würzburg: Königshausen & Neumann, 2001.

Cairns, Dorion: *Conversations with Husserl and Fink.* Edited by the Husserl-Archives in Louvain. The Hague, Netherlands: Martinus Nijhoff. 1976.

Caput, John D.: *God, the Gift, and Postmodernism*, J. D. Caput and M. J. Scanlon: indiana, 1999.

Casey, Edward S.: *Imagining: a phenomenological study*, Indiana University Press, 1976.

Chida, Yoshiteru（千田義光）：「超越論的現象学における存在の問い」『國學院雑誌』第92巻第11号，1991年。

———:「現象学のコスモロジー」『現代思想』 6，岩波書店，1993年。

———: „Sein des Phänomenologisierens und Sein der Welt bei Eugen Fink", in: *Eugen Fink: Sozialphilosophie? Anthropologie? Kosmologie? Pädagogik? Methodik. Zum 100. Geburtstag von Eugen Fink* : hrg. v. Anselm Böhmer, Königshausen + Neumann, 2006.

Chretien, Jean-Louis: *The Call and the Response*, Anne A. Davenport (Translator), Fordham University Press, New York, 2004.

Claesges, Ulrich: *Edmund Husserls Theorie der Raumkonstitution*, Den Haag: Martinus Nijhoff, 1964.

Cobet, Thomas: *Husserl, Kant und die Praktische Philosophie* : Analysen zu Moralität und Freiheit (Epistemata, Reihe Philosophie Bd. 347) Publisher: Königshausen + Neumann, 2003.

Cohen, Hermann: *Logik der reinen Erkenntnis*, Berlin: B. Cassirer, 1922.（『純粋認識の論理學』村上寛逸譯，第一書房，1932年。）

———: *Das Princip der Infinitesimal-Methode und seine Geschichte: ein Kapitel zur Grundlegung der Erkenntnisskritik,* Dummler, 1883.

Couliano, Ioan Peter: *Eros et magie à la Renaissance, 1484*, Paris: Flammarion, 1984.（『ルネサンスのエロスと魔術』桂芳樹訳，工作舎，1991年。）

Courtine, Jean-François: "L' Idee de la phenomenology et la problematique de la

reduction," in *Phenomenologie et metaphysique*, par Walter Biemel; publie sous la direction de Jean-Luc Marion et Guy Planty-Bonjour. Paris: Presses universitaires de France, 1984.（『現象学と形而上学』三上真司・重永哲也・桧垣立哉訳，法政大学出版局，1994年。）

Cristin, Renato: „Der Mensch als Weltwesen," in *Eugen Fink: Sozialphilosophie? Anthropologie? Kosmologie? Pädagogik? Methodik. Zum 100. Geburtstag von Eugen Fink*: hrg. v. Anselm Böhmer, Königshausen + Neumann, 2006.

Deleuze, Gilles: *Difference et repetition*, Paris: Presses universitaires de France, 1968. (*Differenz und Wiederholung*; aus dem Franzosischen von Joseph Vogl. München: Wilhelm Fink, 1992)（『差異と反復』財津理訳，河出書房新社，1992年。）

———: *Spinoza et le probleme de l'expression*, Paris: Editions de Minuit, 1968（『スピノザと表現の問題』工藤喜作他訳，法政大学出版局，1991年。）

———: *Le pli: Leibniz et le baroque*; Paris: Editions de Minuit, 1988.（『襞—ライプニッツとバロック』宇野邦一訳，河出書房新社，1998年。）

Depraz, Natalie: *Eugen Fink: actes du colloque de Cerisy*-la-Salle, 23-30 juillet 1994, organise et ed. par Natalie Depraz . Amsterdam: Rodopi, 1997.

———: "Imagination and Passivity. Husserl and Kant: A Cross-Relationship" in *Alterity and Factisity*, Kluwer Academic Publishers, 1998.

———: „Das Ethos der Reduktion als leibliche Einstellung", in *Der Anspruch des Anderen. Perspektiven Phänomenologischer Ethik*, Wilhelm Fink Verlag, 1998.

———: *Lucidité du corps: De l'empirisme transcendantal en phénoménologie*, Dordrecht: Kluwer, 2001.

———: „Zur Ontologie der Inter-Individuation: Husserl zwischen Fink und Landgrebe", in *Lebenswelten: Ludwig Landgrebe-Eugen Fink-Jan Pato_ka. Wiener Tagungen zur Phaeomenologie 2002*, Helmuth Vetter (Hrsg.), Frankfurt am Main: Lang, 2003.

———:「認知科学とグノーシス的形而上学の試練を受けて　超越論的経験論としての現象学の実践的展開」永井晋訳，『思想』No. 962，2004年.

———: „Die Frage des Ideals an Hand des Ausdrucks "der gottliche Mensch in uns/ in sich"", in *Eugen Fink: Sozialphilosophie? Anthropologie? Kosmologie? Pädagogik? Methodik. Zum 100. Geburtstag von Eugen Fink*, hrg. v. Anselm Böhmer, Königshausen + Neumann, 2006.

Derrida, Jacque: *De la grammatologie*, Paris, 1967.（『根源の彼方に　グラマトロジーについて』足立和浩訳，現代思潮社，1972年。）

———: *L'ecriture et la difference*, Paris: Editions du Seuil, 1967.（『エクリチュールと差異』若桑毅訳，法政大学出版局，1977）

———: *Wie nicht sprechen: Verneinungen*; hrsg. von Peter Engelmann, Passagen Verlag, 1989.

———: *Le toucher, Jean-Luc Nancy; accompagne de travaux de lecture de Simon Hantai.*

Paris: Galilee, 2000.（『触覚——ジャン＝リュック・ナンシーに触れる』松葉祥一・加國尚志・榊原達哉訳，青土社，2006年。）

Diels Hermann (+ Walther kranz): *Die Fragmente der Vorsokratiker*, Weidmann, 1903. (H. ディールス／W. クランツ編『ソクラテス以前哲学者断片集』内山勝利編，第1分冊，岩波書店，1996-1998年。)

Diemer, Alwin: *Edmund Husserl: Versuch einer systematischen Darstellung seiner Phänomenologie,* Meisenheim am Glan: A. Hain, 1956.

Ebeling, Hans: Nietzshe bei Heidegger und Fink. in: *Perspektiven der Philosophie* 22, 1996.

Egawa Takao（江川隆男）:『存在と差異　ドゥルーズの超越論的経験論』知泉書館，2003年。

Eriugena, Johannes Scotus: *Über die Einteilung der Natur*, übersetzt von Ludwig Noack. 2., unveranderte Aufl., ergänzt um Bibliographische Hinweise von Werner Beierwaltes. Hamburg: F. Meiner, 1984.（「ペリフュセオン（自然について）」今義博訳，『中世思想原典集成　カロリング・ルネサンス』上智大学中世思想研究所編訳・監修，平凡社，1992年。）

Fichte, Johann Gottlieb: *Grundlage der gesamten Wissenschaftslehre (1794)*, Hamburg: F. Meiner, 1956.（『全知識学の基礎・知識学梗概』隈元忠敬訳，渓水社，1986年。）

————: *Die Anweisung zum seligen Leben*; herausgegeben von Fritz Medicus, Hamburg: Felix Meiner, 1954.（『浄福なる生への導き』，高橋亘訳，堀井泰明改訂・補訳，平凡社，2000年。）

Fink, Susanne: „Die Biographie Eugen Finks“, in *Eugen Fink: Sozialphilosophie? Anthropologie? Kosmologie? Pädagogik? Methodik. Zum 100. Geburtstag von Eugen Fink* : hrg. v. Anselm Böhmer, Königshausen + Neumann, 2006.

Frank, Didier: „La chair et le problème de la constitution temporelle“, in *Phenomenologie et metaphysique*, par Walter Biemel; publie sous la direction de Jean-Luc Marion et Guy Planty-Bonjour, Paris: Presses universitaires de France, 1984.（「身体と時間構成の問題」『現象学と形而上学』三上真司・重永哲也・桧垣立哉訳，法政大学出版局，1994年。）

Fukaya, Syozo（深谷昭三）:『現象学と倫理』晃洋書房，1991年。

Fukuyoshi, Masao（福吉勝男）:『自由の要求と実践哲学— J. G. フィヒテ哲学の研究』世界書院，1988年。

Gadammer, Hans-Georg: *Wahrheit und Methode*, Tübingen, 1960.（『真理と方法　哲学的解釈学の要綱』轡田収他訳，法政大学出版局，1986年。）

Hamauzu Shinji（浜渦辰二）『フッサール間主観性の現象学』創文社，1995年。

Hart, James G.: “Husserl and Fichte: With special regard to Husserl's lectures on “Fichte's ideal of humanity””, in *Husserl Studies* 12, 1995.

Hegel, Georg Wilhelm Friedrich: *G. W. F. Hegel. Werke2,* Suhrkamp Verlag, Frankfurt a. M., 1970.

Heinz, Marion: *Zeitlichkeit und Temporalität. Die Konstitution der Existenz und die Grundlegung der Ontologie im Frühwerk Martin Heideggers*, Würzburg, 1982.

Held, Klaus: *Lebendige Gegenwart: die Frage nach der Seinsweise des transzendentalen Ich bei Edmund Husserl, entwickelt am Leitfaden der Zeitproblematik*, Den Haag: M. Nijhoff, 1966.（『生き生きした現在——時間の深淵への問い』新田義弘・谷徹・小川侃・斎藤慶典，北斗出版，1988年。）

————: Heimwelt, Fremdwelt, die eine Welt. in: Phänomenologische Forschungen. 24/25, Hrsg. E. W. Orth. München, K. Alber 1991.（「故郷世界，異郷世界，唯一の世界」『現象学の最前線——古代ギリシア哲学・政治・世界と文化』小川侃編訳，晃洋書房，1994年。）

————: „Lebenswelt und Natur: Grundlagen einer Phanomenologie der Interkultualität", in Phänomenologie der Natur, Phänomenologische Forschungen, Sonderband, Hrsg. E. W. Orth u. K.-H. Lembeck. Freiburg/ München, K. Alber 1999.

Henry, Michel: *L'essence de la manifestation*: Paris: Presses universitaires de France, 1963.（『現出の本質　上・下』北村晋・阿部文彦訳，法政大学出版局，2005年。）

————: *Phénoménologie matérielle,* Presse Universitaires de France, 1990.（『実質的現象学　時間・方法・他者』中敬夫・野村直正・吉永和加訳，法政大学出版局，2000年。）

Hermann, Friedrich-Wilhelm von: *Bewusstsein, Zeit und Weltverstandnis*, Frankfurt am Main: V. Klostermann, 1971.

Hillman, James: *Re-visioning psychology*, New York: Harper Perennial, 1975.（『魂の心理学』入江良平訳，青土社，1997年。）

Hohl, Hubert: *Lebenswelt und Geschichte: Grundzuge der Spätphilosophie E. Husserls*; Freiburg, Alber, 1962.（『生活世界と歴史　フッセル後期哲学の根本特徴』深谷昭三・阿部未来訳，行路社，1983年。）

Holenstein, Elmar: *Phänomenologie der Assoziation: Zu Struktur und Funktion eines Grundprinzips der passiven Genesis bei E. Husserl*; Den Haag: Nijhoff, 1972.

Horner, Robyn: *Rethinking God as Gift, Marion, Derrida, and the Limits of Phenomenology*, Fordham, 2001.

————: *Jean-Luc Marion: A Theo-logical Introduction,* Ashgate, 2005.

Hosokawa, Ryoichi（細川亮一）:『意味・真理・場所』創文社，1992年。

————:『ハイデガー哲学の射程』創文社，2000年。

Iribarne, Julia V.: „Husserls Gottesauffassung und ihre Beziehung zu Leibniz", in *Phänomenologie und Leibniz*, Hrsg. v. Renato Cristin u. Kiyoshi Sakai, Orbis Phaenomenologicus, Perspektiven Bd. 2, 2000.

Ishikawa Fumiyasu（石川文康）:『カント第三の思考 法廷モデルと無限判断』名古屋大学出版会，1996年。

Jacobi, Friedrich Heinrich: *Über die Lehre des Spinoza in Briefen an den Herrn Moses*

Mendelssohn. Spinoza und der deutsche Idealismus, hrsg. v. Manfred Walter, KN, 1992.
Janicaud, Dominique: The Theological Turn of French Phenomenology, in: *Phenomenology and the Theological Turn. The French Debate,* New York, 2000.（『現代フランス現象学 その神学的転回』北村晋・阿部文彦・本郷均訳，文化書房博文社，1994）
Janke, Wolfgang:*Vom Bilde des Absoluten,* W. de Gruyter, Berlin/ New York, 1993.
Janssen, Paul: „Eugen Fink: Sein und Mensch“, in *Perspektiven der Philosophie* 7, 1981.
Jung, Carl Gustav: „Die Beziehungen zwischen dem Ich und dem Unbewussten,“ in *Zwei Schriften über analytische Psychologie* (*Gesammelte Werke C.G. Jung Bd. 7.*), Olten, Walter-Verlag, 1974.（『自我と無意識の関係』野田倬訳，人文書院，1982年。）
————: *Aion: Beitrage zur Symbolik des Selbst,* (*Gesammelte Werke C. G. Jung* Bd. 9-2.), Olten, Walter-Verlag, 1976.（『アイオーン』野田倬訳，人文書院，1990年。）
Kagami Ryuji（鏡リュウジ）:「ユング心理学と占星術」『プシケー〈19〉特集・ミレニアム　根源』新曜社，2000年。
Kakuni Takashi（加國尚志）:『自然の現象学——メルロ＝ポンティと自然の哲学』晃洋書房，2002年。
Kant, Immanuel: *Kritik der reinen Vernunft,* Hamburg: F. Meiner, 1956.
————:*Kritik der praktischen Vernunft;* hrsg. von Karl Vorlander. Hamburg: F. Meiner, 1952.
Karfik Filip: „Die Welt als das non aliud und die Geschichtlichkeit des Erscheinens bei Jan Patočka“, in *Internationale Zeitschrift für Philosophie,* 1998, Heft 1, str. 94-109.
Katou Morimichi（加藤守道）:「ジョルダーノ・ブルーノとクザーヌス——『原因・原理・一者について』における神と宇宙の関係を巡って」『クザーヌス研究』第２号，1993年。
————:「『イデアの影』におけるジョルダーノ・ブルーノの影の思想と新プラトン主義」『ルネサンスの知の饗宴——ヒューマニズムとプラトン主義』佐藤三夫編，東信堂，1994年。
Kavka, Martin: *Jewish Messianism and the History of Philosophy,* Cambridge Univ Pr (Sd), 2004.
Kawai Toshio（河合俊雄）: *Bild und Sprache und ihre Beziehung zur Welt: Überlegungen zur Bedeutung von Jung und Heidegger für die Psychologie,* Königshausen & Neumann, 1988
Kawamoto Hideo（河本英夫）:『オートポイエーシスの拡張』青土社，2000年。
————:『システム現象学　オートポイエーシスの第四領域』新曜社，2006年。
Kerckhoven, Guy van: Konsenz, Dissenz, Konstrukt. E. Fink, E. Husserl und die Sinnbestimmung der phänomenologischen Erfahrung. In: *E. Fink*-Colloquium. Hrsg. vom E. Fink-Archiv, Freiburg 1990.
————: „Die Konstruktion der Phänomene des absoluten Bewusstseins. M. Heideggers Auseinandersetzung mit dem Denken E. Husserls“. in *Heidegger im Gespräch. Zur*

philosophischen Aktualität Heideggers Bd. II. Hrsg. von D. Papenfuss u. O. Pöggeler. V. Klostermann, Frankfurt a. M. 1990.

———: „M. Heidegger. Colloquium über Dialektik (E. Fink, M. Müller, K. -H. Volkmann-Schluck, W. Biemel, M. Biemel, H. Birault). Muggenbrunn am 15. September 1952. Anhang: Letzte, nicht vorgetragene Vorlesung (XII) aus dem Sommersemester 1952." Mit einem Nachwort hrsg. von G. van Kerckhoven, in *Hegel*-Studien Bd. 25. Bouvier, Bonn 1991.

———: „E. Finks Phänomenologie der VI. Cartesianischen Meditation." in: *Die Freiburger Phänomenologie* (*Phänomenologische Forschungen* Bd. 30). Hrsg. von E. W. Orth. Alber, Freiburg-München 1996.

———: „Diesseits des Noumenon. Welt als epiphanisches Phänomen bei E. Fink und J. Patocka". in *Internationale Zeitschrift f. Philosophie 1998 (1)*. Metger, Stuttgart 1998.

———: "E. Finks cosmological concept of the world. On the exposition of the cosmological question of the world in E. Finks lecture"An introduction to philosophy"" (SS. 1946). in: *Shiso 10 (No. 916)*. A hundred years of phenomenology. Iwanami Shoten, Tokyo 2000, S. 105-131.（「オイゲン・フィンクの宇宙論的世界概念――『哲学入門』講義（1946年夏学期）における世界への宇宙論的な問いの提示について」小林睦訳，『思想』No. 916，岩波書店，2000年。）

———: *Mundanisierung und Individuation bei Edmund Husserl und Eugen Fink: die sechste Cartesianische Meditation und ihr "Einsatz"*; aus dem Franzosischen von Gerhard Hammerschmied und Artur R. Boelderl. Würzburg: Königshausen & Neumann, 2003.

Kerényi, Karl: *Die Religion der Griechen und Römer*, München : Droemer Knaur, 1962, p. 269-287（『神話と古代宗教』高橋英夫訳，新潮社，1972年。）

Kern, Iso: *Husserl und Kant*, Den Haag, Nijhoff, 1964.

Knittermeyer, Hinrich: „Von der klassischen zur kritischen Transzendentalphilosophie." in *Kant Studien* 45, 1953/54.

Köhler, Dietmar: „Die Einbildungskraft und das Schematismusproblem. Kant-Fichte -Heidegger." in *Fichte*-Studien. Vol. 13, 1997.

Kon Yoshihiro（今義博）:「偽ディオニュシオス・ホ・アレオパギテースにおける思惟の構造と神学の位置付け」『文化と哲学』 1986年。

———:「プロティノスにおける異他性」『文化と哲学』 2003年。

———:「プラトンの『ソピステス』における〈異〉」『山梨大学教育人間科学部研究紀要』 2005年。

Koto Tetsuaki（古東哲明）:『〈在る〉ことの不思議』勁草書房，1992年。

Kouba, Pavel: "Die Erscheinung als Konflikt im Sein", in *Internationale Zeitschrift für Philosophie*, 1998.

Kudo Kazuo（工藤和男）:『フッサール現象学の理路―『デカルト的省察』研究―』晃洋

書房，2001年。
Kues, Nikolaus von: *Vom Nichtanderen*; Übers. & mit Einführung und Anmerkungen hrsg. von Paul Wilpert. Hamburg: F. Meiner, 1976.（『非他なるもの』松山康國訳，塩路憲一訳注，創文社，1992年。）
Kühn, Rolf: *Husserls Begriff der Passivität: zur Kritik der passiven Synthesis in der genetischen Phänomenologie*, Freiburg; München: K. Alber, 1998.
Kumada Yoichiro（熊田陽一郎）:『美と光　西洋思想史における光の考察』アウロラ叢書，国文社，1986年。
————:『プラトニズムの水脈』世界書院，1996年。
Kuno Akira（久野昭）:『恍惚の倫理』理想社，1961年。
————:『比較と解釈』南窓社，1980年。
Landgrebe, Ludwig: *Der Weg der Phanomenologie: das Problem einer ursprunglichen Erfahrung* , Gerd Mohn: Gutersloh, 1963.（『現象学の道　根源的経験の問題』山崎庸佑・甲斐博見・高橋正和訳，木鐸社，1980年。）
————: *Faktizität und Individuation: Studien zu den Grundfragen der Phänomenologie*, Hamburg: Meiner, 1982.
Lee, Nam-In: *Edmund Husserls Phänomenologie der Instinkte*, Dordrecht: Kluwer, 1993.
Leisegang, Hans: „Über die Behandlung des scholastischen Satzes: "Quodlibet ens est unum, verum, bonum seu perfectum", und seine Bedeutung in Kants Kritik der reinen Vernunft", in *Kant Studien* 20, 1915.
Levinas, Emmanuel: *Totalite et infini: essai sur l'exteriorite*, La Haye: M. Nijhoff, 1965.（『全体性と無限』合田正人訳，国文社。）
————: *Autrement qu'etre ou au-dela de l'essence*, Dordrecht: Kluwer Academic Publishers, 1974.（『存在の彼方へ』合田正人訳，講談社学術文庫。）
————: *De l'existence a l'existant*, Paris: J. Vrin, 1978.（『実存から実存者へ』西谷修訳，講談社学術文庫。）
————: *Le temps et l'autre*, Paris: Presses universitaires de France, 1985, c1979.（「時間と他者」合田正人編訳『レヴィナス・コレクション』ちくま学芸文庫。）
————: *Dieu, la mort et le temps*, etablissement du texte, notes et postface de Jacques Rolland. Paris: B. Grasset, 1993.（『神・死・時間』合田正人訳，法政大学出版局，1994年。）
Luft, Sebastian: *Phänomenologie der Phänomenologie: Systematik und Methodologie der Phänomenologie in der Auseinandersetzung zwischen Husserl und Fink*, Dordrecht: Kluwer Academic Publishers, 2002.
Marion, Jean-Luc: *God without being* : hors-texte/ translated by Thomas A. Carlson; with a foreword by David Tracy. Chicago: University of Chicago Press, 1995.
————: *Reduction et donation: recherches sur Husserl, Heidegger et la phenomenologie*, Paris: Presses universitaires de France, 1989. p, 296ff.（『還元と贈与 フッサール・ハ

イデガー現象学論攷』芦田宏直・大井・柴崎・柴田・宮川訳，行路社，1994年。）

———: *Phenomenologie et metaphysique*, par Walter Biemel; publie sous la direction de Jean-Luc Marion et Guy Planty-Bonjour. Paris: Presses universitaires de France, 1984.（『現象学と形而上学』三上真司・重永哲也・桧垣立哉訳，法政大学出版局，1994年。）

Marx, Werner: *Vernunft und Welt*: zwischen Tradition und anderem Anfang: Den Haag: Nijhoff, 1970.

———: *Die Phänomenologie Edmund Husserls: eine Einführung*, München: W. Fink, 1987.（『フッサール現象学入門』佐藤真理人・田口茂訳，文化書房博文社，1994年。）

Mizuno Kazuhisa（水野和久）『他性の境界』勁草書房，2003年。

Moore, Thomas: "Planets Within: The Astrological Psychology of Marsilio Ficino", Lindisfarne Pr; Revised edition, 1990.（『内なる惑星　ルネサンスの心理占星学』鏡リュウジ・青木聡訳，青土社，2001年。）

Mizutani Masahiko（水谷雅彦）:「エートスの現象学と現象学のエートス」『現象学と倫理学』日本倫理学会編，慶應義塾大学出版会，1994年。

Moran, Dermot: *The Philosophy of John Scottus Eriugena. A Study of Idealism in the Middle Ages*, Cambridge: Cambridge University Press, 1989.

———: "Pantheism in Eriugena and Nicholas of Cusa", in *American Catholic Philosophical Quarterly (formerly New Scholasticism)* Vol. LXIV No. 1, 1990.

———: *Introduction to Phenomenology*, London & New York: Routledge, 2000.

Müller, Andreas Uwe: „Auf der Suche nach dem Ursprung der Erfahrung Edith Stein am transzendentalen Idealismus Edmund Husserls," in *Metamorphose der Phänomenologie. Dreizehn Stadien von Husserl aus*. Alber Phänomenologie. Kontexte. Hrsg. v. Sepp, H. R., Verlag Karl Alber Freiburg/München, 1999.

Mueller, Lutz: *Magie-Tiefenpsychologischer Zugang zu den Geheimwissenschaften,* Stuttgart, 1989.（『魔術　深層意識の操作』青土社，1996年。）.

Murai Norio（村井則夫）:「仮象としての世界―ニーチェにおける現象と表現」『思想』No. 920（特集ニーチェ），2000年。

Nagai Shin（永井晋）:「書評　『アルテール』」『現象学年報』10号，日本現象学会編，1994年

———:『現象学の転回』知泉書館，2007年。

Nakai Ayako（中井章子）:『ノヴァーリスと自然神秘思想――自然学から詩学へ』創文社，1998年。

Nancy, Jean-Luc:

———:『共同―体（コルプス）』大西雅一郎訳，松籟社，1996年（原書出版年）。

———:『世界の創造あるいは世界化』大西雅一郎・松下彩子・吉田はるみ訳，現代企画室，2002年（原書出版年）。

Nielsen, Cathrin: „Das Projekt einer Gesamtausgabe der Werke Eugen Finks" (+ Hans

Rainer Sepp), in *Eugen Fink: Sozialphilosophie? Anthropologie? Kosmologie? Pädagogik? Methodik. Zum 100. Geburtstag von Eugen Fink*: hrg. v. Anselm Böhmer, Köenigshausen + Neumann, 2006.

Nitta Yoshihiro（新田義弘）:「ハイデガーの真理論」『東北大学教育学部研究年報』VI, 1958年。

———:「ハイデガーにおける思惟と思索——言葉の問題を巡って」『東洋大学教養部紀要』第２号，東洋大学教養部，1961年。

———:『現象学』岩波書店，1978年。

———:『現象学と近代哲学』岩波書店，1995年。

———:『現代哲学 現象学と解釈学』白菁社，1997年。

———:『フッサールを学ぶ人のために』新田義弘編，世界思想社，2000年。

———:『世界と生命：媒体性の現象学へ』青土社，2001年。

———:『媒体性の現象学』新田義弘・山口一郎・河本英夫他著，青土社，2002年。

———: „Der Weg zu einer Phänomenologie der Unscheinbaren," in *Zur philosophischen Aktualität Heideggers*, Bd. II., hrsg. V. O. Pöggeler, V. Klostermann, 1990.

———: „Das anonyme Medium in der Konstitution von mehrdimensionalem Wissen," in *Phänomenologische Forschungen* 24/25, Verlag Alber, Freiburg/Münschen, 1991.

———: „Der Weltaufgang und die Rolle des Menschen als Medium," in:*Eugen Fink: Sozialphilosophie? Anthropologie? Kosmologie? Pädagogik? Methodik. Zum 100. Geburtstag von Eugen Fink* : hrg. v. Anselm Böhmer, Königshausen + Neumann, 2006.

Novotný Karel: „Einfuhrung Struktur des Erscheinens und endliche Freiheit," in *Vom Erscheinen als solchem*; Hrsg. v. H. Blaschek-Hahn und K. Novotny, Orbis Phaenomenologicus2-3, Kark Alber Freiburg/München, 2000.

———: "Die Transzendentalität der Welt. Epoché und Reduktion bei Jan Patočka," in R. Kühn, M. Staudigl (Hg.), *Epoché und Reduktion*, Alber Verlag Freiburg, 2002.

Ohashi Ryosuke（大橋良介）:「フッサールのフィヒテ解釈」『フィヒテ研究第５号』日本フィヒテ協会編，1997年。

Ono Makoto（小野真）:『ハイデッガー研究——死と言葉の思索』京都大学学術出版会，2002年。

Pannenberg, Wolfhart: *Metaphysik und Gottesgedanke*, Goettingen, 1988.（『形而上学と神の思想』座子田豊・諸岡道比古訳，法政大学出版局，1990年。）

Patočka, Jan: *Die naturliche Welt als philosophisches Problem*: herausgegeben von Klaus Nellen und Jiri Nemec; übersetzt von Eliska und Ralph Melville. Stuttgart: Klett-Cotta, c1990.

———: *Vom Erscheinen als solchem*; Hrsg. v. Helga Blaschek-Hahn und Karel Novotný, Orbis Phaenomenologicus2-3, Kark Alber Freiburg/München, 2000.

Pöggeler, Otto: *Der Denkweg Martin Heideggers;* Verlag Günter Neske Pfullingen, 1963.

Plato：『プラトン全集　3』（ソピステス　ポリティコス（政治家））藤沢令夫・水野有庸

訳，岩波書店，1976年。
Plotin：『プロティノス全集』水地宗明・田之頭安彦訳，中央公論社，1986. 11-1988. 5
Prechtl, Peter: „Husserls Gedanken zur praktischen Vernunft in Ausandersetzung mit Kant“, in *Perspektiven der Philosophie*17, 1991.
Pseudo-Dionysius Areopagita：『神秘神学』熊田陽一郎訳，『ギリシア教父の神秘主義』教文館，1992年。
Richir, Marc: „Schwingung et phénoménalisation (Heidegger, Fink, Husserl, Pato_ka)“ in Natalie Depraz; Marc Richir (Hrsg.): *Eugen Fink: Actes du Colloque de Cerisy-la-Salle 23-30 juillet 1994.* Amsterdam: Rodopi, 1997.
Riesenhuber, Klaus（リーゼンフーバー，クラウス）:「トマス・アクィナスにおける超越論的規定の展開」『中世における知と超越』創文社，1992年。
———:「解説—フィヒテ宗教論の生成と発展」（J. G. フィヒテ『浄福なる生への導き』），平凡社，2000年。
Rombach, Heinrich: *Strukturontologie. Eine Phänomenologie der Freiheit*, Alber, Freiburg, München, 1971.（『存在論の根本問題　構造存在論』中岡成文訳，晃洋書房，1983年。）
———: *Substanz, System, Struktur: die Ontologie des Funktionalismus und der philosophische Hintergrund der modernen Wissenschaft*, Freiburg: Alber, 1981.（『実体・体系・構造　機能主義の有論と近代科学の哲学的背景』酒井潔訳，ミネルヴァ書房，1999年。）
———:『形象は語る　現象学の新しい段階』大橋良介訳，創文社，1982年。
———:『世界と反世界　ヘルメス智の哲学』大橋良介・谷村義一訳，リブロポート，1987年。
———: *Die Welt als lebendige Struktur. Probleme und Lösungen der Strukturontologie,* Freiburg i. Br. 2003.
Rombach, Siegfried: „Gegenstandskonstitution und Seinsentwurf als Verzeitigung. Über die zeitliche Konstitution der Gegenstandstypen bei Husserl und den zeitlichen Entwürf“ in *Husserl Studies*, 2004.
Roth, Alois: *Husserl's Ethische Untersuchungen*, The Hague: Martinus Nijhoff, 1960.
Sagara Tsutomu（相楽勉）:「時の光——「存在と時」への問いの端緒」『白山哲学』東洋大学文学部哲学研究室，1993年。
Saito Yoshimichi（斎藤慶典）:『思考の臨界—超越論的現象学の徹底』勁草書房，2000年。
Sakai, Kiyoshi（酒井潔）:「オイゲン・フィンク・コロキウム（1990年）の印象」『岡山大学文学部紀要』第15号，1991年。
———:「ハイデッガーの解釈学的現象学——現存在の超越によせて」『哲学論集』上智哲学会，2007年。
Sakakibara Tetsuya（榊原哲也）:「生き生きした現在への反省——存在論と認識論の狭間で」哲学会編，哲学雑誌，第114巻，第786号，有斐閣，1999年。

Schelling, Friedrich Wilhelm Joseph von: *Schelling Werke: nach der Originalausgabe in neuer Anordnung*, hrsg. von Manfred Schröter. München, 1927.
Schenk-Mair, Katharina: *Die Kosmologie Eugen Finks: Einfuhrung in das Denken Eugen Finks und Explikation des kosmischen Weltbegriffs an den Lebensvollzugen des Schlafens und Wachens*: Würzburg: Königshausen & Neumann, 1997.
Scherbel, Martina: *Phänomenologie als absolute Wissenschaft: die systembildende Funktion des Zuschauers in Eugen Finks VI. Cartesianischer Meditation*, Amsterdam: Rodopi, 1999.
———: „Eugen Finks Begriffsbildung einer absoluten Wissenschaft in der VI. *Cartesianischen Meditation*," in *Perspektiven der Philosophie* 23, 1997.
———: „Die transzendentale Subjektivität-eine "spekulative Niete"? Eugen Finks Interpretation des transzendentalen Scheins." in *Perspektiven der Philosophie* 28, 2002.
Heinz Robert Schlette: *Weltseele Geschichte und Hermeneutik*. Frankfurt am Main, Verlag Josef Knecht, 1993.
Scholem, Gershom: „Schöpfung aus Nichts und Selbstverschränkung Gottes," in *Eranos Jahrbuch 1956*, Band 25: *Der Mensch und das Schöpferische, Zürich*: Rhein-Verlag, 1933. (「無からの創造と神の自己限定」『一なるものと多なるもの』桂芳樹，・市川裕・神谷幹夫訳，平凡社，1991年。)
Schmidt, Gerhard: „Eugen Finks Phänomenologie des Todes." in *Perspektiven der Philosophie* 22, 1996.
Schwarz, Franz-Anton: „Zum Weltproblem Eugen Finks." in Ferdinand Graf (Hrsg.): *Eugen-Fink-Symposion 1985*, Freiburg i. Br.: Pädagogische Hochschule Freiburg, 1987.
Sepp, Hans Rainer: „Praktische Transzendentalität oder transzendentale Praxis? Zum Problem der Verweltlichung transzendentalphänomenologischer Erkentnisse," in *Gelehrtenrepublik-Lebenswelt*. Köln/Wien, 1995.
———: *Praxis und Theoria: Husserls transzendentalphanomenologische Rekonstruktion des Lebens*, Freiburg: Karl Alber, 1997.
———: „Nouvelle détermination de l'idéal." in Natalie Depraz; Marc Richir (Hrsg.): Eugen Fink: *Actes du Colloque de Cerisy-la-Salle 23-30 juillet 1994*, Amsterdam: Rodopi, 1997.
———: „Entzug im Da. O. Becker und E. Fink auf dem Ost-West-Diwan," in *Phenomenology of Nature*, Seoul 1998.
———: „Medialität und Meontik. E. Fink spekulativer Entwurf," in *Internationale Zeitschrift für Philosophie*, 1998.
———: „Totalhorizont " Zeitspielraum Ubergange in Husserls und Finks Bestimmung von Welt," in *Eugen Fink: Sozialphilosophie? Anthropologie? Kosmologie? Pädagogik? Methodik. Zum 100. Geburtstag von Eugen Fink*, hrg. v. Anselm Böhmer,

Königshausen + Neumann, 2006.
Shiokawa Chinatsu（塩川千夏）「エポケーの様相――懐疑と美的中立変様との比較を通して」『哲学』第49号，法政大学出版局，1998年。
Staudigl, Michael: *Die Grenzen der Intentionalität.* Orbis Phaenomenologicus, Königshausen und Neumann, Band 4, 2003.
Stein, Edith: „Husserls Phänomenologie und die Philosophie des hl. Thomas v. Aquino: Versuch einer Gegenüberstellung," in Jahrbuch für Philosophie und phänomenologische Forschung. Erganzungsband, 1929.（「フッサールの現象学と聖トマス・アクィナスの哲学，対決の試み」『現象学からスコラ学へ』中山善樹編訳，九州大学出版会，1996年。）
Stenger, Georg:"A New Turn of Phenomenology ?: The mutual fecundation of European and East Asian Thinking"（「現象学の新たな転換？」田村京子訳，『思想』No. 968，岩波書店，2004年。）
Steinbock, Anthony J.: *Home and beyond: generative phenomenology after Husserl,* Evanston, Ill.: Northwestern University Press, 1995.
Strasser, Stephan: „Das Gottesproblem in der Spätphilosophie E. Husserls," in *Philosophisches Jahrbuch* 67, 1958.
――――: „Der Begriff der Welt in der phänomenologischen Philosophie." in *Phänomenologische Forschungen*3, Hrsg. v. E. W. Orth. K. Alber, 1976.
――――: "History, teleology, and God in the Philosophy of Husserl," in *Analecta Husserliana,* Vol. IX, 1979.
――――: "Der Gott des Monadenalls. Gedanken zum Gottesproblem," in der Spätphilosophie bei Husserls, *Perspektiven der Philosophie* 4, 1978.
Suzuki, Izumi（鈴木泉）:「ジャン＝リュック・マリオンの思索を巡って（一）」『愛知』第11号，神戸大学哲学懇話会，1995年
Tajima Teruhisa（田島照久）:「神論の経歴―エックハルトの「区別なきもの（indistinctum)」からクザーヌスの「非他なるもの（non-aliud)」へ」『早稲田大学大学院文学研究科紀要 46』早稲田大学大学院文学研究科，2001 年。
Takeuchi, Dai（武内大）: „Rezepzionsbwrichte. Japan," in *Eugen Fink: Sozialphilosophie? Anthropologie? Kosmologie? Pädagogik? Methodik. Zum 100. Geburtstag von Eugen Fink,* hrg. v. Anselm Böhmer, Königshausen + Neumann, 2006.
――――: „Sein und Welt. Das Problem des "Lebens" bei Eugen Fink," in *Leben als Phänomen. Die Freiburger Phänomenologie im Ost-West-Dialog,* hrsg. v. Hans Rainer Sepp, Ichiro Yamaguchi, Königshausen + Neumann, 2006.
――――: "Eugen Finks Kritik an der Lichtmetaphysik-Die Auseindersetzung mit der Ontologie Heideggers," in *Aufnahme und Antwort Phaenomenologie in Japan I,* hrsg. v. Nitta, Yoshihiro, Tani, Toru Königshausen & Neumann.（近刊）
――――: "Zweideutigkeit des Meon und Kosmologie als Phänomenologie der Immanenz,"

in *Welt denken*, hrsg. v. Cathrin Nielsen, Hans Rainer Sepp, Karl Alber.（近刊）
Tangi Hirokazu（丹木博一）:「『地平の現象学』から『顕現せざるものの現象学』へ」『思想』（現象学の100年）No. 916，2000年。
————:「ハイデガーと現象学　解釈学的現象学から顕現せざるものの現象学へ」『フッサールを学ぶ人のために』世界思想社，1999年。
Taguchi Shigeru:「〈私であること〉の自明性—フッサールにおける方法的視の深化と原自我の問題」『思想』No. 916，2000年。
————: Das Problem des 'Ur-Ich' bei Edmund Husserl. Die Frage nach der selbstverständlichen 'Nähe' des Selbst Springer-Verlag (Phaenomenologica 178), 2006.
Tani Toru（谷徹）:「形而上学と外在性　遍時間性の夢が見果てられるとき」『情況　現象学—越境の現在』情況出版，1992年。
————:『意識の自然』勁草書房，1998年。
————: „Phänomenologie des Lebens und des Todes" in *Leben als Phänomen. Die Freiburger Phänomenologie im Ost-West-Dialog,* hrsg. v. Hans Rainer Sepp, Ichiro Yamaguchi, Königshausen + Neumann, 2006.
Tengelyi, László: „La "fenêtre sur l'absolu" selon Fink," in Natalie Depraz; Marc Richir (Hrsg.): *Eugen Fink: Actes du Colloque de Cerisy-la-Salle 23-30 juillet 1994.* Amsterdam: Rodopi, 1997.
Tietjen, Hartmut: *Fichte und Husserl* : Letztbegrundung, Subjektivität und praktische Vernunft im transzendentalen Idealismus/. Frankfurt am Main: Klostermann, 1980.
Tsuruoka Yoshio（鶴岡賀雄）:『十字架のヨハネ研究』創文社，2000年。
Uslar, Detlev von: *Der Traum als Welt Sein und Deutung des Traums*, Hirzel, Stuttgart, 1964.（『世界としての夢　夢の存在論と現象学』谷徹訳，法政大学出版局，1990年。）
Wada Wataru（和田渡）:「根源への遡行——ベルナウ草稿における意識流の問題」『同志社哲学年報』第 8 号，1985年。
Walker, Daniel Pickering.: *Spiritual and demonic magic: from Ficino to Campanella,* Notre Dame: University of Notre Dame Press, 1958.（『ルネサンスの魔術思想』田口清一訳，筑摩書房（ちくま学芸文庫），2004年。）
Yamada Akira（山田晶）:『アウグスティヌスの根本問題——中世哲学研究第一』創文社，1977年。
————:『トマス・アクィナスの〈エッセ〉研究—中世哲学研究第二』創文社，1978年。
————:『在りて在る者—中世哲学研究第三』創文社，1979年。
Yamagata Yorihiro（山形頼洋）:『感情の自然　内面性と外在性についての情感の現象学』法政大学出版局，1993年。
————:「現象学の形而上学化と他者の問題」『現象学年報』18，日本現象学会編，2002年。
————:『声と運動と他者　情感性と言語の問題』萌書房，2004年。
Yamaguchi, Ichiro（山口一郎）: *Passive Synthesis und Intersubjektivität bei Edmund*

Husserl, Paenomenologica 86, Den Haag, 1982.
――――:『他者経験の現象学』国文社，1985年。
――――:『現象学ことはじめ』日本評論社，2002年。
――――:『存在から生成へ』知泉書館，2005年。
Yamaguchi Masahiro（山口祐弘):『ヘーゲル哲学の思惟方法　弁証法の根源と課題』学術出版会，2007年。
Yamaguchi Seiichi（山口誠一):『ヘーゲルのギリシア哲学論』創文社，1998年。
Yamashita Kazumichi（山下一道):「クザーヌスにおける「non aliquid（非他者)」の概念」『中世思想研究31』中世哲学会，1989年。
Yoshikawa Takashi（吉川　孝):「志向性と自己創造――フッサールの定言命法論」『倫理学年報』第56集，日本倫理学会，2007年。
――――:「フッサールにおける生の浄福――感情の現象学のために」『哲学』58号，日本哲学会，2007年。
Zahavi, Dan: *Metaphysics, facticity, interpretation: phenomenology in the Nordic countries*, edited by Dan Zahavi, Sara Heinamaa and Hans Ruin. Dordrecht; Boston: Kluwer Academic Publishers, 2003.